本书得到2014年度西藏哲学社会科学专项基金项目《西藏破除城乡二元结构与城乡一体化发展格局研究》（批准文号：14BJY003）和2015年度国家哲学社会科学基金项目《西藏各民族相互嵌入式社区建设的路径设计研究》（批准文号：15BMZ043）的共同资助

书香中国学术文库

西藏城乡一体化的发展探索与思考

胡洁 著

光明日报出版社

图书在版编目（CIP）数据

西藏城乡一体化的发展：探索与思考／胡洁著．
--北京：光明日报出版社，2016.12
ISBN 978-7-5194-2580-7

Ⅰ.①西… Ⅱ.①胡… Ⅲ.①城乡一体化—研究—西藏
Ⅳ.①F299.277.5

中国版本图书馆CIP数据核字（2017）第032785号

西藏城乡一体化的发展：探索与思考

著　　者：胡　洁

责任编辑：曹美娜　　　　责任校对：赵鸣鸣
封面设计：中联学林　　　　责任印制：曹　诤

出版发行：光明日报出版社
地　　址：北京市东城区珠市口东大街5号，100062
电　　话：010-67078251（咨询），67078870（发行），67019571（邮购）
传　　真：010-67078227，67078255
网　　址：http：//book.gmw.cn
E - mail：gmcbs@gmw.cn　caomeina@gmw.cn
法律顾问：北京德恒律师事务所龚柳方律师

印　　刷：北京天正元印务有限公司
装　　订：北京天正元印务有限公司
本书如有破损、缺页、装订错误，请与本社联系调换

开　　本：710×1000　1/16
字　　数：236千字　　　　印　张：15
版　　次：2017年6月第1版　　　　印　次：2017年6月第1次印刷
书　　号：ISBN 978-7-5194-2580-7

定　　价：45.00元

前　言

西藏自治区位于我国西南部，面积达120.22万平方公里，占中国陆地总面积的1/8；土地资源十分丰富，牧草地占其面积的1/2，是全国主要的牧区之一。西藏战略地位极其重要，2010年，中共中央国务院在第五次西藏工作座谈会上连续用了“六个重要”进行科学概括和清晰定位，西藏是重要的国家安全屏障、重要的生态安全屏障、重要的战略资源储备基地、重要的高原特色农产品基地、重要的中华民族特色文化保护地、重要的世界旅游目的地。2015年中央第六次西藏工作座谈会更是明确了西藏重要的特殊战略地位，即西藏是重要的国家安全屏障、重要的生态安全屏障、重要的战略资源储备基地、重要的中华民族特色文化保护地，是面向南亚开放的重要通道，是我国同西方敌对势力和境内外敌对势力、分裂势力斗争的前沿，必须从党和国家战略全局高度，深刻认识和做好西藏工作。

中共西藏自治区第八届委员会第五次全体会议审议通过了《中共西藏自治区委员会关于贯彻〈中共中央关于全面深化改革若干重大问题的决定〉的实施意见》，并对经济体制、社会事业改革等方面做出了具体部署。提出西藏将以农村土地制度改革为重点，健全城乡发展一体化体制机制。希望通过农牧业产业经营、城镇化建设以及新农村建设为西藏农牧民群众带来更多的福祉。但西藏城乡一体化从理论到实践还处于摸索阶段，西藏城乡一体化的科学含义是什么？城乡一体化的实现途径是什么？这些非常值得去研究和探索，基于此，本课题进行西藏城乡一体化发展格局研究。

随着我国经济的不断发展，城乡差距越来越受到政府及相关部门的重视，与城乡一体化相关的学术研究成果也较为丰富。通过分析相关文献资料可以发现，学者研究主要集中于城乡一体化制度创新、路径选择、评价指标建立以及模式研究,缺乏针对特殊地区城乡一体化的模式构建。而西藏地处我国西南部地区,其地理位置极具特殊性,不仅如此,西藏少数民族人口占总人口的92%,属于少数民族聚集地,该地的经济发展状况也与其他省份有着显著差别。因此对西藏城乡一体化发展的研究具有不可替代的理论意义与实践价值。

本研究从西藏城乡一体化问题提出的选题背景出发,回顾了国内外与城乡一体化有关的理论和文献,通过对西藏城乡一体化水平现状进行量化测度,并选取具有相对代表性的拉萨市、山南地区、日喀则市等城市进行深入的案例研究,找出西藏城乡一体化发展进程中存在的主要问题并进行分析,为形成西藏城乡一体化发展新格局提出政策建议。

本研究主要对以下问题进行了探讨:(一)西藏城乡一体化发展总体性评价。首先对西藏进行简要介绍,通过实地调研了解西藏城乡一体化发展取得的成就,并对现阶段西藏城乡发展中存在的城镇化发展水平不高,发展速度缓慢;经济实力薄弱,内生推动力不足;城乡发展差距大,二元结构显著等问题进行分析。其次本研究基于国内外城乡一体化发展水平测度经验,充分考虑西藏的实际情况,对影响西藏城乡发展一体化的因素进行合理分解,确定各项评价指标,对西藏城乡一体化发展做出整体性评价,并根据实证研究定量分析结果提出西藏城乡发展一体化提升路径,为其他省份进行城乡一体化水平现状评价提供案例指导。(二)西藏城乡一体化发展水平的案例研究。本研究选取三个具有代表性的地区作为案例研究西藏城乡一体化发展水平,分别对拉萨市、山南市地区以及日喀则市进行研究,从更深层次了解西藏城乡一体化发展水平。(三)主要根据对西藏城乡一体化发展水平的现状测度和案例研究找出西藏城乡一体化发展中存在的问题,主要可以归纳为以下几点:首先是非典型二元结构影响西藏城乡一体化;其次是西藏城镇化水平偏低影响城镇吸纳力、带动力不足;第三是地方政府财力有限造成对西藏城乡一体化投入不足;最后是西藏农牧业发展水平低影响城乡一体化推进进程。以此为西藏城乡一体化发展新格局提供理论支持。(四)在对西藏城乡经济社会一体化发展分析的基础上提出的政策建议。首先着力破除西藏城乡二元结构。主要从改革城乡分离的户籍制度,提高农牧区公共服务能力,千方百计促进农牧民增收,加大对进城农牧民的社会保障力度等几个方面进行改进。其次是构建符合西藏特色的城乡体系。根据城乡规划进行科学合理的城镇布局，大力发展县域经济，深入推进新农村建设，促进城乡社会管理改革创新。再次，加大对西藏城乡一体化的财政支持，强化中央政府支出责任；健全财政转移支付制度，合理利用资金，形成规模效应，建立城镇财税收入的稳定机制；扩大地方财政收入来源，克服西藏城乡一体化中资金短缺问题；强化财政管理和监督，提高西藏财政资金使用效益。最后，大力落实好"三集中"战略，推动工业向产业发展区集中、农牧民向城镇集中、土地向规模经营集中，进一步完善西藏城乡一体化发展。

本研究的主要结论：

（一）西藏城乡一体化在新的时代背景下呈现出快速发展的形势。然而城镇化率大幅度低于全国平均水平，反映出西藏的城镇化发展水平低而缓；通过计算西藏的人均 GDP 和三大产业的比重这两个经济指标，一定程度上得出西藏的经济实力较弱，内生推动力不足的结论；另外，城乡居民人均可支配收入的差距进一步增大说明西藏仍然存在明显的城乡二元结构。为了进一步具体测度西藏城乡一体化发展水平，本研究基于全面性、可行性和可比性的原则运用了主成分分析法，从城乡空间、经济、社会和环境四个结构层面建立了科学的指标体系。分析结果表明西藏近十年的城乡一体化发展态势良好，城乡空间、经济、社会和环境方面对西藏城乡一体化建设有一定的推动效果；但在城乡居民服务保障等社会一体化方面的建设中相对滞后，阻碍了西藏城乡一体化的发展进程。同时，西藏在城乡产业结构和生态环境建设方面突显出二元结构的特征，有悖于追求城乡经济、社会、生态等多方面的一体化目标。因此，在以后的城乡发展一体化进程中可以大力发展交通、邮电等民生事业以促进城乡空间一体化，合理调整经济布局以推动城乡经济一体化，大力发展社会保障事业投入以提高城乡社会一体化，加强生态环境保护与建设以促进城乡环境一体化进程。

（二）为了更具体地展现出西藏各地的城乡一体化发展情况，本研究选取西藏拉萨市、山南地区和日喀则市三个具有代表性的地域进行深入地研究。拉萨市作为西藏的首府城市，在城乡发展一体化中作为联动建设城乡的中坚力量，推进周边区域城市协同发展，在空间、经济、社会、生态环境等多方面无缝对接，促进了当地城乡一体化发展水平的极大提高。公共交通的不断完善使城乡人口流动更加频繁。通过整合当地优势资源而大力发展起来的现代农业、旅游业加快了城镇化建设进程,通过对城乡经济方面的数据进行主成分分析法的水平测度,结果表明拉萨城乡经济一体化对城乡一体化具有整体正向的促进作用,印证了拉萨市在近几年的城乡经济一体化发展中成绩突出。在医疗、教育和社会保障等方面取得的成就突显了城乡社会一体化的发展水平。当地也更加关注生态环境保护,努力构建国家绿色生态屏障。然而拉萨市由于自身经济实力不强,辐射带动周边地区的作用有限,在以后的城乡一体化发展中可能出现一系列问题,定位偏差即重经济轻政治与文化而产生发展失衡,和其他地区之间的资源配置不均导致过度汲取发展资源,城镇化进程中失地农民的就业及社会保障问题,以及因地区发展而增加的人才引进需求和管理体制不全。城乡一体化应该是在城乡互动发展中体现以人为本,以民生建设为核心的要求。特别是拉萨作为西藏的首府城市,是全区的政治、经济、文化及交通中心,需要形成符合当地发展形势的城乡一体化体制,从而保证城乡发展是可持续的、有序的,这样才能把发展福利最大限度地辐射到农村。因此,今后拉萨市应集中于正确诠释首府城市职能,实现稳中求发展,完善失地农民保障机制,继续推动农业现代化进程,加强生态环境保护以可持续发展的理念推进城乡一体化建设。

山南地区地处边疆要塞,整体发展水平落后于拉萨等地区,正是由于其特殊的地理位置和历史基础,在西藏城乡一体化过程中展现出独特的发展方式。基于山南地区的整体情况,从城乡一体化的背景出发,该书探讨了城乡空间、经济、社会和生态一体化发展的现状,并建立科学的指标体系、对城乡经济一体化水平进行了主成分分析法的定量评价,并综合发展过程中表现出来的问题和今后的发展方向以及预测山南地区在今后的城乡发展过程中可能面临的一些问题。具体表现在城乡一体化过程相对漫长、产业结构难以深入发展、财政资金投入结构“反常态”、自然资源和文化的危机四个方面。鉴于山南地区的特殊地理位置和发展使命,需要继续坚持城乡发展一体化的道路,加快经济发展方式转变以推动产业联动发展;加强城乡基础设施建设,平衡地区内特别是边境地区的城乡建设;引进专业技术人才提升高附加值技术产业的发展水平;构建完整的生态环境和民族文化资源保护体系。这对审视山南地区过去的城乡发展一体化进程、推动山南地区今后的城乡发展一体化水平都是有重要意义的。

通过对城乡差异化在发展水平、固定资产投入、居民收入和城乡消费四个层面的比较分析,我们可以看出过去的日喀则市城乡一体化发展取得了一系列的成果,城乡经济在总量上呈现出明显的增长趋势,城乡固定资产投入、城乡居民收入和居民消费也不断增多。但总量的增长并没有掩盖日喀则市城乡经济发展水平的差异不断增大的事实,特别是城乡居民收入和居民消费不协调的问题。为了定量测度日喀则市的城乡一体化发展水平,本研究根据可获得的数据采用因子分析法定量测度了 2006 至 2013 年日喀则的城乡经济发展一体化水平,从结果得知日喀则市城乡一体化水平整体呈向上的趋势,城市化的水平正不断提高。然而,在城乡发展一体化进程中也暴露出一些问题,无论是领导干部还是普通民众都有不知道甚至曲解城乡发展一体化的情况,即在思想上没有和具体行动形成一致。农业作为当地发展的重点产业,在特色发展和保障农业供给方面有所欠缺,而城镇化建设也缺乏相应的支柱型产业,这导致日喀则市的经济基础相对薄弱,更多地依靠政府投入的"哺乳式"发展,弱化了当地市场的活力。县域经济和农村经济的投入差距加剧了城乡公共服务的失衡,而撤地建市后的日喀则又需要高效率的宏观规划,从而为当地建设创造良好的发展环境。因此,在后续的城乡发展一体化进程中,应在深入调查当地情况之后,适当借鉴其他地区成功的范例,科学规划合适的城乡一体化发展战略。具体而言,可以进一步从舆论宣传、领导干部培训和农民技术教育等多方面出发,转变人们关于城镇化建设的观念。继续推动当地特色农牧业的发展,最大限度地保障农业供给。构建融资平台,拓宽融资渠道缓解城镇化建设中融资难的问题。社会公共事业,包括教育、医疗、社会保障体系等与每个人息息相关,关乎地区和国家的稳定,日喀则市仍需进一步提升城乡社会公共服务水平。

通过以上三个案例的研究发现,各功能主体在发展过程中虽然存在不同的问题,但重点都是突破城乡二元发展结构,这为解决整个西藏城乡一体化建设中出现的问题提供了思路。

(三)西藏自和平解放以来取得了翻天覆地的变化,但是仍然存在一些问题阻碍西藏城乡一体化的进一步发展。第一,西藏存在非典型的二元发展结构,即低生产效率和低产出的农业发展占据主导地位,同时第二、三产业孤立发展,工业化和现代化发展程度低下,传统体制的束缚制约了西藏进一步统筹城乡发展的步伐。第二,西藏的城镇化水平低、速度慢导致出现中心城镇化的辐射作用不够明显、城镇吸纳力和带动力不足等问题。从整个地区的产业发展看,呈现出农业发展滞后、工业发展缓慢、第三产业的发展缺乏后劲的严重态势。第三,从城乡教育、卫生、社会保障等公共服务及公共资源的投入上反映出政府财政投入仍有不足。第四,地域限制、农牧渔林产业结构分布不合理、农牧民文化素质不高等导致西藏农牧业发展水平仍比较低下,对促进农村地区的经济增长作用不显著,从而阻碍西藏的城乡一体化进程。

(四)西藏的城乡一体化是一个任务重、耗时久的工程,需要协调各方的因素从整体上做出规划,从而努力构建出西藏城乡空间、经济、社会、环境等全方位的协调可持续发展新局面。需要从改革户籍制度、提高农牧区公共服务能力、促进农牧民增收和加大对进城农牧民的社会保障力度破除西藏的城乡二元结构。重建城乡互补共生的发展规划,真正实现城镇合理布局、新农村建设、社会管理效率进一步提高的崭新局面。强化从中央到地方的财政支持责任,并实施有效管理和监督,提高城乡一体化的财政使用效率。一系列的城乡建设都必须紧紧围绕"三集中"战略,推动工业向产业发展区集中、农牧民向城镇集中、土地向规模经营集中,从而确保西藏的城乡一体化能够健康、协调和可持续地不断向前发展,振兴整个地区的空间、经济、社会和生态环境全方位发展。

总之,城乡一体化是建设社会主义新农村、实现统筹城乡发展的必由之路,涉及空间、经济、社会、环境等各个方面,需要打破传统的发展方式,形成全新的城乡协同发展态势。通过本项目的研究结论可以发现,西藏仍处于城乡一体化的初级阶段,在城乡一体化发展过程中仍存在一些问题,还需要从实际出发,兼顾不同层次的目标,从根本上分离传统体制下的城乡二元结构。

目　录

CONTENTS

第1章　导　论 ………………………………………………………… 1

1.1　研究背景　1

1.2　研究意义　3

1.2.1　理论意义　3

1.2.2　实践意义　4

1.3　研究内容　5

1.4　研究方法　7

1.5　研究重点、难点　8

第2章　理论基础与文献回顾 …………………………………………… 10

2.1　理论基础　10

2.1.1　增长极理论　10

2.1.2　核心－边缘理论　11

2.1.3　二元结构理论　12

2.1.4　城乡一体化理论　13

2.1.5　“三集中”理论　14

2.2　文献回顾　16

2.2.1　国外研究现状　16

2.2.2　国内研究现状　19

2.2.3 国内外研究评述 23

第3章 西藏城乡一体化发展总体性评价 …………………………………… 25
3.1 西藏基本概况 25
3.2 西藏城乡发展一体化现状的综合分析 26
3.2.1 城镇化发展水平不高,发展速度缓慢 26
3.2.2 经济实力较弱,内生推动力不足 27
3.2.3 城乡发展差距大,二元结构显著 29
3.3 西藏城乡一体化发展水平测度 30
3.3.1 城乡发展一体化评价指标体系的构建原则 31
3.3.2 城乡发展一体化指标体系的结构 32
3.3.3 西藏城乡发展一体化实证分析 38
3.3.4 西藏城乡发展一体化提升路径 49

第4章 西藏城乡一体化发展水平的案例研究 ……………………………… 51
4.1 拉萨市城乡一体化发展水平案例分析 51
4.1.1 拉萨市基本概况 53
4.1.2 拉萨市城乡一体化发展水平的综合评价 53
4.1.3 拉萨市城乡发展一体化面临的主要问题 70
4.1.4 拉萨市城乡一体化所面临问题的对策分析 73
4.2 山南地区城乡一体化发展水平案例分析 75
4.2.1 山南地区概况 77
4.2.2 山南地区城乡一体化发展水平的现状及综合评价 78
4.2.3 山南地区城乡一体化发展面临的问题 94
4.2.4 山南地区城乡一体化所遇问题的对策分析 97
4.3 日喀则市城乡一体化建设案例分析 99
4.3.1 日喀则市基本概况 100
4.3.2 日喀则市城乡差异分析和综合评价 101
4.3.3 日喀则市城乡一体化建设所面临的问题 114

4.3.4　对进一步推进日喀则市城乡一体化建设的建议　116

第5章　西藏城乡一体化发展中存在的问题 ………………………… 120

5.1　非典型二元结构影响西藏城乡一体化　120

5.1.1　非典型二元社会机制　121

5.1.2　非典型二元经济结构　124

5.2　西藏城镇化水平偏低影响城镇吸纳力、带动力　125

5.2.1　西藏城镇化率低,速度缓慢,发展水平低　125

5.2.2　西藏城镇数量少,规模小,发展差异巨大　127

5.2.3　西藏城镇基础设施落后,土地利用率低,规划不合理　128

5.2.4　西藏城镇职能单一,缺乏完善的动力机制　129

5.2.5　城镇经济实力弱,缺乏吸引和辐射能力　130

5.2.6　剩余劳动力转移存在障碍　132

5.3　地方政府财力有限造成对西藏城乡一体化投入不足　133

5.3.1　西藏城乡公共资源投入不平衡　133

5.3.2　西藏城乡公共服务经费投入不均等　137

5.3.3　转移支付制度障碍　143

5.4　西藏农牧业发展水平低影响城乡一体化推进进程　145

5.4.1　西藏农牧民收入增长陷入困境　145

5.4.2　地域限制导致农牧业发展落后　147

5.4.3　农牧业结构不合理,产业化水平低　149

5.4.4　农牧民文化素质偏低制约农牧业发展　152

第6章　拉萨市新型城镇化过程中几个值得注意的问题 ………………… 153

6.1　拉萨市新型城镇化进程中的人口管理　153

6.1.1　拉萨市人口基本情况概述　153

6.1.2　拉萨市新型城镇化过程中人口管理存在的问题　155

6.1.3　解决拉萨市新型城镇化过程中人口管理问题的新措施　157

6.2　城乡一体化布局下的农网智能化建设问题　159

6.2.1 城乡农网智能化建设的问题 160
6.2.2 农网智能化建设的发展目标 160
6.2.3 农网智能化建设的具体措施 161
6.3 西藏新型城镇化发展战略的差异性选择 162
6.3.1 西藏城镇化发展整体概况 162
6.3.2 西藏新型城镇化发展的特殊环境 164
6.3.3 西藏城镇化整体进程中存在的问题 164
6.3.4 构建西藏新型城镇化战略格局思路 166

第7章 西藏城乡一体化发展新格局的路径设计 …………………………… 170
7.1 着力破除西藏城乡二元结构 170
7.1.1 改革城乡分离的户籍制度 170
7.1.2 提高农牧区公共服务能力 170
7.1.3 千方百计促进农牧民增收 171
7.1.4 加大对进城农牧民的社会保障力度 173
7.2 构建符合西藏特色的城乡体系 174
7.2.1 制定城乡互补共生的城乡发展规划 174
7.2.2 科学合理的城镇布局 174
7.2.3 大力发展县域经济 175
7.2.4 深入推进新农村建设 175
7.2.5 促进城乡社会管理改革创新 176
7.3 加大对西藏城乡一体化的财政支持 177
7.3.1 强化中央政府支出责任 177
7.3.2 健全财政转移支付制度 178
7.3.3 扩大地方财政收入来源 179
7.3.4 强化财政管理和监督 179
7.4 大力落实好“三集中”战略 180
7.4.1 推动工业向产业发展区集中 180
7.4.2 积极推动农牧民向城镇集中 181

7.4.3 土地向规模经营集中 182

第8章 研究主要结论与展望 …………………………………… 184

8.1 研究结论 184

8.2 研究展望 188

参考文献 …………………………………………………………… 191

附 件 西藏城乡发展一体化主成分分析过程 ……………………… 212

后 记 ……………………………………………………………… 221

第 1 章

导　论

1.1　研究背景

实现城乡发展一体化，改变城乡二元结构，实现农业、农村现代化，是广大农民追求幸福的迫切愿望。中共十八大报告提出，“加快完善城乡发展一体化体制机制，着力在城乡规划、基础设施、公共服务等方面推进一体化，促进城乡要素平等交换和公共资源均衡配置，形成以工促农、以城带乡、工农互惠、城乡一体的新型工农、城乡关系”。中共十八大还提出全面建成小康社会的奋斗目标，会议指出我国接下来的发展重点是促进农业转移人口市民化，推动城乡发展一体化。2015年是我国“全面深化改革关键之年”，“全面完成十二五规划收官之年”，同时也是全面建成小康社会的重要攻坚时期。全面建成小康社会的一个重要内涵，不只是城市的现代化还包括农村、农业的现代化，也是城乡统筹发展的现代化，要想完成这一重要的历史使命，就必须改变我国长期形成的城乡二元结构，统筹城乡经济发展，要坚持和完善农村基本经营制度，构建集约化、专业化、组织化、社会化相结合的新型农业经营体系。加快完善城乡发展一体化体制机制，促进城乡要素平等交换和公共资源均衡配置，形成以工促农、以城带乡、工农互惠、城乡一体的新型工农、城乡关系。

西藏自治区位于我国西南部，面积为120.22万平方公里，占中国陆地总面积的1/8；土地资源十分丰富，牧草地占其面积的1/2，是全国主要的牧区之一。2014年末全区常住人口总数为317.55万人，西藏辖4个地级市、3个地区，4个市辖区、

74 个县①。西藏战略地位极其重要,2010 年,中共中央国务院在第五次西藏工作座谈会上连续用了“六个重要”进行科学概括和清晰定位:西藏是重要的国家安全屏障、重要的生态安全屏障、重要的战略资源储备基地、重要的高原特色农产品基地、重要的中华民族特色文化保护地、重要的世界旅游目的地。2015 年中央第六次西藏工作座谈会更是明确了西藏重要的特殊战略地位,即西藏是重要的国家安全屏障、重要的生态安全屏障、重要的战略资源储备基地、重要的中华民族特色文化保护地,是面向南亚开放的重要通道,是我国同西方敌对势力和境内外敌对势力、分裂势力斗争的前沿,必须从党和国家战略全局高度,深刻认识和做好西藏工作。旧西藏经济十分落后,交通闭塞,没有现代工业,只有牧业和少量农业、手工业;自 1978 年实施改革开放以来,西藏自治区的经济建设步伐不断加快,不仅建立了现代工业、交通通讯业,原有的农牧业、商业也有了长足的发展。从 2003 到 2013 年的十年间,全区生产总值年均增长率为 12.26%,人均 GDP 从 2003 年的 6893 元增长到 26068 元;社会消费品零售总额突破 290 亿元。2014 年,实现全区生产总值 920.83 亿元,按可比价格计算,比上年增长 10.8%。其中:第一产业增加值 91.57 亿元,同比增长 4.2%;第二产业增加值 336.84 亿元,同比增长 14.6%;第三产业增加值 492.42 亿元,同比增长 9.5%。人均地区生产总值 29252 元,同比增长 9.1%。在全区生产总值中,第一、二、三产业增加值所占比重分别为 9.9%、36.6%、53.5%。②

全区经济呈现增长快、质量高、协调性强的特点,并保持了跨越式发展的强劲势头。但随着经济的不断发展,西藏地区的城乡矛盾也日益突显:如农牧民剩余劳动力问题严重、城乡居民收入差距增大、城市经营水平不高导致资源配置的不合理、城乡文明不能共享等。③

城乡一体化是我国学者为消除我国城乡二元结构提出的崭新理论,是国外二

① 西藏经济综述. http://baike.baidu.com/link? url = C17p12FH3992X1hD4dg4outCVX3DxlkuL39zOPDa7OfW0qMX2QsnLsOFSwgYp1Pkf1ZHRcph_usRJwLCpKMsD0qp75UyUk7KxkuU9z1A0Oy#reference - [32] - 14768329 - wrap,2016 - 10 - 8

② 西藏自治区 2014 年国民经济和社会发展统计公报. http://www.tjcn.org/tjgb/201504/28274.html,2016 - 10 - 8

③ 常纪坡,马萍. 拉萨市城乡一体化评估指标体系探讨[J]. 时代经贸:下旬,2008,6(5):131 - 132.

元经济结构理论与我国城乡具体实际相结合的理论成果。中共西藏自治区第八届委员会第五次全体会议审议通过了《中共西藏自治区委员会关于贯彻〈中共中央关于全面深化改革若干重大问题的决定〉的实施意见》。该《意见》对西藏经济体制、社会事业改革等方面做出了具体部署,提出西藏将以农村土地制度改革为重点,健全城乡发展一体化体制机制,希望通过农牧业产业经营、城镇化建设以及新农村建设为西藏农牧民群众带来更多的福祉。但西藏城乡一体化从理论到实践还处于摸索阶段,西藏城乡一体化的科学含义是什么?城乡一体化的实现途径是什么?这些非常值得去研究和探索,基于此,本课题对西藏破除城乡二元结构与城乡一体化发展格局展开研究,以期为西藏地区的繁荣稳定添砖增瓦。

1.2 研究意义

随着我国经济的不断发展,城乡发展差距越来越受到政府及相关部门的重视,与城乡一体化相关的学术研究成果也较为丰富。通过分析相关文献资料可以发现学者研究主要集中于城乡一体化制度创新、路径选择、评价指标建立以及模式研究,缺乏针对特殊地区城乡一体化模式的构建。而西藏地处我国西南部地区,其地理位置极具特殊性,不仅如此,西藏少数民族人口占总人口的92%,属于少数民族聚集地,该地的经济发展状况也与其他省份有着显著差别。因此对西藏城乡一体化发展的研究具有不可替代的理论意义与实践价值。

1.2.1 理论意义

城乡一体化作为区域空间经济社会发展的必然产物,有着深层次的社会经济与制度基础,也存在非常复杂和处于动态变化中的运行机制和演变机理。本课题基于宏观与微观、普遍性与特殊性、内在与外在的分析,借鉴空间(区域)经济学、经济地理学、城市经济学和发展经济学等相关理论成果,以突破与创新为起点和落脚点,在二元经济结构理论与城乡一体化、产业集群理论、农村城镇化理论、农业集约化经营理论的指导下,用主成分分析法分析西藏城乡一体化发展的总体情况主要特征,采用"三集中"战略(乡镇工业向工业园区集中、农业向规模经营和生态园集中、农民向城镇和农村新型社区集中),提出西藏城乡一体化发展的战略及实施路径、机制设计、制度创新。探求在面临全球化、区域一体化巨大冲击和国内改革发展挑战背景下如何基于西藏现有的城乡发展基础去逐步推进和最终实现城乡一体化这个美好愿景。以此深化人们对城乡一体化科学内涵的理解,引起相关学者对少数民族经济欠发达地区城乡一体化发展研究的兴趣,以推动少数民族地区城乡一体化理论的发展,为解决欠发达地区城乡二元结构提供理论支持。

1.2.2 实践意义

实践证明,只有农村社会稳定,才能加速推进城市化的进程,并带动农村改革,加快发展步伐,提高农民生活水平。中国城乡发展最宝贵的带动经验,就是依赖不断深化的改革来解决城乡发展过程中的深层次矛盾,紧紧抓住影响城乡经济社会发展的最核心的“瓶颈”问题进行“渐进式”突破。值得一提的是,中国市场经济制度建立过程中的“苏南模式”,全面改造了传统的乡村经济社会,并因其独特的发展路径促使它的区域经济结构、社会结构和城乡结构不断得到优化,成为苏南乡村新一轮转型——农村内生驱动型城乡一体化发展的基础支撑。与此相应,“苏南模式”有力地带动了更大范围内的区域经济崛起。而西藏是一个城乡区域间经济、地理和自然条件差异极其明显的地区,通过对西藏城乡一体化现状的研究,在实践方面,本研究借鉴先进地区成功的发展经验,充分认识西藏城乡形态特征及其演变规律,在政府和市场两种资源配置手段的恰当作用下,使生产要素和商品服务在城乡区域统一的可持续发展空间与时间维度上达到动态的均衡配置状态,并探索出西藏城乡一体化过程中具有应用价值的结构模式,建立具有地方特色的城乡一体化发展模式,建立少数民族欠发达地区的创新性制度,并对其进行推广,从而有利于从根本上解决西藏的三农问题,促进城乡社会进步和人的全面发展;对我国各级党委和政府强化使命意识,坚持统筹发展,突破传统思维,创新城乡一体化发展模式,打好战略机遇期的城乡发展攻坚战,提供理论支撑,决策和政策文本,具有十分重要的实际意义。

1.3 研究内容

本研究以西方经济学、产业经济学、区域经济学、社会学、管理学等多学科为理论视角和研究方法,基于西藏城乡经济社会存在差距的客观事实,以城乡一体化理论、"三集中"战略理论为依据,系统梳理西藏城乡经济差距的变化趋势和二元经济结构强度的变动趋势,研究分析造成这种变化或变动趋势的因素及原因,探讨西藏"三集中"战略的实施是否是西藏城乡经济增长的源泉和一体化发展的对策建议。

研究的主要内容:

第一章为导论。主要介绍选题背景、研究意义及研究的主要内容和研究重难点。

第二章为城乡一体化的理论基础及相关文献综述。与城乡一体化相关的理论主要有增长极理论、核心-边缘理论、二元结构理论以及"三集中"理论等。就国内外研究现状来看,国外学者主要从城乡结构、城乡关系以及农村人口迁移等方面进行研究;而国内学者的研究视角则是从城乡一体化的科学内涵、要素配置、城乡一体化评价、实现路径以及协调机制入手。关于西藏实现城乡一体化的研究很少,故本研究以西藏城乡一体化的现状为研究对象,极大地丰富了民族地区城乡一体化理论研究。

第三章为西藏城乡一体化发展总体性评价。首先对西藏进行简要介绍,通过实地调研了解西藏城乡一体化发展取得的成绩,并对现阶段西藏城乡发展中存在城镇化发展水平不高,发展速度缓慢;经济实力较弱,内生推动力不足;城乡发展差距大,二元结构显著等问题进行分析。其次本研究基于国内外城乡一体化发展水平测度经验,充分考虑西藏的实际情况,对影响西藏城乡发展一体化的因素进行合理分解,确定各项评价指标,对西藏城乡一体化发展做出整体性评价,根据实证研究定量分析结果提出西藏城乡发展一体化提升路径,并为其他省份进行城乡一体化水平现状评价提供案例指导。

第四章为西藏城乡一体化发展水平的案例研究。西藏自治区下辖4个地级市(拉萨市、日喀则市、昌都市、林芝市)和3个地区(阿里地区、那曲地区、山南地区),本研究选取三个具有代表性的地区作为案例研究西藏城乡一体化发展状况,分别对拉萨市、山南地区以及日喀则市进行研究,从更深层次了解西藏城乡一体化发展水平。

第五章为西藏城乡一体化发展中存在的问题。本章主要根据对西藏城乡一体化发展水平的现状测度和案例研究找出西藏城乡一体化发展中存在的问题,主要可以归纳为以下几点。首先是非典型二元结构影响西藏城乡一体化;其次是西藏城镇化水平偏低影响城镇吸纳力、带动力;第三是地方政府财力有限造成对西藏城乡一体化建设投入不足;最后是西藏农牧业发展水平低影响城乡一体化推进进程。以此为西藏城乡一体化发展新格局提供理论支持。

第六章为拉萨市新型城镇化过程中几个值得注意的问题。本章从拉萨市新型城镇化进程中的人口管理为切入点,指出拉萨市新型城镇化过程中人口管理存在管理体制不完善,难以适应当前复杂的人口管理局面;公共资源供给有限与公共服务需求迅速增长之间的矛盾突出;户籍制度限制,导致人口管理边界困境以及农牧民自身要素禀赋差,实现转移就业困难等问题,提出必须破除不利于新型城镇化发展的人口管理体制,借鉴内地和国外的先进经验,与拉萨市各地的实际联系起来,寻找其中的结合点,创新人口管理模式,构建人口管理新平台,建立健全农牧民再就业培训机制,实现农牧民非农牧就业,切实加快数字城市建设,完善拉萨市的城市网格化管理模式等解决拉萨市新型城镇化过程中人口管理问题的新措施。提出提高农网智能化建设给居民带来更加便捷的生活方式,对于农网的安全性、环保性以及高效率的发展方向有一定的重要作用。并分析了当前西藏面临着城镇化发展速度慢、水平低,城镇化质量不高严重影响着西藏经济社会健康发展的问题,提出西藏新型城镇化发展战略要进行差异性选择,在新型城镇化发展中要处理好城镇化发展与西藏自身特殊环境的关系,要深刻认识和把握西藏城镇化的发展规律,将城镇化的快速推进和质量提升有机结合,优化城镇空间布局,重视城镇特色产业培育和品质提升,适度推进农牧业转移人口市民化,统筹城乡发展,构建融合共享的城乡关系,走高效、包容、可持续发展的新型城镇化道路。

第七章为西藏城乡经济社会一体化发展新格局的政策建议。首先着力破除西藏城乡二元结构。主要从改革城乡分离的户籍制度,提高农牧区公共服务能力,千方百计促进农牧民增收,加大对进城农牧民的社会保障力度等几个方面进行改进。其次是构建符合西藏特色的城乡体系。根据城乡规划进行科学合理的城镇布局,大力发展县域经济,深入推进新农村建设,促进城乡社会管理改革创新。再次,加大对西藏城乡一体化的财政支持,强化中央政府支出责任;健全财政转移支付制度,合理利用资金,形成规模效应建立城镇财税收入的稳定机制;扩大地方财政收入来源,克服西藏城乡一体化中资金短缺问题;强化财政管理和监督,提高西藏财政资金使用效益。最后大力落实好"三集中"战略,推动工业向产业发展区集中,农牧民向城镇集中,土地向规模经营集中,进一步完善西藏城乡一体化发展。

第八章为研究主要结论与展望。

1.4 研究方法

从总体上看,城乡一体化进程中的研究涉及各种相互关联的不同学科领域,就其本质而言是综合性的、复杂的。因此,本研究在方法论上强调理论分析与应用分析的多学科密切联系与综合分析,强调特别要借鉴应用经济学、经济地理学和城市经济学、发展经济学与社会学的有益方法,坚持重在从对城乡发展的区域现象和城乡人民生产生活的实际中得出一种综合的认识,以协调城乡区域发展及其形态演变的各个方面。主要采取的研究方法包括:

(1)文献研究

现代跨区域传媒技术的发展和图书情报与当代文献存储、检索与查新技术的更新进步,为本研究提供了重要的文献资料保障。通过充分利用信息化的网络资源和图书资料,认真研读相关方面专著,立足前人的研究成果,观注西藏城乡一体化进程中的最新动态,加深对所要研究问题的理解,在充分借鉴已有研究成果的基础上确保本项目的研究目标的实现。

(2)比较研究

历史事实与经验总结对于现实发展具有不同程度的借鉴和指导意义。本研究通过借鉴"苏南模式"和成都等地区实施"三集中"战略的成功经验,为探索、突破和创新西藏城乡经济社会一体化发展新模式提供借鉴。

(3)实证研究

为了检验某种应用研究在理论逻辑上的一致性和其在现实中的真实涵义,实证分析与规范分析的结合是必要和必需的。本研究立足于多学科的有益成果,以西藏自治区拉萨市、山南地区以及日喀则市为实证研究对象,运用社会调研和网络调查,结合内容分析、历史比较分析、社会网络分析等,将西藏城乡一体化这一议题置于多层次和多学科考量,获取第一手资料和最新调研数据,为现状分析、模型开发和政策构建提供依据。

(4)综合研究

运用归纳和演绎、分析与综合以及抽象与概括等方法,通过定性与定量分析,对西藏反映城乡经济发展现状、城乡一体化发展程度的指标等各种资料和数据进行分析,以期对西藏城乡关系的发展现状及主要特征有初步的了解,建立量化指标体系和测度工具,用以监督、调整、修正西藏城乡一体化发展过程中的政策效用价值,提高政策的科学性、针对性和可操作性,获得相关的评价结果。

(5)模型分析法

以国内外城乡一体化的发展经验作为参照系,对西藏城乡一体化的发展现状及其发展程度进行分析时,通过构建合理的评价指标体系,运用主成分分析法对西藏整体的城乡一体化进行分析,并选择具有代表性的拉萨市、山南地区和日喀则市的城乡一体化进行分析。

1.5 研究重点、难点

研究的重点:本研究从西藏的基本情况出发,对西藏城乡一体化发展程度进行测度,进行案例分析,以实证研究为少数民族欠发达地区城乡一体化发展提供借鉴;发现西藏城乡一体化发展中存在的问题,以此为西藏城乡经济社会一体化发展新格局提供政策建议,在大力加强城乡经济发展的基础上,促进城乡社会进步和人的全面发展。

研究的难点:采用计量经济模型分析城乡经济增长的源泉和一体化趋势,

由于数据本身的局限性,存在因数据时间跨度不足而导致的结论准确性问题。由于数据的限制,所以未能就乡村居民与城镇居民收入差距问题开展深入的统计分析和计量分析。仅局限于城乡二元经济的宏观分析,未能就劳动力、资本、土地、技术等生产要素在城乡间的配置及对两部门和全国经济的影响进行深入的研究。

第 2 章

理论基础与文献回顾

2.1 理论基础

2.1.1 增长极理论

增长极理论是区域经济学的理论范畴，最早出现在 20 世纪 50 年代，法国经济学家弗朗索瓦·佩鲁(Francois Perroux)最早提出了该理论，随后广泛地在世界各地发展和应用。增长极理论认为，经济增长并不是出现在所有地方，而是根据其具有的不同强度出现在一些增长或增长极上，然后通过不同渠道进行分散，最终影响到整个经济世界。增长极概念提出后，经过其他经济学家的修改和补充，从而有了一个更严格的意义和特征，增长极的增长与空间集聚促进了产业的聚集。它有三个特点：第一，规模的增长；第二，促进经济增长；第三，工业总量的增长。在西方工业经济发展中产生的这个经济理论是非常实用的。增长极的形成，由历史条件、技术条件和资源条件三个方面组成。从历史条件看，条件范围内不同形式的集聚，如果基础设施、劳动力素质、社会和文化环境有优势，就会有利于增长极的形成。从技术条件看，经济发展水平越高，创新能力和技术能力就越强大，更适合生成和发展新的增长极。从资源条件看，原材料、能源、水和其他资源，非常有利于形成一个新的增长极。经济增长极作为区域经济发展的重要经济力量，不仅有利于创建一个强大的规模经济，也为其他经济的发展发挥了导向作用、乘数效应以及极化和扩散效应，这也充分体现了经济增长极的重要意义。

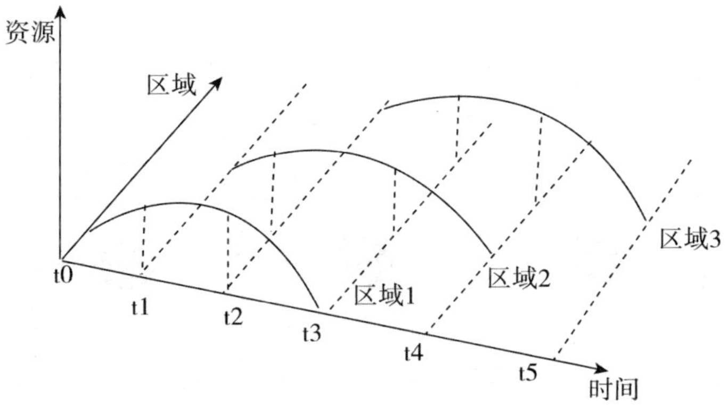

图 2－1　区域经济的增长极效应

2.1.2　核心－边缘理论

美国著名地理学家、区域发展与规划学大师 J. R. 弗里德曼(J. R. Fridemna)于 1966 年在他的学术著作《区域发展政策》中首次提出了核心－边缘的这一理论(见图 2－2)。1969 年,在他的《极化发展理论》一书中把这个空间极化思维进行了进一步的发展,概括归纳为普遍适用的理论模型,并利用这个理论解释城市和农村地区之间的发展不平衡问题。他认为,任何经济系统都可以根据不同属性的空间特征划分为核心区域和边缘地区。他的理论试图解释任何区域都不是相互孤立的,而是相互接触、发展相关的,由最初的发展不平衡慢慢发展成一个区域系统相关的均衡发展。这一理论强调区域经济增长,必须附有经济空间结构的变化。

随着社会和经济的发展,经济结构的空间变化可以分为四个阶段。前工业化阶段:低水平的生产力,经济结构以农业为主,工业产值的比例不到 10%,各地经济发展水平的差异很小,人与人之间的经济联系不密切,生产和缓慢发展的城镇、城镇等级体系是不完整的。工业化的早期阶段:城市开始形成,工业产出的比例在 10%－25%,核心区域和边缘区域扩大,出现了经济增长的差异。域外资源要素由边缘地区向核心区域流动,经济实力强大的核心区域面积增加,导致政治权力集中,核心地区和边缘地区的发展进一步不平衡。工业化成熟阶段:这是快速工业化的发展阶段,工业产出经济比例在 25%－50%。快速发展的核心区域导致了核心区域和边缘区域之间的发展不平衡加剧。核心区域和边缘区域之间

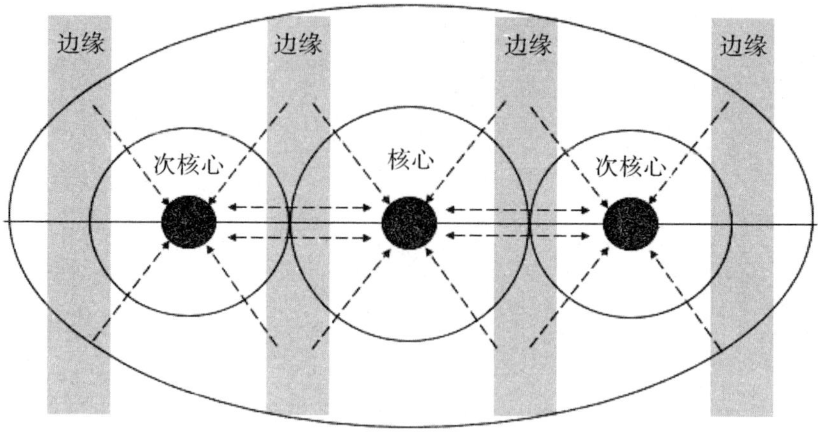

图 2-2　核心-边缘概念模型

的矛盾日益紧张,边缘区域内出现相对特权的地方,即更小的核心区域,形成区域的次核心,边缘区域不断分成一个或多个次核心区域。空间相对平衡阶段:这是所谓的后工业化阶段,核心区域的扩散作用不断加强,资本、技术和信息加强核心区域流动的边缘区域。整个地区已经成为互联城市系统的特性,形成大规模的城市化地区,开始相关的均衡发展。

2.1.3　二元结构理论

二元经济结构理论是第二次世界大战后描述发展中国家的经济现象的理论,这种现象在发展中国家普遍存在。美国学者威廉·阿瑟·刘易斯(William Arthur Lewis)于1954年在其《劳动力无限供给下的经济发展》一书中首先提出二元结构理论。在一定条件下,传统农业部门的边际生产率为零或负数,工人按最低的工资水平提供劳动,有无限的劳动力供给,而城市工业部门的工资比农业部门的工资较高,假设相同剩余农业人口,工资水平没有变化,那么农业人口会转移到城市的行业主管部门。当剩余劳动力消失,劳动力的边际生产率也得到了改善,这两个部门的收入逐渐增加,形成城乡二元结构。由于工业部门普遍集中在城市,农业部门主要是指农村,后来的研究者也将城乡二元结构称为在城市和农村地区的两个结构。刘易斯模型系统地探讨经济结构和二元改造的理论模型,为二元经济理论研究奠定了基础,但他强调现代工业部门的扩张,忽视了传统农业部门的发展。后来,经历了 La Padula 模型、Jorgen Randers 模型、Harris Todaro 模型、Gurmar Myrdal 模型,逐步赋予新的内容模式,并加以丰富和完善。在发达国家,二元结构的转换是发生在市场的作用下,通过自身漫长而曲折的演变而实现的,一些发展中国家还没有完全摆脱剩于劳动力的特点,有效需求不足的问题严重,这种现象不能用二元经济的古典和新古典理论来解释。为此,凯恩斯(John Maynard Keynes)理论引入到二元结构框架,进行开发模式,拉克西特(Rakshit)发展模式是最典型的一种。他认为,经济社会发展应该引入政府干预,以克服由于资源配置弱化引起的市场失灵,以满足结构转型的需要。中国的农业与工业、农村与城市、经济欠发达地区和经济发达地区并存的现状,通过二元社会结构理论来解决上述并存问题,必须考虑通过协调发展,改变目前制约农村发展的制度性因素,以解决实际问题,改变目前城乡二元结构体系的存在。

2.1.4　城乡一体化理论

城市和农村地区的一体化是生产力发展到一定高度的产物,是人类历史上的一个必然现象。目前,城乡一体化典型的理论定义主要有三种。从社会发展的历史来看:城市和农村地区的一体化,随着人类社会的发展,城乡发展差距的拉大致使城乡之间的矛盾不断激化。空想社会主义实践者夏尔・傅立叶(Charles Fourier)首次提出整合城市和农村地区的理论,在他看来,所谓的"和谐社会"将逐步消除城乡之间、行业之间的矛盾,工农和农业不再是区分城乡定义的一个标志。从区域发展的角度来看:城市和农村地区的一体化,随着经济和社会的发展,城市与乡村发展过程中、传统的差异之间的空间边界将逐渐减少。加拿大的麦基(T. G. Mc Gee)在近 30 年的区域研究中发现亚洲许多国家经济发生了重大变化,在这些地区不再是简单重复西方城市的发展模式,农村地区通过逐步改造,传统区分城市与乡村之间的界限已经越来越模糊,城乡之间的发展越来越密切,在区域空间结构融合的基础上结合城市和农村地区的理论,对已有的发展方式及对农业和非农业活动共存特征的阐释,提出了城乡一体化的理论。从经济与社会协调发展的观点:城市和农村地区的一体化生产是根据不同行业的要素有序流动,根据城市和国家经济发展、社会稳定以及过程之间的一种优化组合,主要涉及了城市和农村地区之间关系的整合。经济特征的独特性为技术进步和经济发展提供了良性的循环积累,农村在历史长河中固有的天然特性只是起到了城市的辅助作用。

自改革开放以来,中国经济进入了持续快速增长的阶段,城市和农村的经济和社会面貌发生了一系列深刻变化,谋求和谐发展,共同繁荣的城乡之间的新关系开始出现。城乡经济因素通过城乡的界限打破,以实现资源的合理配置,通过城市和农村产业的协调、优势互补的产业布局体系,合理分工、协调发展形成城乡一体化的目标。有学者认为,应根据城市和农村地区之间的差异,城市和农村之间的关系,最终实现城乡二元结构完全消失完全融合的目标。也有学者认为,城乡一体化的目标不仅是消灭城乡之间的不和谐因素,更是实现城乡资源优化配置,统筹城乡社会、经济、文化的包容、协调、可持续发展。此外,还有学者认为城乡发展目标的协调发展是平等的,城市和农村经济的平等发展是平等的核心利益。到目前为止,城市和农村经济的融合,主要有两种解释机制:一种是经济的发展,从二元的经济结构发展中提出“推拉机制”;另一种是按照马克思主义经济学的解释,提出合理分工机制。为了实现城乡一体化的发展,从城市发展的动力来考虑,综合考虑城市化的解决思路和方法,城乡一体化发展应采取“自上而下”和“自下而上”相结合的重要途径。

2.1.5 “三集中”理论

“三集中”战略是我国 20 世纪 80 年代提出的城乡一体化理论,该理论为农业、农民和乡镇工业在城乡一体化过程中如何推进指明了方向并加以规范。“三集中”战略提出后首先在上海及周边地区进行了试点,在江苏南部地区得到了较好的实践应用,最后在全国推广开来。

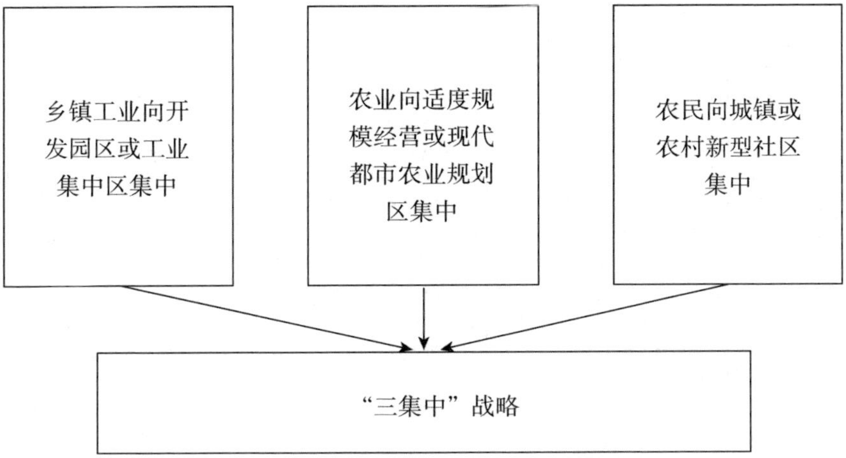

图2-3 “三集中”战略概念模型

“三集中”战略主要是以产业集群理论、产业集群和城镇化互动理论以及农业集约化理论为基础，旨在让农业企业、乡镇企业通过政府合理有序引导和社会资本参与向工业园区进行集中，让农民和农业人口通过农业人口市民化向就近的小城镇进行集中，让原有的、分散的、不均衡的农业通过土地流转向规模化经营集中。“三集中”战略的实施可以有效地对城乡之间分散的资源进行整合，并且对城乡之间公共服务性和消费性投资的拉动具有重要的意义，对最终破除城乡二元经济结构和二元社会结构、实现城乡一体化作用显著而深远。西藏的城乡一体化进程可以借鉴“三集中”战略，并结合当地的实际与特色，进行综合的应用和推广。

表 2－1 “三集中”战略的理论解释

三集中战略	工业向园区集中	农业向规模经营集中	人口向城镇集中
理论基础	产业集群理论	农业集约化理论	产业集群与城镇化互动理论
内容解释	某一行业的企业大量聚集于某一特定区域，通过基础设施和产业资源共建共享、企业间共有技术集中开发、产业市场共同培育和开发，形成稳定且具有持续竞争优势的集合体，从而获得低成本、低风险、高效率的市场效果，工业向园区集中正是适应这一产业集群原理而产生的。竞争战略之父、哈佛商学院著名学者迈克尔·波特认为，产业集群是在某一特定领域内互相联系的在地理位置上集中的公司和机构集合。通过工业向园区集中，有利于促进企业间资源共享、产业链的形成和企业间的协调，形成产业集群效应。	转变农业经济发展方式，走内涵扩大再生产的道路。我国农业人口多、耕地资源少、水资源紧缺的国情，决定了发展现代农业必须摒弃传统农业的粗放经营模式，既不能照搬美国、加拿大等国家大规模经营、大机器作业的模式，也不能采取日本、韩国等依靠高补贴来维持小规模农户高收入和农产品高价格的做法，而必须探索一条具有中国特色的现代农业集约经营发展之路。通过农业向规模经营集中，可以优化配置农业资源，合理利用现代化的技术和管理手段，形成土地产出率和劳动生产率高、市场竞争力强的现代农业产业体系。	产业结构的演变与区域城镇化之间存在互动机制。一方面，区域产业集群引起的产业结构有序演变引起城镇化动力机制的变化，使区域城镇化表现出不同的地域模式；另一方面，城镇化对区域产业结构的演变具有支撑、拉动、载体等作用。产业的集群可以促进区域人口的集中、引发资源和基础设施的共建共享，从而产生良好集聚效应，以工业园区来集聚产业、以产业来集聚人口、以人口的集中来繁荣城镇，促进城镇化的发展。国外研究表明，工业化和经济增长水平决定了城镇化的发展，而城镇化也是工业化和经济增长的重要驱动力量。

2.2 文献回顾

2.2.1 国外研究现状

(1)城乡结构研究

在空想社会主义者的理论和学说当中,就存在关于城乡一体化的思想。而对城乡一体化的探讨和研究是在近代,具体说是在产业革命之后。在西欧一些发达的资本主义国家,城乡发展的过程中普遍出现了严重的问题,例如城市拥挤、交通不畅、环境遭到破坏等,城乡差距拉大、城乡关系不协调甚至出现严重对立,并由此进一步上升到阶级矛盾尖锐等一系列问题。在这样的形势下,西方的一些学者开始关注城乡关系问题,开始探讨关于城乡之间的协调发展,提出城乡区域一体化、城乡统一规划等思想。到了18世纪,亚当·斯密(Adam Smith,1776)在《国民财富的性质及其原因的研究》一书中系统地阐述了城乡发展的自然规律及其演变过程,同时揭示了地理、制度、贸易、文化变迁对城乡结构变化的制约与影响的本质。此后,各国的经济学家和社会学家从不同角度丰富和发展了城乡结构的相关理论,埃比尼泽·霍华德(Ebenezer Howard,1898)第一次比较系统地提出了城乡一体化的思想,并提出城乡融合型城市的主张。他的思想和主张在著作《明日的田园城市》中做了集中而详尽的阐释。在书里,他提出明日的田园城市是城乡一体化的新型社会,从而取代城乡之间对立的社会,他在著作中具体阐述了"三磁铁理论":城市本身因为具有吸引人的磁力,所以导致人口的聚集,城市和乡村必须成婚,进行这种愉快的结合终将会迸发出新的希望、新的生活和新的文明。他将城乡作为一个统一的整体,在发展的诸多方面都进行了规划和设计,目标是构建城乡协调发展的格局。卡尔·马克思(Karl Marx,1867)利用历史唯物主义辩证观对城乡之间的关系进行了系统分析,认为产生城乡对立的根本原因是资本主义的产生和发展,并指出消除城乡对立成为社会主义和共产主义的主要目标之一。美国著名城市理论家刘易斯·芒福德(Lewis Mumford,1938)明确提出,城乡之间的关系是不能分开的,对社会来说,城乡的发展是具有同等重要地位的,应当遵循有机结合的原则实现城乡的平衡发展,城乡社会的进步是一个统一的问题。他主张以城市为中心,建立一个大范围的区域统一体,形成"新的城市中心",使区域得到整体发展,以至最终实现霍华德的"社会城市"的思想。它的特点是多中心、整体化。二元结构理论的提出是城乡关系研究的转折点,美国著名发展经济学家刘易斯(Arthur Lewis,1954)提出"劳动力无限供给条件下的经济发展"理论,认为在欠发达国家的经济增长过程中,主要表现为劳动力供给过剩的农业部门向现代的工业部门提供廉价的劳动力资源,实现了现代部门的快速发展,换句话说,就是现代部门为传统部门的过剩劳动力创造了大量就业机会,逐步完成了经济结构的现代化进程。在此基础上,刘易斯进一步提出了人口流动理论;乔根森(Jogenson,1967)和托达罗(Todaro,1975)等人对其进行了补充;缪尔达尔(Myrdal,1974)则从空间角度建立了二元空间结构发展学说,他认为,如果一个地区受到一些外部因素作用,引致经济发展稍微比其他地区快速,那么该国家的内部经济发展力量的不均衡程度就会不断加剧,并使该局面长期延续下去。此后,经济学理论在城乡结构中的研究不断创新，产生了大量经典的理论和模型，其中具有代表性的有麦基（Mc Gee，1989）的“desakota”模型，道格拉斯（Douglass，1998）的区域网络模型，塔科里（Tacoli，1998）的“城乡连续体”和肯尼斯·林奇（Kenneth Lynch，2005）的“城乡动力学”等。

（2）城乡关系研究

最先提出“城市与农村结合发展”思想的是以摩尔（Moore，1516）等为主要代表的空想社会主义者。随后，意大利“重农主义”学者乔万尼·鲍泰罗（John Baotailuo，1663）探讨了城市规模与食物供给关系，认为农产品的剩余是城市存在的基础。而亚当·斯密则对城镇产生与城乡关系的形成原因、城乡关系的定位和互动、都市产业的重要作用等都进行了深入研究，认为农民与市民之间是相互服务关系，农业是城市存在的基础，城市与农村互相作用。杜能（Johann Thunen，1826）则从农业生产的区位选择和布局角度，以假想的孤立国作为研究对象，对城市和乡村的经济发展之间的联系进行了研究。

（3）农村人口迁移研究

城乡结构是一个与城镇化相伴而生的概念，而农村人口的迁移和集中作为城镇化过程中最重要的内容之一，历来受到西方学者的重视。其中经典的人口迁移理论就有以 Ravenstein、Lee、Bogue 等为代表的推拉理论，以 Lewis、Ranis – Fei 和 Todaro 为代表的发展经济学人口迁移理论，及以 Schultz 为代表的成本效益理论。近年来，相关理论又有了较大发展。美国城市地理学家 Northern（1979）提出的城市发展 Logistic 生长曲线，把城镇化过程总共分为三个阶段，并且分析了每个阶段中人口流动的不同特征；Vilallonga（1998）提出人口迁移是一种复杂的社会现象，人们的迁移习惯、家庭经验、工作经验、成功的社会价值和个人价值实现等因素都会影响其迁移行为。Bloom 和 Stark（1985）提出的劳动力的迁移行为并不仅仅由自己决定，而是与家庭成员共同商量的结果，其中“关系网和地缘、亲缘关系”式的迁移模式是一种广为人知的迁移行为特征。Seeborg 等人（2000）在对中国农村人口迁移进行研究后，提出政府必须消除一系列制度障碍，并用经济动力鼓励人口迁移。中国农村居民的迁移行为，除了受上述因素影响外，人口数量大、城乡差距悬殊以及特殊的环境、文化、制度、政策等也应该受到特别的重视。

2.2.2 国内研究现状

(1)城乡一体化内涵

陈雯(2003)从城乡融合的角度来看待城乡一体化,认为城乡一体化的内涵包括制度的一体、经济的链接、社会的趋同和空间的融合四个方面,并把城乡之间存在的差异作为区分城市与农村的标准,认为城乡之间存在功能、行业、收入和景观差异。李长江(2005)认为城乡一体化是我国经济社会全面转型期的科学发展观、是我国加速推进现代化的发展战略、是城乡现代化融合的发展过程、是国家和地区现代化不同阶段的一组相互承接的发展目标。詹水芳(2010)把城乡一体化看作是一个动态的发展过程,并对上海市的城乡一体化内涵做出解释,认为上海市的城乡一体化发展已经具备了良好的发展基础,为上海市经济、社会进一步发展提供了良好的空间。任苒(2010)把城乡一体化分成了两个方面来理解:一是认为形成体制、机制,推动经济社会协调发展是城乡一体化的核心;二是认为城乡一体化不仅是经济发展的一体化、更是社会服务的一体化,基础设施、医疗保险、教育文化等都是城乡一体化的重要组成部分。李刚(2013)认为城乡一体化是生产力不断发展的产物,城乡一体化的发展有利于实现生产要素在城乡之间的自由流动和更加优化配置,并且城乡一体化是以人为本、生态优化、经济发展、社会服务四者的有机统一。王渊、白永秀和王宇(2013)提出了城乡辩证统一的理念,认为城乡之间没有根本性的对立,城乡之间存在差别是一种常态,是要素优化配置的必然结果,城乡一体化不能简单地认为是城乡经济的一体化。李栋和何英磊(2014)根据十八届三中全会对城乡一体化的最新阐述,认为我国城乡一体化根据地域、习俗、经济、民族等不同要素,存在着不同形式的城乡一体化实践,二元经济和社会结构对城乡一体化的发展存在限制作用。

(2)城乡一体化要素配置

周艳波和董鸿鹏(2006)针对工业化进程中的城乡要素配置进行了研究,并且以辽宁省为例,对城乡要素配置和转移的现状进行了分析,发现辽宁省的城乡二元经济结构是阻碍城乡要素合理流动的根本因素。为了解决城乡要素配置问题、实现城乡一体化,提出了工农相互促进的协调发展机制和城乡联动的工业化路线。要实现城乡要素的合理配置,需要打破原有的城乡之间的市场障碍,建立有序的城乡市场,城乡之间的物质资源、人力资源、土地资源、技术资源之间的流动存在着极大地障碍,严重影响了城乡之间的要素合理流动和配置,因此需要建立统一的城乡劳动力市场、土地配置市场和资金流通市场(翟印礼、周艳波,2006)。张泓、柳秋红和肖怡然(2007)基于城乡要素流动的视角,认为要素合理置换、流通和优化有利于城乡一体化的发展。并指出目前我国城乡要素配置过程中存在着农业比较优势丧失、土地流转权利效应显著、农村金融排斥与服务缺失等诸多问题。为了促进城乡一体化的协调发展和城乡之间要素的合理配置,提出统一城乡劳动力市场、完善城乡要素配置、加大财政转移支付和实施农村普惠金融政策等对策与建议。张传勇(2011)利用1999至2008年间我国31个省级行政单位的面板数据研究了城乡要素流动对城乡一体化的影响,研究发现农村人力资本、财政支农力度,对农村的投资强度与城乡一体化之间存在着显著的正向影响,而农村的存款余额、务农的劳动力数量、农民贫困程度、交通通达度与城乡一体化之间存在着显著的负向影响。周学馨等(2012)以重庆市为例,从统筹城乡劳动力、统筹城乡资本、统筹城乡土地三个维度对城乡统筹过程中城乡要素配置的做法进行了研究,发现户籍制度改革的实施、就业制度改革等措施有效地推动了重庆城乡劳动力要素的配置,国有资产债务重组、组建八大国有投资集团、打造地区性资本要素交易平台等措施有效促进了重庆城乡资本要素的合理配置,地票制度、户改农民土地处分制度、农村三权抵押制度的实施有效地促进了重庆城乡土地要素的优化配置。苏华、陈文俊等(2012)在构建城乡收入差距模型的基础上,通过运用我国省级面板数据对城乡要素配置效率、城乡要素成产率和城乡收入差距进行了实证分析,分析发现城乡要素配置效率对城乡的收入差距具有正向的显著影响,并且具有决定性的作用,加快农业转移人口的市民化进程是缩小城乡间收入差距的重要途径,此外,加大农村在教育、医疗、基础设施等方面的投资也是缩小收入差距的有效途径。

(3)城乡一体化评价

关于城乡一体化的评价研究,我国已经有了较为扎实的研究基础,许多学者根据不同的地域和环境提出了不同的城乡一体化评价指标体系(黄晗、李娟和肖志雄,2014)。完世伟(2008)通过运用频度统计法和因子分析法构建了空间一体化、人口一体化、经济一体化、社会一体化和生态一体化的评价指标体系,并运用网络层次分析法以河南省为例进行了实证分析，分析发现河南省城乡一体化水平是由二元经济结构的水平所决定的。苏春江（2009）运用德尔菲法，设计了统筹城乡经济发展、基础设施建设、人民生活水平、社会保障程度和社会事业发展情况、收支情况、科教文卫水平七个维度的城乡一体化评价体系，并根据统计数据对河南省 2005 年的情况进行了实证检验。赵锋（2010）构建了城乡一体化评价指标体系，并对广西壮族自治区的城乡一体化情况进行了测度，该指标体系包含 2 个维度，分别是城乡发展水平和城乡协调水平，并根据 1998－2008 年的统计数据对广西壮族自治区下辖的地市级行政单位进行了城乡一体化测度和评价，研究发现广西壮族自治区的城乡一体化水平呈现出不断上升的趋势。张庆文、叶丹、韩洁等（2010）对北京郊区怀柔、大兴、房山等 10 个区县进行了城乡一体化评价，首先从经济、社会、人口、空间、生态五个维度构建城乡一体化的评价指标体系，然后用层次分析法和聚类分析法进行了城乡一体化的评价和分析，研究发现北京区县的城乡一体化发展程度差距较为明显，呈现出阶梯化的状态，并且人口和空间的一体化水平要高于经济、生态和社会一体化水平。王蔚、张生丛和魏春雨等（2011）对湖南省城乡一体化水平进行了测度和评价，构建了城乡发展、均衡和协调三个维度的评价指标体系，研究发现湖南省近年来城乡一体化发展水平还是比较快的，但是各地级市直接的发展水平存在显著差异，并且城乡发展、城乡均衡和城乡协调指数中间存在明显差距。焦必方、林娣和彭婧妮（2011）从城乡经济融合、城乡生活融合、城乡医疗教育融合三个维度构建了城乡一体化的评价指标体系，并运用主观赋权法、层次分析法和均方差决策法对各维度的权重进行确定，并运用 2008 年的数据对我国各省、市、自治区进行评价打分，并对长三角地区的上海、浙江、江苏三省市 1999－2008 年的城乡一体化进行了监测，绘制了长三角地区城乡一体化进程折线图。通过实证验证了该评价指标体系可以用于地区比较和城乡一体化进程监测。董晓峰、尹亚和刘理臣等（2012）通过研究原有的城乡一体化评价指标体系，构建了经济发展、基础设施、生态环境、社会发展四个维度用于评价我国欠发达地区城乡一体化的评价指标体系，并选择以西北地区的甘肃省为例进行了实证检验。通过实证分析发现，甘肃省城乡一体化发展水平整体上不高，此外，甘肃省各地市之间城乡一体化水平差异显著，与各地市的人均生产总值有一定的关联性。宋志军和朱战强（2013）通过构建北京城郊农业区城乡一体化运行机制,运用发展重要性判断矩阵结构对北京城郊农业区的城乡一体化总体水平、城乡社会一体化水平以及城乡经济一体化水平进行了评价,并且认为城乡一体化水平是由城乡经济一体化水平和城乡社会一体化水平共同构成,并从空间差异、区域演变的角度进行了城乡一体化水平的分析与解释,最后从产业一体化和社会一体化两个方面进行了检验。

(4)城乡一体化实现路径

在对我国城乡之间的结构现状进行分析的基础上,许多学者各自提出了改善我国城乡结构的路径或措施。宋嘉革(2007)认为改善现行产业政策、户籍制度、就业、社保等方面制度安排上的缺失,是实现城乡统筹发展的重要途径。黄水木(2007)认为推动城乡经济协调发展、社会协调发展、区域协调发展、生态协调发展是我国沿海地区城乡关系发展的路径。还有一些学者从资源配置的角度,提出了改善城乡关系的路径和方法:胡振华(2004)认为市场化是解决城乡统筹配置短缺资源的有效方法;张说等(2007)考察了城乡二元经济间的要素交换、流动和配置的现状,提出需通过制度创新和政策支持,促进城乡之间的要素合理流动和优化配置,实现城乡一体化。该主题下的研究通过考察我国各省、区、市经济社会发展的不同属性,提出了针对性的推进城镇化的对策措施。陈玉梅(2009)系统论述了东北地区城镇化发展道路,并重点分析了地区内重化工业区、粮食主产区、资源型产业衰退区等不同类型地区城镇化的发展模式、制度创新、政策调整、政府行为、经济支撑和环境建设等。毕军贤(2008)从中部县域工业化和城镇化特征入手,构建了县域工业化和市区产出与县域城镇化关系模型、城镇化和工业化与能源销量模型,并运用中部地区的面板数据进行了实证分析,结果显示:县域工业化是县域城镇化的主导力量,市区经济增长是推动中部地区县域城镇化的外部力量。与此同时,中部地区的城镇化和工业化所面临的能源压力约束伴随经济发展将愈加严峻。曹宗平(2009)针对西部地区较之于东部地区城镇化在区位条件、自然环境、资源禀赋、传统习俗、民族结构、经济基础等方面不同的特质,认为西部地区城镇化模式的选择不能排斥对发达地区城镇化经验的借鉴,同时要认清城镇化过程中存在的制约因素,并提出"优先发展大城市"、"偏远地区以县城发展为主"、"有选择地发展建制镇"、"适度发展城市群(带)"四种适合西部地区的城镇化模式。

(5)西藏城乡一体化研究

现阶段对西藏城乡一体化的研究比较少,只有少数学者对西藏城乡二元结构、城乡发展差距等进行了相关研究。彭泽军和绒巴扎西(2008)首次用实证的方法对西藏自治区城乡二元经济结构进行了研究,研究数据均来自西藏的统计年鉴,通过研究发现现阶段西藏自治区二元经济结构与全国其他地区的情况有所不同,双重二元经济结构的特征在西藏并没有体现,西藏主要是城乡差距很突出。邓广发和徐爱燕(2010)则是对西藏城乡发展的差距进行了研究,研究发现地区资源禀赋、人力资本、政策因素都导致了西藏城乡发展的差距,并提出了缩小城乡发展差距的相关建议。杨剑萍(2011)从系统科学的角度出发,对西藏城乡一体化发展现状进行了调查研究,发现西藏城乡一体化发展主要基于政治中心、交通枢纽、旅游条件、自然资源和延边贸易等因素进行了布局与发展,而全国普遍的城郊城乡一体化在西藏并不显著,西藏的特殊性导致了其城乡一体化发展的个性。吕翠苹和秦君玲(2015)从公共财政的视角出发,对西藏的城乡发展进行了实证分析,发现西藏城乡基本公共服务供给不均等,尤其是在基础教育、基础设施建设、卫生医疗状况等方面差距显著,并发现公共财政在西藏城乡一体化发展中具有十分重要的地位。

2.2.3 国内外研究评述

通过国内外学者对城乡一体化、城乡关系的研究可以发现,随着对城乡发展关系问题关注的增加,研究也不断深入。一些学者对城乡发展关系的内在机理进行研究,主要从城乡产业间要素的流动及城乡空间的要素流动和产业转移这两方面来进行研究。从城乡产业之间的要素流动来研究城乡之间作用机制的主要有Lewis、Jogenson、Todaro、Ranis等。从城乡之间的空间要素的流动来研究城乡机制的主要有Myrdal、Hirshman、Perroux、Fridemna等。在国外的农村发展过程中,美国、欧盟、日本、韩国等国家及时调整了城乡关系,扭转了"偏向城市"的政策,坚持了城乡一体化发展策略,真正实现了城乡要素互动,共同发展。经济学的理论与模型的建立为当前国内外城乡关系研究奠定了基础。上述理论对于研究中国城乡结构调整问题具有重要的借鉴意义,但是,由于我国计划经济建立和遗留下来的城乡二元经济体制即隔绝的户籍福利制度,大大强化了城乡二元经济结构,阻碍了在工业化和城市化过程中农民逐渐自然融入城市生活、成为城市居民的过程,也为我们进一步改革积累了很大的包袱和压力,所以需要考虑更加复杂的因素。在国内研究回顾中,发现国内学者对西藏城乡一体化的研究是非常有限的,虽然有学者对西藏城乡二元结构、城乡发展差距等问题进行了相关研究,但是专门针对西藏消除城乡二元结构、实现城乡一体化的路径设计和对策研究还没有发现。因此,通过对西藏现阶段城乡一体化进行整体评价,并针对西藏城乡一体化存在的问题提出路径设计和政策保障,对区党委和政府破除城乡二元结构与构建城乡一体化发展新格局具有非常现实的理论意义和实践应用价值。

第 3 章

西藏城乡一体化发展总体性评价

3.1 西藏基本概况

西藏自治区位于中国青藏高原西南部,总面积约 120.22 万平方公里,2014 年统计全区总人口为 317.55 万人,平均 2.6 人每平方公里,是我国最为地广人稀的省份。下辖拉萨市、昌都市、日喀则市、林芝市、山南地区、那曲地区和阿里地区,72 个县,694 个乡镇(街道办事处),其中镇 140 个、乡 544 个。2010 年,中共中央国务院在第五次西藏工作座谈会上阐述了西藏的战略地位,连续用了六个“重要”进行科学概括和清晰定位,即:西藏是重要的国家安全屏障、重要的生态安全屏障、重要的战略资源储备基地、重要的高原特色农产品基地、重要的中华民族特色文化保护地、重要的世界旅游目的地。

近年来,在中央政府的大力支持和兄弟省市的积极援助下,经过西藏人民的不懈努力,西藏的经济实力不断增强,人民生活水平不断提高,基础设施不断完善,城镇化建设获得长足发展。据统计,2014 年,西藏城镇化率达到 25.75%,初步形成了以拉萨市为中心,以各地市所在地为支点,以县城、边境城镇、特色文化旅游城镇为网络的城镇体系。虽然西藏的城镇建设取得辉煌成就,但传统的二元经济体制并未消除,在城乡空间、经济、社会和环境方面均有所体现,严重制约着西藏城乡一体化的发展,也增加了西藏社会的不稳定因素。因此,本章对 2004 - 2013 年西藏城乡发展一体化进行研究和评价,以期为西藏城乡一体化的发展和实现社会稳定提供借鉴。

3.2 西藏城乡发展一体化现状的综合分析

3.2.1 城镇化发展水平不高,发展速度缓慢

西藏城镇化水平的提高得益于中央政府和西藏地方政府的大力支持,从1951年开始,国家投入了大量的人力、物力、财力大规模修建公路、住房、学校、医院等基础设施,到1959年国家又陆续投入巨资使西藏的基础设施、公共服务设施得到更好地发展,再到中共十一届三中全会,西藏经济发展进入改革开放时期,实行了一系列搞活经济、发展生产力的政策,这一系列政策和措施加快了西藏的城镇化发展进程。近年来,西藏的非农业人口比率不断上升,从2004年的20.52%上升到2013年的23.72%,如表3-1所示。

表3-1 2004-2013年西藏城镇化率表

年份	总人口(万人)	城镇人口(万人)	农村人口(万人)	城镇化率(%)
2004	276.35	56.70	219.65	20.52
2005	280.31	58.45	221.86	20.85
2006	285.08	60.25	224.83	21.13
2007	288.83	62.10	226.73	21.50
2008	292.33	64.01	228.32	21.90
2009	295.84	65.99	229.85	22.31
2010	300.22	68.06	232.16	22.67
2011	303.30	68.88	234.42	22.71
2012	307.62	69.98	237.64	22.75
2013	312.00	74.00	238.00	23.72

数据来源:中华人民共和国国家统计局

从表3-1可看出,2004年西藏的总人口为276.35万人,其中城镇人口为

56. 7 万人，农村人口为 219. 65 万人，城镇化率为 20. 52%；截至 2013 年，西藏总人口为 312 万人，其中城镇人口为 74 万人，农村人口为 238 万人，城镇化率为 23. 72%。总体而言，西藏城镇化水平较低，发展速度缓慢，如图 3 - 1、图 3 - 2。

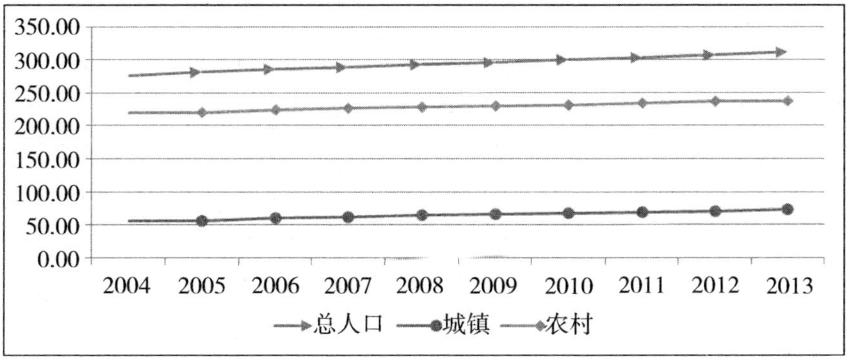

图 3 - 1　2004 - 2013 年西藏人口变化曲线图

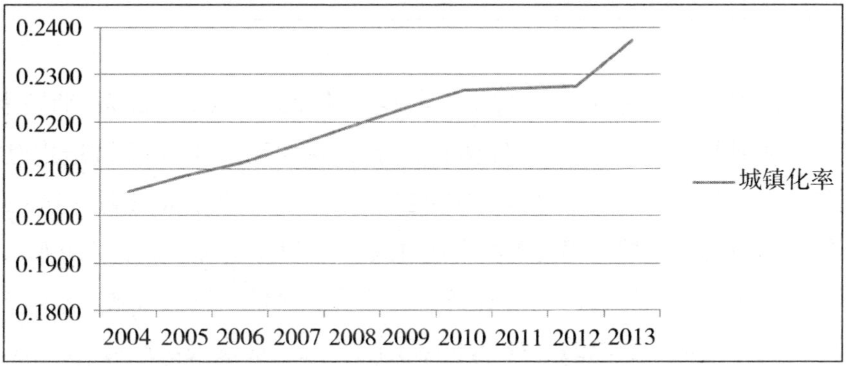

图 3 - 2　2004 - 2013 年西藏城镇化率变化折线图

3. 2. 2　经济实力较弱，内生推动力不足

经过 2004 - 2013 年的跨越式发展，西藏各项经济指标增长迅速，人均 GDP 由 2004 年的 8103 元增加到 2013 年的 26068 元，翻了两倍（如图 3 - 3）；产业结构优化显著，农业在产业结构中的占比逐渐降低，工业发展势头良好，第三产业稳步发展，一、二、三产业的增加值都有了明显的提高，第一产业产值占 GDP 比重由 2004 年的 20. 11% 下降到 2013 年 10. 75%，第二产业由 23. 94% 上升到 36. 27%，工业

化的发展推动了西藏经济的进步(如表3-2,图3-4)。

表3-2 2004-2013年西藏国民收入情况

年份	第一产业产值	第二产业产值	第三产业产值	总产值
2004	44.3	52.74	123.3	220.34
2005	48.04	63.52	137.24	248.8
2006	50.9	80.1	159.76	290.76
2007	54.89	98.48	188.06	341.43
2008	60.62	115.56	218.67	394.85
2009	63.88	136.63	240.85	441.36
2010	68.72	163.92	274.82	507.46
2011	74.47	208.79	322.57	605.83
2012	80.38	242.85	377.8	701.03
2013	86.82	292.92	427.93	807.67

总体而言,城镇化、工业化促进了西藏经济的发展。从表面来看,西藏为"三二一"的产业结构,但由于其经济发展起点低,产业发展极其不充分,造成经济的低效发展,一、二、三产业内部结构问题突出:第一产业集聚了大量剩余劳动力,但由于其科技含量低,仍然运用简单的生产方式,劳动生产率低下;第二产业为资源型传统产业,生产初级产品,是一种粗放型、低技术含量的发展方式,不仅产业附加值低下,而且造成了资源的浪费与环境污染;第三产业发展层次低,新兴服务业发展缓慢,市场发育不健全,将资源优势转化为经济优势的能力较弱。因此,与全国其他省份相比,西藏的经济实力较弱,存在一定差距,要实现西藏城乡一体化的发展还需要进一步提高其经济发展水平。

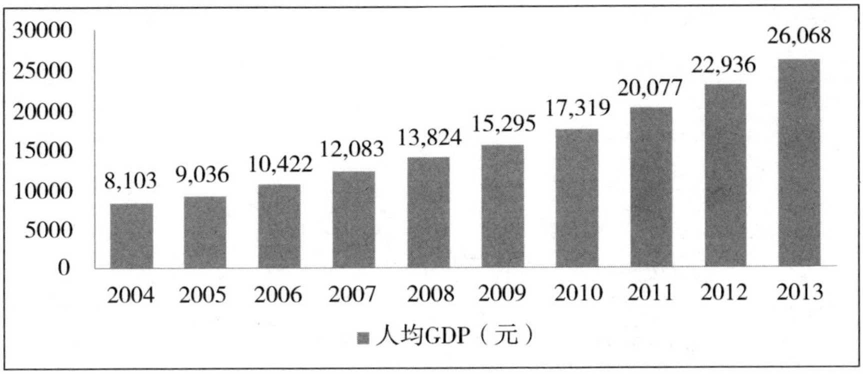

图 3－3　2004－2013 年西藏人均 GDP 变化图

数据来源：中华人民共和国国家统计局

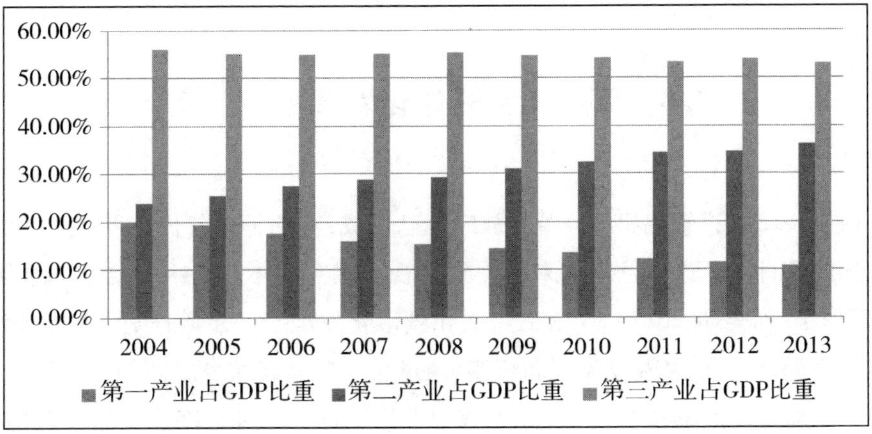

图 3－4　2004－2013 年西藏第一、二、三产业产值所占 GDP 比重图

3.2.3　城乡发展差距大，二元结构显著

从图 3－5 可看出，虽然城乡居民人均收入在不断增长，但城乡差距也在不断扩大。2004 年城镇居民人均收入为 9106.1 元，农村居民仅有 1861.3 元，城镇居民的收入是农村居民的 5 倍；2013 年城镇居民人均收入为 20023.4 元，农村居民为 6578.2 元，前者是后者的 3 倍。国家和地方政府颁布的各种政策措施为农民增加收入提供了很大的实惠，但由于农村地区交通等基础设施的落后和资源的缺乏，导致其辐射和带动能力较弱、吸纳力不足，最终是农村和城市的发展差距拉

大,区域经济二元结构特征明显。

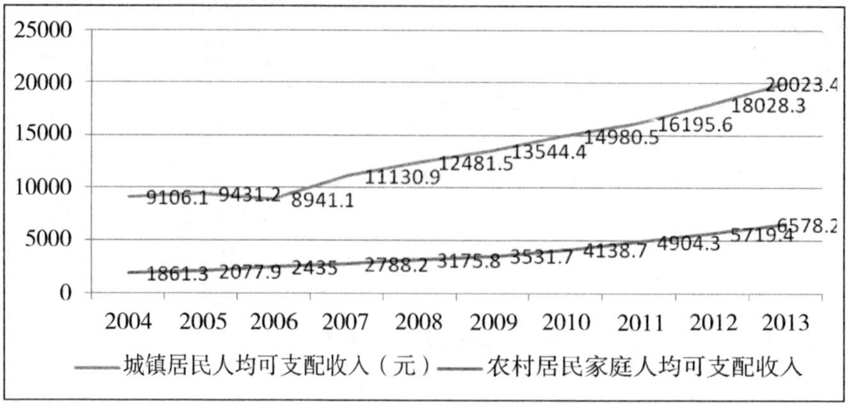

图 3-5　2004-2013 年西藏城乡居民人均可支配收入变化图

3.3　西藏城乡一体化发展水平测度

城乡一体化思想在我国改革开放时就已形成,特别是在各种经济社会矛盾日益突显的21世纪,这一思想越来越受到重视。城乡一体化是一个复杂的系统体系(郭俊华、刘奕玮,2013),①是工业化和城市化发展到一定阶段后,打破城乡分割二元格局,建立城乡互动发展新机制,通过生产要素在城乡之间的自由流动,公共资源在城乡之间的均衡配置(白永秀、周江燕,2013),②最终达到城乡在空间、经济、社会和环境四个方面协同一致、同步发展的长期过程(王舒傲,2014)。③ 我国学者对城乡一体化的研究经历了定性研究到定量研究的发展过程。定性研究主要集中在内涵、目标、发展模式、制度设计等分析和描述上,如杨荣南(1997)④

① 郭俊华,刘奕玮. 西部地区城乡经济一体化水平测度与评价[J]. 西北大学学报(自然科学版),2013(3):489-493.

② 白永秀,周江燕. 中国省域城乡发展一体化水平评价报告[M]. 北京:中国经济出版社,2013.

③ 王舒傲. 山西省城乡发展一体化水平测度与评价[J]. 生产力研究,2014(8):78-81.

④ 杨荣南. 城乡一体化及其评价指标体系初探[J]. 城市研究,1997(2):19-23.

提出了城乡一体化水平测度的思路，顾益康和许勇军（2004）①提出了评估和反映城乡一体化进程的指标体系，张沛、张中华和孙海军（2014）②研究了城乡一体化的国际进展及典型国家的发展经验。定量研究处于起步阶段，如白永秀、胡碧涵和周江燕（2013）③，李康兴、王录仓、李巍（2014）④运用主成分分析法和客观赋权法对城乡发展一体化水平进行了测度和评价。从目前城乡发展一体化水平测度的研究来看，由于研究对象的差异，学术界对评价指标体系并未达成共识，评价方法也没有统一，但逐渐趋向使用客观测度方法，减少了主观性对评价结果的影响。

城乡一体化是一个复杂的系统体系，涉及城乡发展的方方面面，但并非每一方面都能运用定量的方法进行评估，加之我国城乡一体化水平测度的研究还处于起步阶段，增加了设计指标体系的难度。本研究基于国内外城乡一体化发展水平测度经验，充分考虑西藏的实际情况，对影响西藏城乡发展一体化的因素进行合理分解，确定各项评价指标，进而对西藏城乡一体化发展水平进行整体性评价，总结西藏城乡一体化发展的成就并发现其存在的问题。

3.3.1　城乡发展一体化评价指标体系的构建原则

（1）全面性原则。城乡发展一体化是一个复杂且庞大的综合系统，包含空间、经济、社会、环境等各个方面，要构建城乡发展一体化的评价指标体系就必须充分了解城乡发展一体化的内涵，明确城乡发展一体化与各评价指标之间的关系。城乡发展一体化评价指标的选取既要注意在时间上的连续性，又要要求空间上的全面性，力求构建的指标体系能够多层次、多角度的反映西藏城乡发展一体化的全貌。

（2）可行性原则。根据全面性原则选取了能够覆盖城乡发展一体化全貌、反映其内涵和水平的评价指标，但由于理论与现实之间的差距，加之统计数据的缺

---

① 顾益康，许勇军．城乡一体化评估指标体系研究[J]．浙江社会科学，2004(11)：95－99.

② 张沛，张中华，孙海军．城乡一体化研究的国际进展及典型国家发展经验[J]．国际城市规划，2014(29)：42－49.

③ 白永秀，胡碧涵，周江燕．浙江省城乡发展一体化水平测度分析[J]．生产力研究，2013(9)：60－63.

④ 李康兴，王录仓，李巍．民族地区城乡一体化发展评价研究——以甘南藏族自治州为例[J]．资源开发与市场，2013(1)：16－19.

乏只能将其放弃。因此,在构建指标体系时也要遵循可行性原则,使各评价指标的统计数据能够较容易地获得,如能够从统计部门公开的统计数据资料查询或调查者有其他渠道获得。同时,在指标体系的设计过程中要充分考虑评价区域的经济特征,统计指标能够真实地反映目标区域的城乡发展一体化水平。

(3)可比性原则。对城乡发展一体化评价指标体系要求在时间上能够进行不同年份之间的纵向比较,又能在空间上进行不同区域之间的横向比较,因此评价指标必须具备可比性原则,城镇和农村之间的统计口径应一致,指标的定义、数据来源等必须相同,确保统计指标能够客观地反映西藏城乡发展一体化的进程。

3.3.2 城乡发展一体化指标体系的结构

本章在借鉴相关理论的基础上,根据西藏城乡发展的实际和数据的可得性,结合构建城乡一体化指标体系已有的研究成果,构建了一个相对比较全面、系统的指标体系,来反映西藏城乡发展的差异。该指标体系包括以下几个部分:

(1)城乡空间一体化

空间作为城乡发展一体化共生系统的共生界面,容纳着人类的生产生活活动,承载着城乡生产要素的流动,主要体现在空间集聚、城乡往来和城乡信息化水平等方面。只有当城乡空间的融合度越高时,城乡生产要素的流动才会越快,才能促进城乡的共同发展,才能提高城乡发展一体化水平。学术界对城乡空间一体化具体指标的确定有着不同的看法,部分学者用城市化水平、交通网密度、旅客周转量、城乡每百户家用汽车拥有量比、城乡每百户计算机拥有量比、城乡每百户移动电话拥有量比、每万人限额以上批发零售企业个数来反映城乡空间的融合度(白永秀、刘小娟、周江燕,2014),①部分学者则只用公路网密度和建成区面积来表示(蒲伟芬,2013)。② 本章在综合考虑西藏城乡发展实际和已有研究所使用指标的情况以及数据的可得性,选用城市化水平、旅客周转量、平均每万人公共汽车拥有量、人均邮政、电信费用支出和城乡电话用户数比五个指标来反映西藏城乡

① 白永秀,刘小娟,周江燕. 浙江省城乡发展一体化水平变化趋势及影响因素分析[J]. 福建论坛(人文社会科学版),2014(1):146-151.

② 蒲伟芬. 西安城乡一体化发展水平测度研究[J]. 西安电子科技大学学报(社会科学版),2013(2):91-96.

空间一体化。

X1 城市化水平:城市化水平用城镇化率来表示,是指城市人口在区域总人口中所占的比例,用来反映人口的空间分布情况和社会结构变化,进一步反映出就业结构、产业结构以及空间利用的变化,对于转移农村劳动力,推进农村现代化具有重要意义。城市化水平是衡量城乡发展一体化整体水平的主要指标之一,其水平的高低直接影响着城乡发展一体化水平,二者呈正比关系。

X2 旅客周转量:旅客周转量是反映一段时期内铁路、公路、水运与民航交通运输体系完成运输任务的重要指标,能够反映城乡之间、区域之间人口往来的频数。旅客周转量越高,说明城乡往来频数越大,城乡往来越便利。

X3 平均每万人公共汽车拥有量:公共汽车是城乡居民日常出行最重要的交通工具。每万人拥有的公共汽车数量越大,说明公共交通建设越好,居民出行越便利。

X4 人均邮政、电信费用支出:人均邮政、电信费用支出是城乡居民在信息化方面的支出,反映了城乡居民对外联系的程度。该指标越大,则城乡居民对外联系越频繁,信息化水平越高。

X5 城乡电话用户数比:在信息化的二十一世纪,电话已成为传递信息、交往沟通不可或缺的通信工具。城乡电话用户数比能够反映城乡居民在信息化方面的状况,以及城乡之间信息交流、联系互动的状况,进而反映城乡空间一体化状态。

(2)城乡经济一体化

弗里德曼认为在前工业化阶段,城乡生产要素很少流动;工业化初级阶段,生产要素从农村流入城市;工业化成熟阶段,生产要素开始回流到农村;到了后工业化阶段,生产要素在整个区域内全方位流动,基本实现城乡一体化。因此,城乡经济一体化是城乡发展一体化的物质条件,是城乡共生系统的重要演化内容(邵峰,2013)。① 在我国早期的经济发展中,政策倾向和资源配置总是流向城市,造成城市与农村之间的发展差距逐渐扩大,这从根本上阻碍了城乡发展一体化的进程,

---

① 邵峰. 浙江省城乡一体化研究——基于"三农"问题的视角[D]. 浙江大学博士学位论文,2013.

因此统筹城乡经济协调发展成为城乡一体化最重要的任务。它要求城市和农村能够享受同等的经济政策,生产要素能够在城乡之间自由流动。城乡经济一体化指标的设计已有较为成熟的理论,主要表现在城乡经济总量、城乡产业结构、城乡就业结构、城乡居民收入与消费结构以及技术进步等方面(周江燕,2014)。① 在城乡经济总量方面,人均 GDP、农业与非农业产值分别反映了一个地区的经济总量和城市经济与农村经济的差距;在城乡产业结构方面,二元对比系数与二元反差系数能够反映城乡二元结构的具体情况;在城乡就业结构方面,用非农业从业人员与农业从业人员比比重和农村从业人员非农比例来反映城乡劳动力的差距;在城乡居民收入和消费结构方面,用城乡居民收入比、人均工资收入、人均消费比来体现;在技术进步方面,由于西藏统计资料缺乏的原因,本文只用农业机械化水平来反映。

X6 人均 GDP:人均 GDP 在城乡一体化整个指标体系中是一个根本性、标志性、综合性的指标,因为它反映了一个国家或地区的经济发展水平,是人们了解或把握宏观经济运行状况的有效工具。城乡发展一体化水平与经济发展水平的高低密不可分,因此,在本文的指标体系中人均 GDP 是不可或缺的、根本的、综合经济评价指标。

X7 非农产业与农业产值比:这一指标主要反映产业结构的变化,农业分布于农村,非农业主要分布于城市。非农业产值比重不断提高是产业结构发展的必然趋势,其比重越高,说明该地区的非农业越发达,城乡发展一体化水平也越高。

X8 二元对比系数:二元对比系数是指农业产业与非农产业的劳动生产率的比值,是反映城市现代部门与农村传统部门的生产效率差距、城乡产业结构二元特征和农业现代化水平的常用指标,也是影响城乡发展一体化的重要因素。目前发达国家的二元对比系数在 52% 到 86% 之间,发展中国家在 31% 到 45% 之间。

X9 二元反差系数:二元反差系数是非农业产值比重与劳动力比重之差的绝对值,是反映二元经济结构的重要指标。二元反差系数越大,第一产业和第二、三产业的差距越大,经济二元性越明显;反差系数越小,二元性越弱,反差系数为 0 时,经济二元性转化为一元性。

---

① 周江燕. 中国省域城乡发展一体化水平评价研究[D]. 西北大学博士学位论文,2014.

X10 非农业从业人员与农业从业人员比比重:该指标是反映城乡就业结构的重要指标。非农从业人员与农业从业人员比重之比和城乡发展一体化水平呈正相关关系,该结构越合理,城乡发展一体化水平越高。

X11 农村从业人员非农比例:该指标是反映农业剩余劳动力就地转移的程度,以及农村非农化、农村现代化的水平。农村从业人员从事非农产业的比重越高,农村的就业结构与城市就业结构的差距越小,城乡发展一体化水平越高。

X12 城乡居民人均收入比:收入是影响人们生活水平的直接因素,城乡居民人均收入比从结果的角度反映了城乡经济发展差异,反映城乡居民之间收入水平的协调性,两者之比则能直接反映出城乡居民生活水平的差距。

X13 城乡居民人均工资收入比:农村居民和城市居民从事的产业不同,工资收入也不同,因此城乡居民人均工资收入比可从侧面反映城乡之间产业发展状况、就业结构状况。城乡居民人均工资收入比越大,表明城乡经济一体化水平越低。

X14 城乡居民人均消费比:消费支出是家庭支出最重要的部分之一,反映了居民的消费能力与消费水平。城乡居民人均消费比值越大,说明城乡居民的消费水平和生活水平的差距也越大。

X15 农业机械化水平:农业机械水平是指用于农业产业的各种动力机械的综合状况,是衡量农业机械化程度的指标。农业机械化水平越高,说明农村产业的现代化程度越高,越有利于农业产业化的发展。

(3)城乡社会一体化

城乡社会一体化是城乡居民同等享受社会与经济发展成果的最高目标,城乡社会事业和基本公共服务的同步发展则是城乡社会一体化的重要衡量指标。而在现实中,由于城市偏向的政策制定机制,导致城乡差距不断扩大,社会不和谐问题频频发生。有学者研究,在城乡社会一体化问题中,农村社会事业和公共服务薄弱已成为社会事业发展最突出的问题(余正顺,2010),①而机会不均等是造成

① 余正顺. 农村社会事业发展与公共服务均等化研究[J]. 内蒙古农业大学学报(社会科学版),2010(5):67-69.

这一问题的主要原因(李雪萍,2008)。① 因此要想实现城乡的共同经济增长与社会和谐必须改变传统的城市偏向政策,实现城乡政治、经济与社会一体化发展(陈钊、陆铭,2006)。② 基于前人的研究,本文认为城乡社会一体化就是要求城乡社会事业协调发展,确保城乡居民在居住、就业、教育、医疗、卫生、社会保障、文化生活等公共服务方面享受同等待遇,最大限度地缩小城乡差别,使高度发展的物质文明与精神文明达到城乡共享。因此,本文将城乡社会一体化指标设置为城乡基础教育、城乡医疗卫生、城乡居住消费、城乡文化消费四个方面,分别用以下基础指标来表示。

X16 在校学生生均教育经费投入:生均教育经费的投入可以反映教育发展状况,教育经费投入越多,该地区的教育发展状况越好,城乡社会一体化水平越高。

X17 城乡人均医疗保健支出比比重:医疗保健支出反映了居民医疗卫生方面的消费水平,城乡人均医疗保健支出比越大,说明医疗卫生资源在城乡之间的失衡程度较大。

X18 城乡人均居住消费比:该指标是城乡人均居住面积的替代指标。居住消费越高,从侧面反映生活水平越高,城乡人均居住消费比值越大,说明城乡居民的生活水平的差异越大。

X19 城乡居民家庭文教娱乐支出比:居民在文化、教育、娱乐方面的消费支出为文教娱乐支出,该指标是衡量城乡居民在文化消费和精神生活方面的差异性,指标值越大,则城乡差距越大。

(4)城乡环境一体化

城市化、工业化的发展是以牺牲生态环境为代价的,随着城市化进程的加快,能源消耗和污染物排放与日俱增,对城乡环境的破坏也愈演愈烈。要实现城乡发展一体化必须注重生态保护,创造宜居的生活环境。要实现城乡环境一体化,就要协同、全面地治理城市与农村生态环境,改变城乡生态环境分割现状,实现城乡生态环境高度融合互补,达到经济社会与生态协调发展。关于城乡环境一体化评

---

① 李雪萍,陈伟东. 论社会建设经由社区建设[J]. 社会科学研究,2008:84－88.

② 陈钊,陆铭. 从分割到融合:城乡经济增长与社会和谐的政治经济学. 2006.

价指标的研究学者们主要集中在对生态文明的评价上，如张静、兰新哲（2009）①建立了包括人口发展支持系统、资源节约系统、环境保护系统、经济社会支持系统四个子体系的生态文明指标体系，严耕（2011）②构建的生态文明建设评价指标体系更为庞大，共包含生态活力、环境质量、社会发展、协调程度、转移贡献五个维度25 项基础指标。本文基于学者们的研究，将城乡环境一体化分为城乡生活环境与城乡生态绿化。

X20 废水排放量：该指标是废水排放达标率的替代指标，反映了城乡生态环境一体化的程度。废水排放量越大，环境污染越严重。

X21 生活垃圾清运量：该指标是生活垃圾无害化处理率的替代指标，反映了城乡居住环境的优良程度。生活垃圾清运量越大，居民生活环境越好。

X22 建成区绿化覆盖率：城市化、工业化的发展伴随着对环境的严重破坏，特别是对城市环境的污染，因此，城市居民对生态环境的要求越来越高，绿化覆盖率是其中之一。建成区绿化覆盖率是评价城市环境质量的一个重要指标，一般而言，城市区域的绿化率不如农村地区，因而建成区绿化覆盖率越大，说明城市生态环境越好，城乡的差异也越小。

根据前文的分析，城乡一体化细分为空间一体化、经济一体化、社会一体化与环境一体化，现用城乡发展一体化指数代表城乡发展一体化水平，用城乡空间一体化指数代表城乡空间一体化水平，用城乡经济一体化指数代表城乡经济一体化水平，用城乡社会一体化指数代表城乡社会一体化水平，用城乡环境一体化指数代表城乡环境一体化水平，构建一套符合学术研究和符合西藏实情的城乡发展一体化指标体系，具体情况如表 3－3 所示。

---

① 张静，兰新哲．生态文明指标体系的构建与评价方法［J］．统计与决策，2009（21）：60－63.

② 严耕．生态危机与生态文明转向研究［D］．北京林业大学，2009.

表3-3 西藏城乡发展一体化水平评价指标体系

总指标	方面指标		基础指标	指标性质
城乡发展一体化指数	城乡空间一体化	空间集聚	X1 城市化水平	正
			X2 旅客周转量(亿人次/公里)	正
		城乡往来	X3 平均每万人公共汽车拥有量(辆/万人)	正
			X4 人均邮政、电信费用支出(元/人)	正
		城乡信息化	X5 城乡电话用户数比	逆
	城乡经济一体化	城乡经济总量	X6 人均GDP(元)	正
			X7 非农产业与农业产值比	正
		城乡产业结构	X8 二元对比系数	正
			X9 二元反差系数	逆
		城乡就业	X10 非农业从业人员与农业从业人员比比重	正
			X11 农村从业人员非农比例	正
		城乡居民收入	X12 城乡居民人均收入比	逆
			X13 城乡居民人均工资收入比	逆
		城乡居民消费	X14 城乡居民人均消费比	逆
		城乡技术进步	X15 农业机械化水平	正
	城乡社会一体化	城乡基础教育	X16 在校学生生均教育经费投入	正
		城乡医疗卫生	X17 城乡人均医疗保健支出比比重	逆
		城乡居住消费	X18 城乡人均居住消费比	逆
		城乡文化消费	X19 城乡居民家庭文教娱乐支出比	逆
	城乡生态环境一体化	城乡生活环境	X20 废水排放量	逆
			X21 生活垃圾清运量	正
		城乡生态绿化	X22 建成区绿化覆盖率	正

3.3.3 西藏城乡发展一体化实证分析

(1)指标处理方法

由于指标间的属性和量纲不同,不能直接进行计算,需要对原始数据进行变换处理，即指标的同向化和无量纲化。

①正向化处理。城乡发展一体化水平评价指标体系的基础指标包含正指标和逆指标，指标属性不一致，直接对其加总难以反映不同作用力的综合结果，因此在进行计量处理之前需先将逆指标转化为正指标，使所有指标对城乡发展一体化水平的作用力趋同化。根据逆指标的经济含义，本文采取倒数形式对逆指标进行正向化处理。

②无量纲化处理。城乡发展一体化水平评价指标体系的各基础指标具有不同的量纲和量级，若直接采用各指标的原始数据进行计量分析，会造成主成分偏重于方差较大的指标，影响评价结果。因此，需要对原始数据进行无量纲化处理，具体处理过程中，我们采用均值化方法对基础指标进行标准化处理。

(2)指标测度方法

前人对城乡发展一体化水平测度方法的研究已有比较丰富的成果，如相对指数法、层次分析法、主成分分析法等都是比较常用的方法。本文选择主成分分析方法进行分析，原因在于该方法不仅可以简化数据结构，将多个指标转化为少数几个主要代表指标，而且能够保留数据信息量，同时评价指标权重根据主成分的方差贡献率来确定，避免了评价指标的共线性和权重确定的主观性，使评价结果趋于客观合理。但其缺点是无法测量评价对象与目标值的绝对差距。

本文的主成分分析模型为：

$$F_1 = a_{11}X_{11} + a_{21}X_{21} + \cdots a_{p1}X_{p1}$$

$$F_2 = a_{12}X_{12} + a_{22}X_{22} + \cdots + a_{p2}X_{p2}$$

……

$$F_p = a_{1m}X_{1m} + a_{2m}X_{2m} + \cdots a_{pm}X_{pm}$$

在此模型中，根据本文的实际数据，P 表示样本(即年份)，m 表示变量(即 22 个基础指标)。$a_{1i}, a_{2i}, \cdots a_{pi}(i = 1, 2, \cdots m)$中的 i 表示从第一个变量到最后一个变量，即从指标 1 到指标 22，为原始变量协方差矩阵的特征值所对应的特征向量。$X_{1i}, X_{2i}, \cdots X_{pi}(i = 1, 2, \cdots m)$是原始变量经过标准化处理后的值，此处的 i 表示从第一个变量到最后一个变量，即从指标 1 到指标 22。主成分的方差贡献率表示主成分的方差占全部方差的比例，主成分 Z_i 的方差贡献率计算公式为$\frac{\lambda_i}{\sum_{k=1}^{p}\lambda_k}$$(i =$

1,2,…p),累计方差贡献率计算公式为$\frac{\sum_{k}^{i}\lambda_k}{\sum_{k=1}^{p}\lambda_k}$($i=1,2,\cdots p$),此处的 i 表示从第一个样本到最后一个样本,即从第一年到最后一年。方差贡献率越大说明主成分的解释力度越强,本文根据累计方差贡献率达 85% 来确定主成分个数。

(3)2004 - 2013 年西藏城乡发展一体化水平变动

本文所采用的数据均来自历年《西藏统计年鉴》和《中国卫生统计年鉴》《中国城市统计年鉴》《中国农村统计年鉴》国家统计局以及 CNKI 中国经济社会发展统计数据库。各项基础指标值均在相关统计数据基础上依据计算公式整理所得,将经过正向化和无量纲化(表 3 - 4)处理后代入 SPSS 中,采用主成分分析法处理与权重计算方法后,得到城乡发展一体化方面指数的统计特征(表 3 - 5)、基础指标的权重(表 3 - 6)和方面指数在城乡发展一体化指数中的权重(表 3 - 7)。

表 3 - 4　数据无量纲化后结果

年份	城市化水平	旅客周转量	平均每万人公共汽车拥有量	人均邮政电信费用支出	城乡电话用户数比	人均 GDP	非农产业与农业产值比	二元对比系数
2004	-1.48	-1.67	0.34	-1.27	1.96	-1.23	-1.31	0.49
2005	-1.15	-1.23	-0.32	-1.08	1.18	-1.07	-1.17	1.71
2006	-0.87	-0.78	0.20	-0.75	-0.13	-0.84	-0.81	0.17
2007	-0.50	-0.17	-0.30	-0.16	-0.37	-0.57	-0.46	0.55
2008	-0.11	0.25	-1.25	0.46	-0.53	-0.28	-0.27	0.47
2009	0.30	0.20	-0.94	1.20	0.51	-0.04	0.00	-0.77
2010	0.66	0.48	-0.86	1.87	0.11	0.30	0.33	-1.70
2011	0.70	0.56	0.05	-0.59	-0.43	0.76	0.83	-1.20
2012	0.74	0.63	0.94	-0.04	-0.84	1.23	1.23	0.54
2013	1.70	1.74	2.14	0.35	-1.46	1.75	1.63	-0.28

续表

年份	二元反差系数	非农业从业人员与农业从业人员比	农村从业人员非农比例	城乡居民人均收入比	城乡居民人均工资收入比	城乡居民人均消费比	农业机械化水平	在校学生人均教育经费投入
2004	-1.16	-1.31	-1.40	-1.62	-1.59	-1.97	-1.57	-1.11
2005	-0.63	-0.99	-0.81	-1.22	-1.32	-1.42	-0.97	-0.91
2006	-0.82	-0.81	-0.80	0.09	1.18	1.41	0.20	-1.05
2007	-0.33	-0.39	-0.63	-0.46	-0.51	0.74	1.42	-0.60
2008	-0.12	-0.17	-0.25	-0.36	-0.45	0.05	-0.40	-0.37
2009	-0.36	-0.14	-0.15	-0.20	0.35	0.08	-0.61	0.00
2010	-0.40	0.01	0.24	0.19	1.15	0.30	-0.36	0.23
2011	0.35	0.61	0.89	0.86	-0.23	0.04	0.16	0.80
2012	1.67	1.45	1.16	1.22	0.29	0.08	0.53	1.27
2013	1.80	1.73	1.75	1.50	1.13	0.69	1.61	1.74

年份	城乡人均医疗保健支出比	城乡人均居住消费比	城乡居民家庭文教娱乐支出比	废水排放量	生活垃圾清运量	建成区绿化覆盖率	—	—
2004	-1.68	-0.91	-0.82	-0.67	-0.35	-1.88	—	—
2005	-0.77	-1.32	-1.22	-0.71	-0.32	-1.76	—	—
2006	1.78	1.64	1.60	2.08	-0.52	-0.09	—	—
2007	0.40	1.16	0.97	0.75	-0.55	0.33	—	—
2008	0.09	0.39	0.97	0.62	-0.38	0.33	—	—
2009	0.84	0.62	0.62	0.56	-0.38	0.50	—	—
2010	0.43	0.27	0.12	0.05	-0.41	0.28	—	—
2011	-0.23	-0.05	-0.44	-0.78	2.78	0.94	—	—
2012	0.26	-0.65	-0.55	-0.82	0.15	0.60	—	—
2013	-1.11	-1.15	-1.23	-1.08	-0.01	0.74	—	—

表 3 –5　各级指标的统计特征

维度	成分	方差贡献率%	累计方差贡献率%
城乡空间一体化	1	65. 332	65. 332
	2	26. 436	91. 768
城乡经济一体化	1	72. 264	72. 264
	2	14. 369	86. 633
城乡社会一体化	1	73. 084	73. 084
	2	22. 581	95. 665
城乡环境一体化	1	50. 270	50. 270
	2	37. 217	87. 487

从表 3 –5 中可以看到,城乡空间一体化指标、城乡经济一体化指标、城乡社会一体化指标和城乡环境一体化指标都提取了两个主成分,并且所有方面指标的累计方差贡献率达到了 85% 以上,说明处理结果的可信度很高。

表 3 –6　基础指标在这方面指标中的权重

方面指数	基础指标	基础指标权重
城乡空间一体化	城市化水平	0. 46185
	旅客周转量	0. 47612
	平均每万人公共汽车拥有量	–0. 09521
	人均邮政电信费用支出	0. 52540
	城乡电话用户数比	–0. 36816

续表

方面指数	基础指标	基础指标权重
城乡经济一体化	人均 GDP	0. 140082
	非农产业与农业产值比	0. 138634
	二元对比系数	-0. 03425
	二元反差系数	0. 143334
	非农业从业人员与农业从业人员比	0. 143221
	农村从业人员非农比例	0. 140593
	城乡居民人均收入比	0. 128481
	城乡居民人均工资收入比	0. 061345
	城乡居民人均消费比	0. 045201
	农业机械化水平	0. 09336
城乡社会一体化	在校学生人均教育经费投入	0. 01138
	城乡人均医疗保健支出比	0. 34513
	城乡人均居住消费比	0. 32794
	城乡居民家庭文教娱乐支出比	0. 31554
城乡环境一体化	废水排放量	-0. 14637
	生活垃圾清运量	0. 55953
	建成区绿化覆盖率	0. 58684

表3-7　各方面指标在城乡发展一体化指数中的权重

方面指数	方面指数权重
城乡空间一体化	0. 2974763
城乡经济一体化	0. 2600435
城乡社会一体化	0. 2016389
城乡环境一体化	0. 2408413

城乡发展一体化的结果离不开城乡空间、经济、社会和生态环境的同步发展，但是各个指标在推动过程中所起的作用与推动力度存在差异。从表3-7可以看出，在西藏城乡发展一体化过程中，城乡空间、经济、社会与生态环境均是起正向

推动作用,城乡空间的推动力度最大为0.2975,表明西藏城乡空间联系紧密融合;城乡经济的作用次之,推动力度达到0.2600,说明西藏城乡发展一体化的经济基础良好;城乡环境一体化的权重为0.2408,说明在推动西藏城乡一体化进程中,生态环境的作用有限,居民生活环境和生态绿化还有待改善;而城乡社会一体化的权重最低,该项指标对西藏城乡一体化发展的推动作用不大,说明西藏城市和农村之间在城乡基础教育、城乡医疗卫生、城乡居住消费和城乡文化消费上差异明显,广大农村居民未能和城镇居民同等享受到西藏城乡一体化发展的成果。

(1)城乡发展一体化水平的综合评价

表3-8和图3-6中分别是2004-2013年西藏城乡发展一体化方面指数的测度结果以及各方面指数和总指数的变化趋势。总体来说,城乡经济一体化指数和城乡空间一体化指数呈上升趋势,城乡环境一体化指数在2010年以前平稳发展,2010-2011年急剧上升,2011-2012年迅速下降,2012年以后恢复平稳状态,城乡社会一体化指数自2005-2006年急剧攀升后又呈下降趋势,而城乡发展总指数呈平稳上升趋势,2004-2013年这十年间城乡发展一体化水平有了明显提高,总指数值由-1.77上升到0.98,实现了质的飞跃。

表3-8 2004-2013年西藏城乡发展一体化测度结果

年份	空间一体化	经济一体化	社会一体化	环境一体化	发展一体化
2004	-2.90266	-1.46277	-1.15110	-1.20453	-1.76606
2005	-2.08591	-1.10779	-1.09356	-1.10813	-1.39597
2006	-1.13679	-0.41722	1.64564	-0.64785	-0.27087
2007	-0.23382	-0.27782	0.81702	-0.22071	-0.03022
2008	0.62755	-0.27774	0.46366	-0.10904	0.18169
2009	0.76900	-0.12960	0.68513	-0.00497	0.33201
2010	1.55778	0.19800	0.27683	-0.07147	0.55350
2011	0.43248	0.63750	-0.22751	2.21974	0.78316
2012	0.84029	1.16200	-0.28526	0.55757	0.62890
2013	2.13207	1.67545	-1.13085	0.58939	0.98385

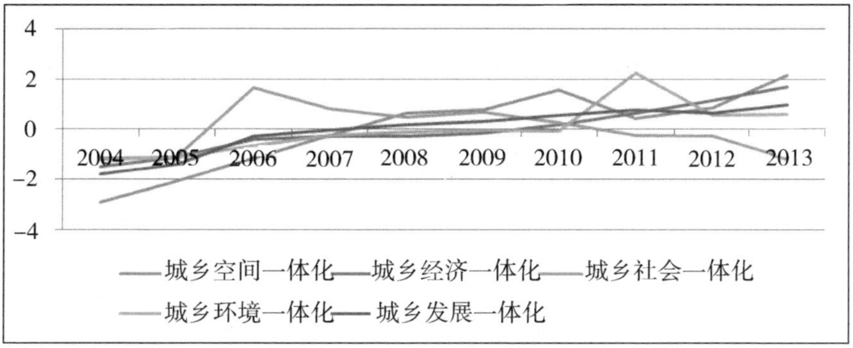

图 3－6　2004－2013 年西藏城乡发展一体化指数变动折线图

(2)西藏城乡发展一体化水平的分项评价

①城乡空间一体化

城乡空间一体化是西藏城乡发展一体化过程中的重要推动力,也是城乡发展一体化的基础条件。从图 3－7 可看出,2004－2013 年间西藏城乡空间一体化前期呈平稳上升趋势,后期加快增长,2010 年以来上升幅度较大,说明西藏城乡空间一体化在这几年有显著的成果。

西藏城乡发展空间一体化指数从－2.90 提高到 2.13,从基础指标层面来看,得益于空间集聚、城乡往来、城乡信息化水平的提高。在空间集聚上,城市化水平由 20.5% 提高到 23.7% 。按国际划分标准,城市化水平分为三个阶段:初级阶段城镇化率在 30% 以下,表明该区域或国家城乡二元结构明显;中级阶段城镇化率在 30%－70%,表明该区域或国家的城乡一体化水平处于快速发展阶段;高级阶段城镇化率在 70% 以上,表明该区域或国家已基本实现城乡发展一体化。从 23.7% 的城镇化率来看,目前西藏还处于城乡二元结构显著的阶段。在城乡往来上,在西藏自治区政府的高度重视下,交通基础设施不断完善,人员及物资流通能力明显提高。由于交通基础设施条件的全面改善,西藏旅客周转量由 14.8 亿人每公里提高到 42.41 亿人每公里,公路运营里程达到 7.06 万公里,平均每万人公交车拥有量也有了明显地提高,促进了西藏城乡空间的全面融合发展;在城乡信息化上,2013 年西藏人均邮政、电信费用支出达到 1337.82 元/人;在城乡电话用户数上,城市居民由 14.5 万户增加到 39.3 万户,而农村居民由 0.5 万户增加到了

1.1 万户,仅增加了 0.6 万户,差异水平由 14.08% 上升到 35.73%,农村信息化发展水平远不及城市,影响农村和城市之间信息的传递与交流,制约了西藏城乡空间一体化水平的提高。

图 3-7　2004-2013 年西藏城乡空间一体化指数变动折线图

②城乡经济一体化

城乡经济一体化是城乡发展一体化的物质基础,对促进西藏城乡之间生产要素的流动、资源的互补、共享和合理配置起到了重要作用。从图 3-8 可看出,西藏城乡经济一体化指数前期和后期急剧攀升,中期平稳增长,总体呈上升趋势。

西藏城乡经济一体化的发展体现在经济总量的增长、城乡就业的发展、居民收入和消费的提高和城乡技术的进步上。2004-2013 年间,西藏人均 GDP 由 8103 元增加到 26068 元,提高了 222%;城镇居民人均可支配收入由 9106.1 元增加到 20023.4 元,农村居民人均可支配收入也由 1861.3 元增加到 6578.2 元,城乡居民人均收入比由 4.892 下降到 3.044。从该数据来看,城乡居民收入差距比例有一定幅度的下降,但还存在严重的分化。根据城乡一体化的均衡发展的要求,城乡居民人均收入比应该控制在 2:1 以内,西藏还有较大差距。城乡技术进步也推动了城乡一体化的发展,农业机械化水平由 1.25 提高到 2.12。然而,城乡产业结构制约着城乡一体化的发展。二元对比系数权重为 -0.08,表明西藏城乡二元结构还比较明显,农村地区仍以第一产业为主导产业,造成农村劳动生产率低下。

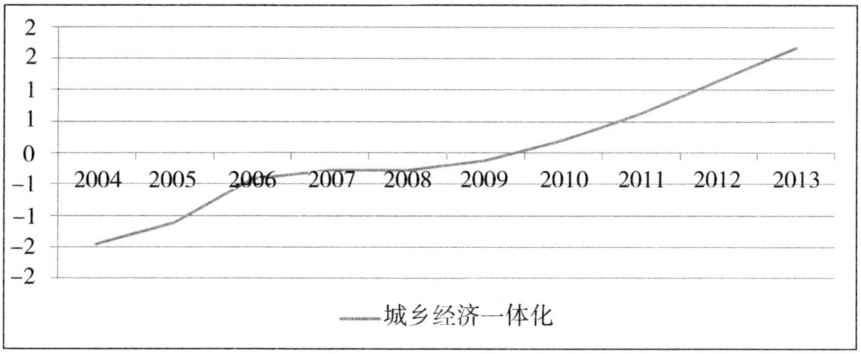

图3-8 2004-2013年西藏城乡经济一体化指数变动折线图

③城乡社会一体化

城乡社会一体化是城市和农村在社会保障和福利等利益中博弈的结果，是城乡发展一体化的表现结果和价值取向。从城乡社会一体化指数的权重仅为0.20来看，其严重制约着西藏城乡发展一体化水平的提高。这一点从城乡社会一体化指数中也得到验证，从图3-9的结果来看，除了2005-2006年间西藏城乡社会一体化指数的急剧上升和2008-2009年的小幅度上升趋势外，其余年份均呈下降趋势，说明一直以来，西藏城乡社会一体化是城乡发展一体化的瓶颈。

从基础指标的权重来看，在西藏城乡社会一体化中，城乡基础教育、城乡医疗卫生、城乡居住消费、城乡文化消费均起到了正向的推动作用。在城乡基础教育中，教育经费总投入由76981万元增加到1100000万元，在校学生人均教育经费投入由0.2万元/人增加到2.1万元/人，促进了西藏教育事业的发展；在城乡医疗卫生中，城乡人均医疗保健支出比比重由11.1%下降到8.6%，城乡社会保障的工作成果较为明显；在城乡居住消费中，城镇居民人均居住消费由483.2元上升到964元，而农村居民由118.5元上升到189.7元，城乡人均居住消费比由4.08%上升到5.08%，城乡差距逐渐扩大；在城乡文化消费中，城乡文教娱乐支出比由16.33%上升到24.4%，城乡差异明显。

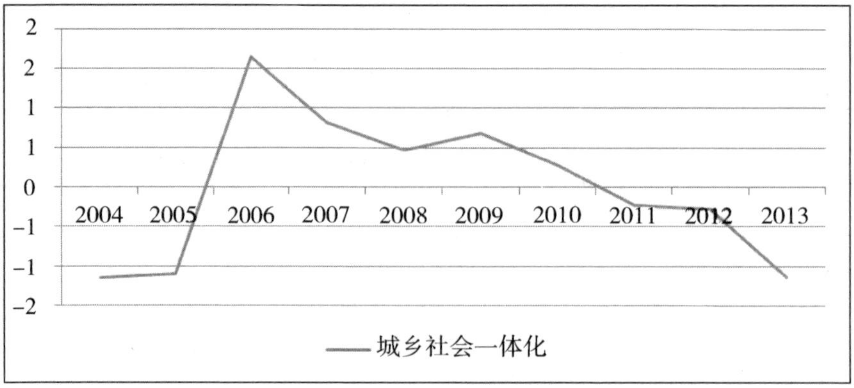

图 3-9 2004-2013 年西藏城乡社会一体化指数变动折线图

④城乡环境一体化

城乡环境一体化是城乡生态环境的高度融合的结果,它追求的是经济社会与生态的协调发展,是城乡发展一体化的重要保障。西藏地处青藏高原,由于其独特的自然环境与历史条件,区内大多为生态保护区,因此城乡环境一体化对于西藏城乡发展极其重要。从图 3-10 中可看出,西藏城乡环境一体化指数在 2004-2010 年间呈缓慢增长的态势,2010-2011 年急剧上升到 2.22 后又骤然下降到 0.56,之后呈平稳发展的态势。

从基础指标的权重来看,城乡生态绿化指标起着正向的推动作用,而城乡生活环境中的废水排放指标起着负向的阻碍作用。建城区绿化覆盖率的权重为 0.59,从 2004 年的零覆盖率到 2013 年 0.3 的覆盖率,城市绿化水平明显提高;生活垃圾清运量的权重为 0.56,2004-2013 年,生活垃圾清运量由 24.1 万吨增加到 38 万吨,清运能力显著提高;废水排放量的权重为 -0.15,从 2004 年的 4501 万吨增加到 2013 年的 5004.68 万吨,严重阻碍了城乡环境一体化的发展。

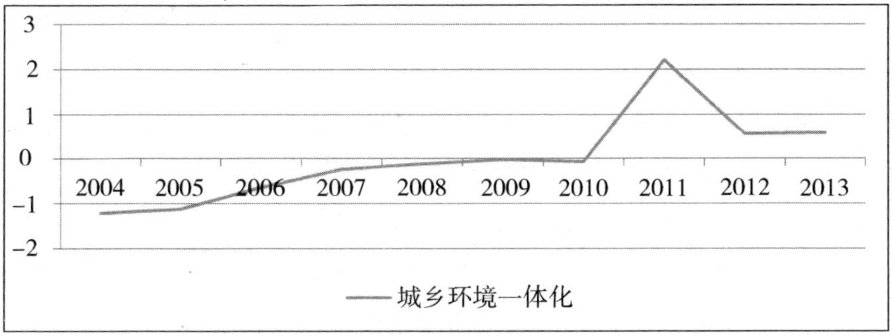

图 3-10　2004-2013 年西藏城乡环境一体化指数变动折线图

3.3.4　西藏城乡发展一体化提升路径

通过对 2004-2013 年西藏城乡发展一体化水平测度的分析，可以看出西藏城乡发展一体化在城乡空间、城乡经济、城乡社会和城乡环境上都取得了一定的成就，但也存在相应的问题。首先，从统计指标来看，城镇化率为 23.7%，说明西藏还处于显著的城乡二元结构阶段，距离 30%（城乡一体化快速发展阶段）还有一定差距；其次城乡空间、城乡经济、城乡社会和城乡环境对西藏城乡发展一体化均起到了正向促进作用，其中城乡经济一体化成果较为显著，但其推动力度与其他方面指标相比差距不大，因此，要想实现西藏城乡发展一体化的跨越式发展必须推动经济一体化的进程；再次，城乡社会一体化的效果不甚明显，农村居民和城镇居民享受社会公共服务的差异较大，因此，提高城乡社会一体化水平应是西藏未来城乡发展一体化的重点推进对象；最后，城乡产业结构和城乡环境生态绿化方面存在严重的二元结构特征，西藏未来城乡发展一体化应着重调整城乡产业结构和生态环境的改善。针对以上问题，本文认为西藏未来的城乡发展一体化的推进重点应该在以下几个方面：

第一，大力发展城乡交通、邮电事业，促进城乡空间一体化。要加强城乡之间的交流与联系，必须改变农村公共交通事业、邮政电信事业的发展状况。首先，完善农村与城市连接地带的基础设施，加大对农村交通系统、供电供水系统的投入，为城乡物资交换、人员流动提供便利，形成城镇乡村共同发展的空间格局；其次，建设城镇与农村之间的通信网络，增加对农村邮政、电信系统的投资，使村与村之间、村与城之间对话自由、交流便利，实现城乡一体化的通信网络覆盖。

第二,合理调整经济布局,推动城乡经济一体化。首先,加快发展优势产业,增强整体经济综合实力;其次,要围绕中心城镇,合理布局产业结构,适当引导资源配置向县域和中小城镇转移,为经济欠发达地区创造条件;最后,加大对农牧区的投入,提高农业现代化水平,增加农牧民收入,缩小城乡人均收入差距。

第三,加大社会保障事业投入,提高城乡社会一体化。首先,切实增加农民收入,建立健全农业补贴制度,完善补贴办法,扩大补贴范围,增加农民生产经营性收入;其次,优先发展教育事业,加强师资队伍建设,保障教育经费投入,提高农村初高中升学率;最后,加快发展农村社保、卫生事业,建立和完善农村社会养老保险体系以及新型农村合作医疗制度,确保农村老人老有所依,解决农民“看病难”的难题。

第四,加强生态环境保护与建设,发展城乡环境一体化。首先,重点抓好垃圾、污水处理设施建设,提高废气废水排放达标率和生活垃圾无害化处理率,推进农村环境综合治理工程,不断美化农村生活环境;其次,扎实推进节能减排工作,鼓励推广应用节能环保的新工艺、新技术、新材料,严格限制高能耗、高污染企业发展,大力倡导低碳文明生活方式。

最后,由于西藏特殊的历史条件与社会状况以及西藏在国家的重要战略地位,决定了其社会政治局势的稳定是维护国家统一的关键,也是西藏社会发展的前提。长期以来,国际敌对势力一直在大肆进行分裂祖国、破坏西藏稳定发展的活动,时刻伺机制造麻烦。因此,在统筹发展西藏城乡一体化的同时,要增加政治意识、忧患意识和责任意识,要始终把反分裂斗争作为发展稳定的首要任务。只有保证西藏的政治稳定,政府和人民才有余力进行城乡发展一体化的推进工作,从而实现西藏的跨越式发展和长治久安。

第 4 章

西藏城乡一体化发展水平的案例研究

4.1 拉萨市城乡一体化发展水平案例分析

从前文的结果可以获知西藏自治区城乡一体化的总体发展水平，然而这并不能代表西藏各地区的发展水平，这并不是简单的整体与部分的关系，而是一种基于个体异质性所导致的超越式关系，必须要以新的理论定位和研究视角探究其发展规律。① 因此，从西藏选取具有代表性的地区进行深入的城乡一体化研究具有非常重要的意义。拉萨在城乡发展一体化进程中取得了巨大的进步，彰显了作为西藏首府城市的实力，对西藏其他地区的城乡一体化发展具有重要的带动作用。同时，拉萨作为我国西南部边陲的重要交通和经济枢纽，在联系国内外特别是面向南亚的发展交流方面具有重要的战略地位，拉萨市市委书记齐扎拉生动地将其描述为"是国家西南、西北经西藏通向南亚的陆路交通枢纽和战略空中走廊"。毫无疑问，重点研究拉萨的城乡一体化发展水平是非常有必要的，其原因具体体现在以下几个方面：

拉萨是西藏自治区的政治、经济、文化和宗教中心，能够真实地体现整个自治区的发展水平。拉萨市是全国人口密度最小的省会，是西藏"四市三区"中最小的行政区域。截至 2013 年底，仅达到 20.27 人/平方公里，却成为西藏地区经济发展

---

① 王富伟．个案研究的意义和限度——基于知识的增长[J]．社会学研究，2012，(5)：161－183.

的中坚力量,积极发挥辐射带动作用,2013 年拉萨市生产总值占到西藏自治区生产总值的 1/3①,2005—2013 年拉萨市经济密度年增长率 15%(如图 4.1-1);拉萨市是重要的文化和宗教中心,多民族文化的交流增加了当地的文化底蕴。

图 4.1-1 2005—2013 年拉萨市经济密度走势图

数据来源:国家统计局

拉萨市是打通南亚经济的重要枢纽,发展潜力巨大。拉萨市由于地理位置的特殊性,在进一步经济发展的大环境下能够分享对外开放带来的机遇。《全国流通节点城市布局规划(2015-2020)》中明确表示西藏将在今后作为面向南亚的重要交通枢纽之一,在"一带一路"中发挥积极作用,有助于在边境贸易合作、旅游文化交融等方面彻底打破国界的阻碍。而拉萨汇聚全区的商流、物流、信息流和资金流等优势资源,基础设施配套齐全,具有良好的辐射带动能力,被列为国家级流通节点城市,将在"一带一路"建设中迎来巨大的发展机遇。②

拉萨市在城乡一体化进程中的发展方式值得其他地区效仿。从发展成效来看,拉萨市彻底打破传统的城乡一体化发展路径,因地制宜开展城镇特色化建设,大力发展县域经济,逐渐形成以中心区域带动城镇建设,以城镇建设带动乡村发展的辐射式经济发展模式。并且通过结合资源优势、市场需求和产业发展,拉萨市形成当地的强势品牌——净土,并积极推动当地特色品牌净土健康产业的发

① 2014 西藏统计年鉴

② 《全国流通节点城市布局规划(2015-2020)》

展,以优质产品和健康理念的输出彻底颠覆外界对拉萨的认识。塑造品牌转变产业化经济的发展方式,这是值得其他地区效仿的。

4.1.1 拉萨市基本概况

拉萨市地处西藏自治区的东南部,雅鲁藏布江支流拉萨河的北岸,南接日喀则市,北部和那曲地区相邻,东部是林芝。平均海拔超过3500米,是世界上海拔最高的城市之一,日照时间长,被称为“日光之城”,昼夜温差大,全年多风少雨。全市及下辖区面积29518平方公里,占西藏总面积的2.4%。截至2013年底,拉萨市下辖城关区和堆龙德庆县、尼木县等一区七县,65个乡镇及街道办事处,267个村(居)委会。① 截至2012年底,全市总人口55.94万人,包含藏、汉等三十多个民族。②

拉萨市是西藏的政治、经济、文化和交通中心,在助力西藏城乡发展一体化进程中起到了关键性作用。其一,拉萨市是政治中心,是西藏自治区的省会。其二,拉萨市是经济中心,通过集中整合优势资源,形成“两区四园”(拉萨经济技术开发区、柳梧新区,中国西藏文化旅游创意园、达孜县工业园、曲水县工业园和堆龙德庆县工业园)的产业集群式发展模式,成为新时期下拉萨经济发展的重要支撑,从总数上看,拉萨市平均每年为西藏自治区的生产总值的贡献率达35%。③ 其三,拉萨市是文化中心,拉萨市是一座拥有上千年历史的文化古城,具有浓厚的文化底蕴,到处都存在着藏传佛教的寺庙,以及藏族语言、文字、服饰、风俗等传统文化。其四,拉萨市是交通中心,拥有集水、陆、空一体的交通物流体系,为实现当地城乡居民流动、城乡经济发展提供了基础保障。

4.1.2 拉萨市城乡一体化发展水平的综合评价

城乡发展不平衡不协调,是我国经济社会发展存在的突出矛盾,是全面建成小康社会、加快推进社会主义现代化必须解决的重大问题。改革开放以来,我国

① 2014西藏统计年鉴
② 拉萨门户网站 http://www.lasa.gov.cn/Item/12735.aspx
③ 2006—2014年西藏统计年鉴

农村面貌发生了翻天覆地的变化。但是,城乡二元结构没有根本改变,城乡发展差距不断拉大趋势没有根本扭转。根本解决这些问题,必须推进城乡发展一体化。本部分通过对拉萨市的城乡一体化现状概括性描述,寻找科学的指标进行测度,结合数据的可获得性,运用主成分分析法对拉萨市城乡经济一体化进行量化研究,并根据分析结果表现出的问题提出合理的对策建议。

首先,先来梳理拉萨市城乡一体化发展的现状。2009 年,拉萨市废除旧的《拉萨市城乡规划条例》,打破城乡分离式分工的社会发展模式,从新时期城乡发展需要的出发,追求城乡在空间、经济、社会、文化和环境多个方面的互惠互利、协同共生式发展。拉萨在此后的发展过程中切实按照条例执行,结合当地特色优化区域布局,积极推进优势产业和特色产业集群化发展。同时,国家新时期的发展要求为拉萨市城乡一体化带来了新的发展机遇。《全国流通节点城市布局规划(2015－2020)》将拉萨列为国家级流通节点城市,成为国家对外开放的重要枢纽。拉萨在新的发展要求之下,结合新的发展契机,将当地的城乡发展一体化推向更高的水平。

(1)城乡空间一体化

传统的城乡二元结构很大程度上源于各功能主体的区域性发展,因此,要实现城乡一体化发展,需要打破明显的区域性。通过城乡人口流动、城乡联动实现城乡建设成果共享,而交通体系特别是道路建设就是为了让农村建设和城市发展实现无缝对接,让农村能够享受城市化带来的机遇,从而确定了交通体系建设在城乡联动中的重要地位。拉萨市不断推进城乡联动建设,不仅通过城乡重点道路工程建设促进城乡流动,还与时俱进发挥互联网在当今社会中的重要作用,以此完善城乡互联网建设减小城市和农村的信息鸿沟。同时,地区经济发展水平决定其交通体系和信息化程度,反之,交通体系和信息化水平限制地区经济发展、文化交流。

拉萨在"十一五"期间着力开展城乡间的交通网络建设,提升城镇之间的通达能力。在"十二五"期间进一步加强对外通道、物流网络体系建设,综合考虑拉萨市的未来发展战略、自然环境和资源特色,着力实现旅游公交和城市公交的一体化发展,推进区县道路等级升级和乡镇黑色路面标准化、网络化,最终形成公路、铁路和航空为一体的交通网络体系,实现区域内外的经济、社会、文化联动。拉萨市现已实现8个区县、57个乡镇及自然村和所有依法登记寺庙之间通达率达100%，农牧区公路通车总里程已超过3250公里。① 从2005—2013年城乡居民的交通及通信费用情况中，我们可以看出拉萨市城乡居民的交通费用支出比并不呈现出稳定的发展趋势（图4.1－2），整体水平和前几年相比有明显下降。也就是说，在交通信息建设方面，拉萨市正打破区域性对城乡流动的阻碍，但还存在一定的城乡差异。拉萨市的乡镇密度为22.02个/万平方公里②，城镇集聚作用相对明显。通过比较各区县的人口密度和乡镇密度，拉萨市各区县的人口、乡镇和资源在空间分布上差异大，中心城镇和边界农村之间的差异明显，这显然不利于城乡空间一体化的协调式发展。

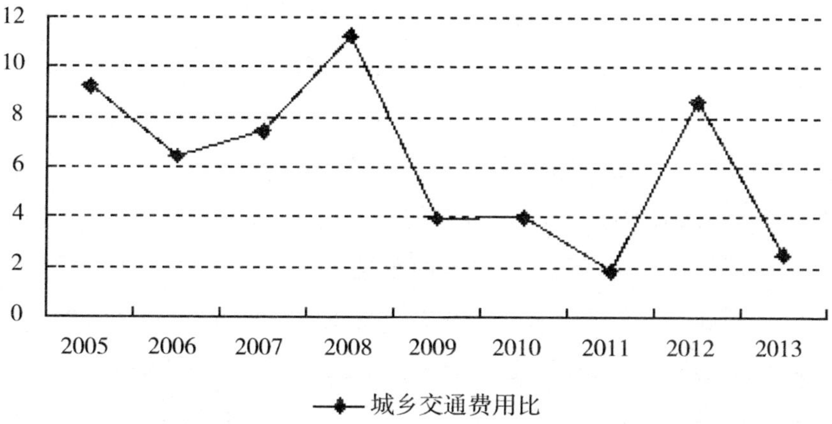

图4.1－2　2005—2013年拉萨市城乡居民的交通及通讯费用比趋势图

数据来源：国家统计局

（2）城乡经济一体化

简单的产业化经营并不能提升拉萨市的城乡经济一体化发展水平，拉萨市通过打破传统的经济发展思路，从当地的实际情况出发，开辟了一条能够协同发展乡镇和农牧区经济的新兴发展路径。

---

① 拉萨门户网站 http://www.lasa.gov.cn/Item/79446.aspx

② 2014西藏统计年鉴

第一,拉萨市通过整合当地的优势资源、特色农业,打造了以种植业、养殖业为主要内容的拉萨净土健康产业,把产业链、价值链和异质性的产业发展优势融合起来从而成为拉萨经济发展的区域公共品牌。由此可见,净土产业是朝阳产业,致力于提升社会服务水平和满足现代人的生活需要;净土产业是绿色产业,利用的是拉萨市当地的无污染、低耗能、高技术改造和创新,具有拉萨特色,而高价值附加的产业发展方式才是不可复制的、有竞争优势的、可持续的;净土产业是新兴产业,囊括第一、二、三产业,是产业联动发展的优良范例。① 从发展结果来看,截至 2014 年,市内净土健康产业企业已有 89 家,实现生产总值 28.7 亿元②,为拉萨市地区生产总值贡献了近 10%。拉萨的净土健康产业带动了农牧区特别是远近郊区的经济发展,提高了当地科技创新的运用水平,同时促进了当地农牧业的转型升级。

第二,拉萨具有丰富的旅游资源,乡村旅游发展态势良好。拉萨有得天独厚的自然环境,独特的地形地貌,传统的人文风情等等,这些重要的旅游资源为拉萨发展旅游业提供了基础,也带动了以旅游纪念品为代表的民族手工业的进一步发展。据统计,2013 年拉萨市旅游收入为 82.16 亿元③,占地区生产总值的 26.95%,旅游业已成为拉萨市经济发展的重要支撑,成为有助于城乡居民就业和快速增收的重要渠道。近年来,拉萨不断改进旅游体验方式,积极进行旅游产品和服务开发,推出具有传统藏文化特色的乡村旅游发展方式,将传统的观光旅游和休闲旅游转变成参与式旅游,进一步完善了拉萨旅游产品和服务体系。

第三,城镇化水平有所提高。城乡一体化并不是纯粹追求城镇化,而是以城镇基础设施建设、城镇服务保障体系建设为重心。自党的十八大以来,城镇化建设成为推动城乡一体化、转变城乡关系的重要力量。然而,新型城镇化并不只是一场简单的"圈地运动",而是包含人口、就业、城市功能等多方面的内容。拉萨市因地制宜开展城镇特色化建设,大力发展县域经济,逐渐形成以中心城镇带动区县建设,以区县建设带动农牧区发展的辐射式经济发展模式。从 2005—2013 年拉萨市城乡固定资产投入来看(图 4.1-3),特别是 2009 年后对城镇固定资产投

① 曹磊. 发展净土产业[N]. 西藏商报,2014-9-26

② 拉萨门户网站 http://www.lasa.gov.cn/Item/72768.aspx

③ 拉萨门户网站 http://www.lasa.gov.cn/Item/59596.aspx

入的大幅度增加,表明拉萨市在这期间愈加重视城镇基础设施和公共服务体系建设,加快了城镇化的进程;对农村固定资产的投入也从2008年的1亿元上升至2013年的45.93亿元,年增长率达到114%,从而大大缩小了城乡固定资产投入之间的差距。

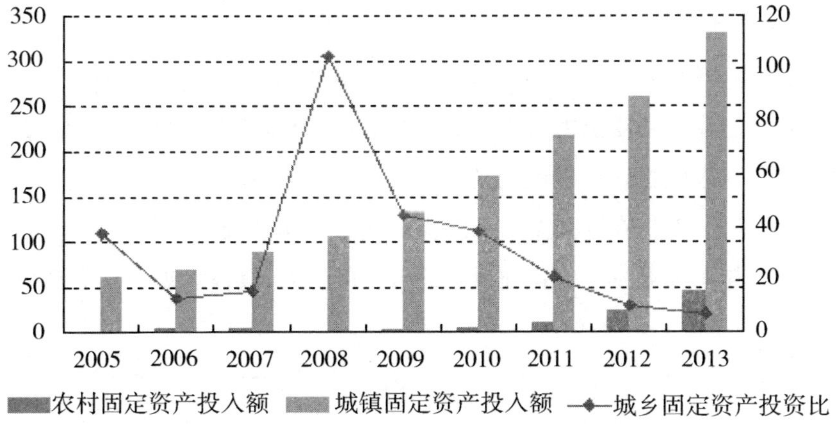

图4.1-3 2005—2013年拉萨市城乡固定资产投入额及投入比

数据来源:国家统计局

然而,从横向上比较,拉萨市作为首府城市,其人口集聚作用不明显,截至2013年底,人口密度只有20.27人/平方公里,相对于西部地区的其他省会城市,拉萨市没有表现出省会城市在吸纳就业和人口集聚方面的能力,人口城市化水平低;城镇数量少、规模小、结构功能简单,①根据最新的拉萨市行政划分,拉萨市及辖区包含城关区、林周县、当雄县、尼木县、曲水县、达孜县、堆龙德庆县、墨竹工卡县共七县一区,②城镇密度远远低于其他省会城市的平均水平。

(3)城乡社会一体化

大力推进经济建设的最终目的就是民生能得到最优的保障,而民生问题涉及文化教育、医疗卫生、住房、就业等多个方面。拉萨市特殊的地理位置和政治使命

① 杨阿维,王灵云.基于城乡发展一体化视阈下拉萨新型城镇化发展道路研究[J].西藏科技,2015,(2):7-9.

② 2014西藏统计年鉴

确定了拉萨市必须重视民生问题,这不单单是小范围的安居乐业,而是关乎国家安全和社会稳定的大事。国家和当地政府积极采取措施从各方面提升当地人民的生活水平,而且卓有成效。通过全社会固定资产投资这个指标,可以在一定程度上反映出城乡社会改造过程中的大致方向,即拉萨市不断发展地区经济的同时,越来越注重完善当地城乡一体化社会保障体系,以及区县、乡镇和社区的公共文化服务体系建设。

然而从消费结构上看,拉萨市城乡居民的消费仍是生存型消费(图4.1-4),食品、衣着和居住消费支出占总支出的60%以上,从而在教育及文化、交通等方面的消费较少,这表明拉萨市居民的消费质量不高,还停留在以满足吃、穿、住基本生活要求的层面,农村在这几个方面的支出比重甚至还要高于城镇。但从纵向比较结果来看,拉萨市城乡一体化建设有突破性的发展,具体表现在以下几个方面:

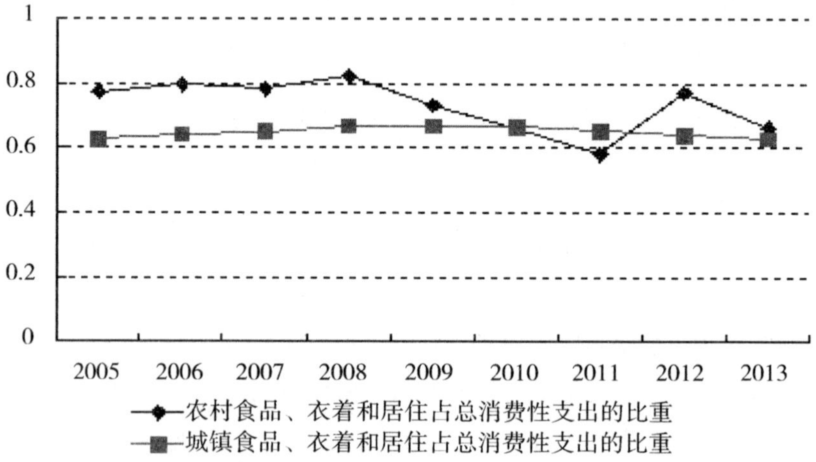

图4.1-4 城乡居民消费主要消费结构

数据来源:国家统计局

第一,教育方面,教育是国之根本,是有利于千秋万代的重大社会事业。拉萨市不断加大教育投入以完善城乡教育基础设施,并将义务教育阶段普及至高中。[①] 同时不断推进城乡教育机制改革,各区县切实整合现有资金、教师队伍和基本设施等教育资源,特别是规范农牧区的教育设施,通过城乡教育互动、资源共享式新型教育发展路径,最大限度均衡城乡教育之间的资源分布和发展机遇。2013 年拉萨市在教育方面的投资为 18.02 亿元,相对于 2005 年教育支出的 3.07 亿元增长了近 4 倍,年平均增长率为 35%。[②] 然而,从教育支出在总财政支出的占比来看(图 4.1-5),拉萨市的教育投入力度明显不能达到预期 20% 的标准,甚至有逐渐弱化的趋势,这显然有悖于当前教育在国家和地区发展的战略定位。从微观角度看,截至 2013 年底,拉萨市中小学教师和在校学生之比为 1:13.43,相对于 2005 年的 1:15.68 有所改善,[③]但总体而言,与各国整体情况相比较,拉萨在教育人才培育和引进方面仍然处于弱势。

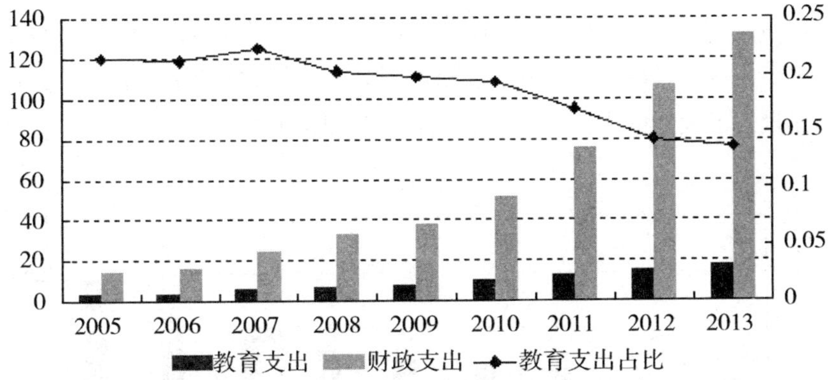

图 4.1-5　2005—2013 年拉萨市教育支出额和财政支出额及比重

数据来源:拉萨统计局

第二,医疗卫生方面,过去,拉萨市由于经济和社会发展水平相对低下,严重缺乏医疗配套资金、医疗技术人员,再加上交通不便的限制,当地医疗水平很长时间停滞不前。此后,国家、当地政府和社会各界的援助为推进拉萨市医疗卫生水平作出重大贡献,特别是先进医疗团队、专业技术和医疗管理理念的引进为当地

① 2012 拉萨统计公报

② 2013 拉萨统计公报

③ 2006-2014 西藏统计年鉴

医疗事业的发展注入了新的活力,拉萨市继续加大投资力度完善各基层的医疗基础设施建设,全市医疗卫生条件大幅度改善。截至2013年底,拉萨市医疗卫生机构数为274个,床位数为2536张,相关医疗卫生人员有4680人,①并确保各区县、乡镇、村、社区设有医疗服务机构,基本形成了城乡一体的医疗卫生服务体系。

第三,社会保障方面,近几年,拉萨不断完善城乡居民的最低补助标准体系,将当地城镇低保标准再次调整为每人每年3960元;农村低保通过分级划分保障对象、分级承担低保资金的方式规范发放,并多次提高农村"五保"老人的低保额为每人每年2000元。② 拉萨市不断改善城乡居住条件,深入推进城镇公租房、廉租房、和棚户区改造及农牧区安居工程,着力形成城乡一体化的住房保障体系。通过比较2005—2013年城镇人均居住支出和农村居住支出(图4.1-6),可以看出最近两年拉萨市城乡居民居住方面支出额差距逐渐增大,城镇人均居住支出逐年增加,而农村人均居住支出整体上低于城镇水平,并在最近两年急剧下降,远远低于城镇居住支出,反映出当地政府在改善城乡居住环境特别是农村地区的住房建设方面投入了大量的人力、物力和财力,并且成果明显。

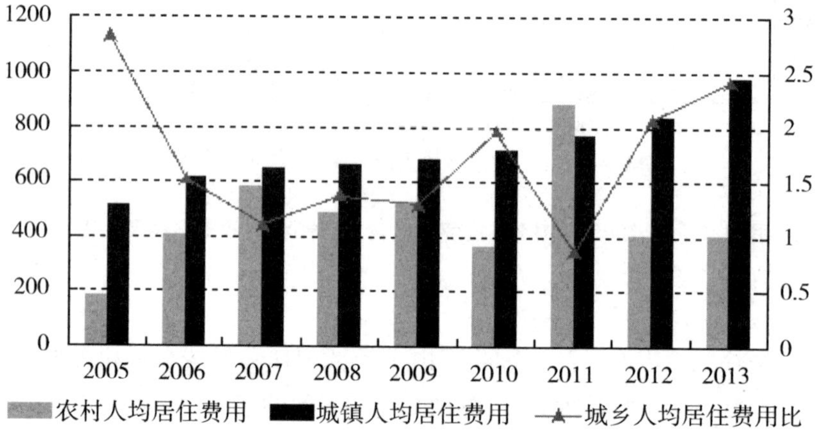

图4.1-6 2005年拉萨市城镇和农村人均居住费用及比值

数据来源:国家统计局

① 2014西藏统计年鉴

② 拉萨门户网站 http://www.lasa.gov.cn/Item/18224.aspx

(4)城乡生态环境一体化

城市生态系统和农村生态系统并不是相互对立的系统,而是在同一个区域内相互协调、各自践行相应的服务功能的子系统。城市生态系统致力于发展城市经济和完善社会服务,而农村生态系统需要完成自然生产、维护生态平衡、释放美学价值和旅游价值等多任务的综合系统。① 因此,需要从多方面推进城乡生态系统一体化和良性循环,从而保证能与系统内部的其他子系统协同发展。

一方面,为响应创建国家生态园林城市的号召,拉萨市从各方面着手大力开展生态环境建设,积极推进自然保护区和生态功能保护区建设,全面开展"见缝插绿"工程以改善城乡居民居住环境,深入整治农村和周边地区的生活污水、垃圾处理等综合项目,努力构建高原生态安全屏障。另一方面,从当地经济发展的产业类型来看,拉萨是典型的资源型地区,当地的特色产业如旅游业、净土健康产业依赖于得天独厚的自然条件,经济发展和生态环境之间高度的依存关系决定了拉萨必须寻求可持续发展之路,继续培育无碍于生态环境的绿色环保产业。

(5)城乡经济一体化的定量评价

通过对拉萨城乡空间、经济、社会和生态环境四个方面的现状描述,只是从整体上对拉萨市的城乡发展一体化水平进行把握,要深入了解拉萨市的城乡发展一体化中的成果和不足,还需要定量测度其发展水平。本章沿用前文对西藏城乡发展一体化的测度方法,即主成分分析法,通过提取能够大致代表全部变量信息的综合因子,并确保其累计方差贡献率达到85%以上,从而得到各主成分的比重。综合考虑西藏城乡一体化指标体系及拉萨数据的可得性,并用城乡恩格尔系数之比补充城乡居民消费维度的基础指标,用城乡全社会固定资产投资比例作为财政投资结构的基础指标,用农林牧渔商品产值与农林牧渔总产值之比反映当地市场化水平,最后建立人均GDP(万元)等十个基础指标的城乡经济一体化评价指标体系(表4.1-1)。

① 袁莉,李明生. 论生态文明建设背景下的城乡一体化[J]. 农村经济,2010,(9):51-53.

表 4.1-1　拉萨市城乡经济发展一体化评价指标体系

方面指标		基础指标	指标属性
		X1 人均 GDP(万元)	正
		X2 非农产业与农业产值比	正
	城乡经济总量	X3 城乡全社会固定资产投资比例	逆
	财政投资结构	X4 农村从业人员中非农人员比例	正
	就业水平	X5 城乡居民人均消费比	逆
城乡经济一体化	城乡居民消费	X6 城乡恩格尔系数比	正
	城乡居民收入	X7 城乡居民人均可支配收入比	逆
	市场化水平	X8 城乡居民人均工资收入比	逆
	农业机械化水平	X9 农林牧渔商品产值与农林牧渔总产值之比	正
		X10 农业机械总动力/区域耕地面积	正

人均 GDP、非农产业与农业产值之比、农村从业人员中非农人员比例、城乡居民人均消费比、城乡居民人均可支配收入比、城乡居民人均工资收入比、农业机械总动力与区域耕地面积比七个指标采用如前文所述的含义和计算方法。其余几个指标的解释如下:

X3 城乡全社会固定资产投资比例:全社会固定资产投资是一定时期内全社会建造、购置等多种形式的固定资产并以价值计量的投入总和。因此,全社会固定资产投资能够代表某地区固定资产的发展结构和水平,同时反映了国家及当地政府在城镇和农村之间的倾斜力度和政策导向。因此,该指标有必要纳入衡量拉萨城乡经济一体化发展水平的指标体系中。

X6 城乡恩格尔系数比:恩格尔系数是食品支出在总消费支出中的占比,由于人对食品的需求受到生理的限制,所以收入水平越高,恩格尔系数越小。因此,选取城乡恩格尔系数之比作为衡量居民消费水平是有一定的经济意义的,可以在一定程度上揭示城乡生活水平的差距。

X9 农林牧渔商品产值与农林牧渔总产值之比:农林牧渔总产值和农林牧渔商品产值都是第一产业发展的重要指标,随着市场化水平的提高,农林牧渔商品产值与农林牧渔总产值的比值随之增大,因此该指标能够在一定程度上反映现代农业的发展水平,也是反映经济发展一体化的一个方面。

本部分的数据均来源于实地调研、政府网站数据、《西藏统计年鉴》和《拉萨统计公报》,但2013年的人口统计数据未知,通过线性回归预测2013年拉萨的人口数,其拟合优度为90%,表明该回归模型对2005－2013年拉萨人口的变化趋势拟合程度较好,得到2013年拉萨市的人口为59.83万人。

由于各指标的属性和量纲不同,不能直接进行计算,需要对原始数据进行预处理,即指标的同向化和无量纲化。关于具体的处理方法前文已经介绍,此处不再赘述,用SPSS22.0处理得到拉萨市经济一体化数据标准化的结果(表4.1－2)。

表4.1－2 拉萨市城乡经济一体化数据标准化的结果

年份	人均GDP	非农产业与农业产值比	城乡全社会固定资产投资比	农村从业人员中非农从业人员比重	城乡居民人均消费比
2005	－1.281	－1.29745	－0.70645	－0.13566	－0.82318
2006	－0.96805	－0.99561	0.47244	－0.13866	－0.57719
2007	－0.62729	－0.6653	0.15317	－1.34115	－0.53194
2008	－0.29412	－0.40904	－1.11061	－1.14222	－0.70058
2009	－0.27742	－0.28178	－0.80351	－0.8412	－0.02119
2010	－0.08212	0.09209	－0.72044	0.80022	－0.19475
2011	0.53615	0.73202	－0.22086	0.22222	2.02612
2012	1.28569	1.18754	0.96986	1.55528	－0.51964
2013	1.70815	1.63752	1.9664	1.02116	1.34235
年份	城乡恩格尔系数之比	城乡居民人均可支配收入比	城乡居民人均工资收入比	农林牧渔商品产值与农林牧渔总产值比	农业机械总动力与区域耕地面积之比
2005	－1.06222	－0.99298	－0.4799	－1.4241	－0.29767
2006	－0.74303	－0.61141	－0.78042	－1.4241	0.87006
2007	0.55015	－0.82616	0.35053	－0.3566	1.51682

续表

年份	城乡恩格尔系数之比	城乡居民人均可支配收入比	城乡居民人均工资收入比	农林牧渔商品产值与农林牧渔总产值比	农业机械总动力与区域耕地面积之比
2008	-0.35504	-0.72091	0.32331	0.06842	-1.09574
2009	0.2018	-0.58013	-0.85561	0.0502	-1.30127
2010	0.51803	-0.01257	-0.35292	0.10807	-0.70609
2011	2.17647	0.79226	-0.60282	0.4508	-0.05791
2012	-0.73711	1.23439	0.00762	0.81592	1.2005
2013	-0.54905	1.71751	2.39022	1.7114	-0.1287

从数据的相关性矩阵的输出结果来看,大部分的相关系数较高,各变量之间具有很强的线性关系,适合采用因子分析方法提取因子。从而得到各变量共同度数据(如表4.1-3)。

表4.1-3 各变量共同度数据

因子分析中的变量共同度		
	起始	提取
X1	1	0.964
X2	1	0.973
X3	1	0.907
X4	1	0.578
X5	1	0.844
X6	1	0.953
X7	1	0.971
X8	1	0.676
X9	1	0.92
X10	1	0.941

可以看到，除了 X4 农村从业人员中非农从业人员比重和 X8 城乡居民人均工资收入比这两个变量之外，其余 8 个变量的绝大部分信息都能被因子解释。所以因子提取的结果总体比较理想，从而得到解释总方差（表 4.1 –4）。

表 4.1 –4　解释总方差

成分	初始特征值			提取平方和载入		
	合计	方差的%	累积%	合计	方差的%	累积%
1	5.792	57.919	57.919	5.792	57.919	57.919
2	1.869	18.687	76.605	1.869	18.687	76.605
3	1.066	10.663	87.268	1.066	10.663	87.268
4	0.792	7.921	95.189			
5	0.338	3.377	98.566			
6	0.117	1.167	99.733			
7	0.025	0.248	99.981			
8	0.002	0.019	100			
9	3.89 E –16	3.89 E –15	100			
10	–2.84 E –16	–2.84 E –15	100			

由表 4.1 –4 可知，第一个成分的特征值为 5.792，解释了原有 10 个变量总方差的 57.919%，累计方差贡献率为 57.919%，是对解释原有变量最大的成分。特征根大于 1 的还有后面两个成分，因此前三个成分为本次提取的主成分，其累计方差贡献率为 87.268%。各成分得分系数矩阵如表 4.1 –5。

表 4.1 –5　成分得分系数矩阵

指标	成分		
	1	2	3
X1	0.169	0.021	–0.079
X2	0.169	0.062	–0.037

续表

指标	成分		
	1	2	3
X3	0. 133	-0. 28	0. 191
X4	0. 125	-0. 122	0. 054
X5	0. 118	0. 311	0. 197
X6	0. 024	0. 449	0. 451
X7	0. 17	-0. 001	0. 052
X8	0. 118	-0. 152	-0. 332
X9	0. 157	0. 112	-0. 217
X10	0. 026	-0. 322	0. 699

将得分系数矩阵中的数值分别乘以各变量的数值并求和,即各主成分得分函数为:

$F_1 = 0.169X_1 + 0.169X_2 + 0.133X_3 + 0.125X_4 + 0.118X_5 + 0.024X_6 + 0.17X_7 + 0.118X_8 + 0.157X_9 + 0.026X_{10}$

$F_2 = 0.021X_1 + 0.062X_2 - 0.28X_3 - 0.122X_4 + 0.311X_5 + 0.449X_6 - 0.001X_7 - 0.152X_8 + 0.112X_9 - 0.322X_{10}$

$F_3 = -0.079X_1 - 0.037X_2 + 0.191X_3 + 0.054X_4 + 0.197X_5 + 0.451X_6 + 0.052X_7 - 0.332X_8 - 0.217X_9 + 0.699X_{10}$

最后利用 $F = W_1F_1 + W_2F_2 + W_3F_3$,

其中 $W_1 = 57.919\%/87.268\%$, $W_2 = 18.687\%/87.268\%$, $W_3 = 10.663\%/87.268\%$,计算 2005 - 2013 年各方面指标的综合得分,得到如下的结果(表 4. 1 - 6)。

表 4.1－6　拉萨市各主成分及综合指标得分

年份	F1	F2	F3	F
2005	－1.12606	－0.61564	－0.42563	－0.93119
2006	－0.76929	－1.03097	0.89176	－0.62238
2007	－0.53092	－0.43291	1.15263	－0.30423
2008	－0.60266	0.35356	－1.45917	－0.50256
2009	－0.52971	0.94360	－0.74630	－0.24070
2010	－0.04983	0.57323	－0.29654	0.05345
2011	0.63686	1.85871	1.38414	0.98981
2012	1.03243	－1.15082	0.41267	0.48921
2013	1.93918	－0.49874	－0.91356	1.06859

最后通过图形直观反映出 2005－2013 年拉萨市城乡经济一体化发展水平（图 4.1－7）。

图 4.1－7　2005－2013 年拉萨市城乡经济一体化指数

数据来源：国家统计局

可以看出，2005－2013 年拉萨城乡经济一体化整体发展水平呈上升趋势，2008 年和 2012 年略有回落。从发展速度来看，2005－2007 年的增长幅度小于 2008－2011 年，而 2012－2013 年又在上一增长阶段的基础之上攀升。这很大程度上是由于国家和西藏自治区政府在这方面的政策倾斜和资源投入，使得拉萨市城乡经济一体化指数从 -0.91 增长到 1.07,对拉萨市的城乡一体化发展起到了正向促进作用。

从产业结构分布来看(图 4.1-8),2013 年第一产业占比低于 4%,第二产业产值占比超过总产值的 1/3,第三产业占比超过 60%。从整个走势上看,2005-2013 年拉萨市第一产业和第三产业比值的比重呈下降趋势,第二产业在整个地区生产总值中的比重稳步上升,拉动拉萨市总产值增长 40.11%。结合拉萨市对三大产业的布局规划可以发现,"二产抓重点"已基本上实现,园区工业形成的集聚效应将拉萨的资源优势转化为经济增长新动力,大大推动了拉萨市工业的发展水平。然而,从数据结果来看,拉萨"一产上水平"的发展规划并未完全实现,拉萨净土的品牌战略还未形成明显的经济效益,仍需要全方位推动农业体系的建设。第三产业的年均增长率为 13.28%,略滞后于地区生产总值 14.98% 的平均增长率,因此,拉萨市还需继续推动旅游业、文化业等现代服务业的发展以实现西部中心服务城市的战略定位。①

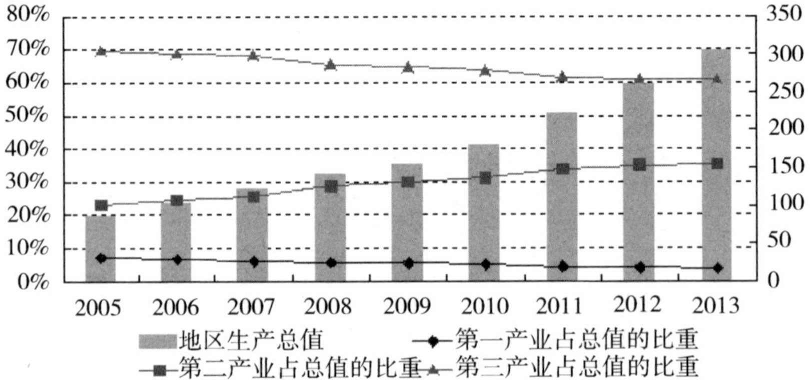

图 4.1-8　2005-2013 年拉萨市地区生产总值及第一、二、三产业比重

数据来源:国家统计局

从城乡居民人均的可支配收入来看(图 4.1-9),城镇居民的人均可支配收

① 《拉萨"十二五"时期国民经济和社会发展规划》

入年均增长率为9.54%;农村居民的人均纯收入从2005年的2402元增长至2013年的人均8265元,年均增长率为14.72%,拉萨市城乡居民的收入差距正逐渐减小,表现为城乡居民人均收入比逐渐减小。

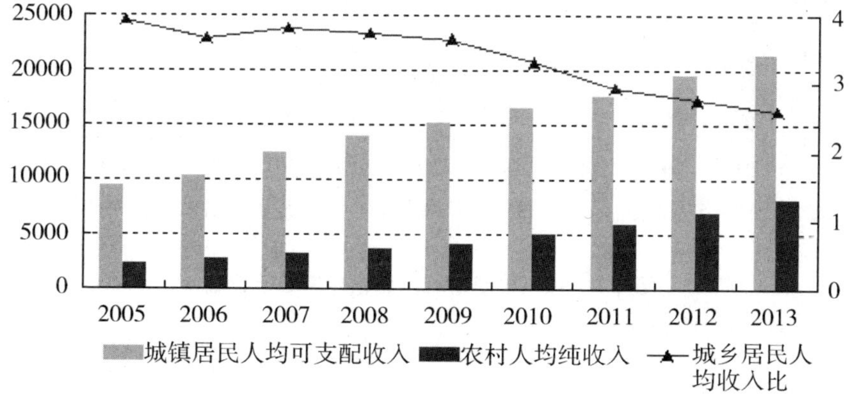

图4.1-9 2005-2013年拉萨市城乡人均收入及比值

数据来源:国家统计局

然而,通过比较城乡恩格尔系数(图4.1-10)和食品、衣着、居住在总消费中的比重(图4.1-4)可以发现,拉萨市居民在生活必需品方面的消费比重超过了60%,农村地区甚至达到80%,而食品支出比重即恩格尔系数基本上保持在0.4以上(除了2011年的农村恩格尔系数)。城乡恩格尔系数的比值并不呈现出稳定的趋势,但大体上可以分成两个部分,即2011年以前的整体上升和2011年以后的回落,在2011年以前拉萨市居民消费的差距是不断减小的(恩格尔系数是逆向指标),而2011年以后,城乡居民消费的差距进一步增大。

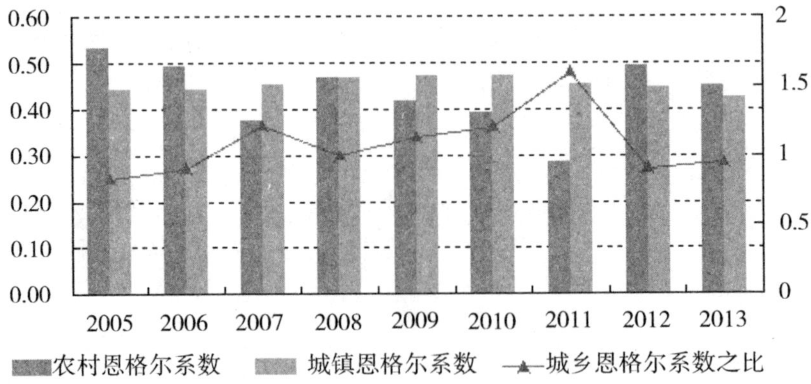

图4.1-10 拉萨市城乡恩格尔系数及比值

数据来源:国家统计局

结合城乡居民的收入和消费情况,可以发现拉萨市的经济发展真正惠及了民生,城乡居民的收入水平明显提高。然而,城乡居民的消费结构又验证了拉萨市的经济发展水平仍处在相对较低的水平,还需要进一步加快经济发展速度,提高居民生活质量。

4.1.3 拉萨市城乡发展一体化面临的主要问题

通过对拉萨城乡发展一体化水平的现状分析,可以看出拉萨在城乡空间、经济、社会和生态一体化建设方面取得了快速地发展,城乡道路通达能力增强促进了城乡流动,利用本土优势发展起来的净土健康产业和旅游业加快了城乡经济的融合,在教育、医疗卫生和社会保障等方面的大力投入提高了城乡居民生活质量,同时注重经济、社会与生态环境的可持续发展。然而,这些喜人的成果背后也隐藏了拉萨市在今后的城乡一体化发展过程中可能会面临的一系列问题。

(1)首府城市定位偏差、发展失衡

拉萨市"十二五"规划中明确表示了拉萨市要着力打造成政治、经济、文化、生态等多方位一体的中心服务城市,并重点推进国际旅游城市建设。截至2013年12月底,通过相关数据显示,拉萨市经济发展水平高于西藏的其他地区,然而拉萨市也是全国范围内发展水平最低、人口最少的省会城市,其辐射带动能力明显受到制约。因此,很长时间以来,拉萨市致力于提升当地经济发展水平,特别是当前面对更多的发展机遇,拉萨市投入了更多的人力、物力和财力大力开展经济建设。从统计结果来看,2013 年拉萨地区生产总值在 2009 年的基础上翻一番,从 2005 年至 2013 年的生产总值年平均增长率为 14.98%,①超过同时期中国地区生产总值的平均增长率 13.65%,②可以说当地经济得到了突飞猛进的发展。

然而,拉萨市片面地诠释了作为首府城市在推进国家治理体系和治理能力现代化的进程中扮演的重要角色,一味地重视经济发展,而忽略了政治、社会文化等其他领域的建设。并且拉萨市作为省会城市,人口承载量太小,不利于城市发展,如果忽略了这个问题,在今后的城乡一体化发展进程中很有可能面对“空城”的窘迫局面。

(2)拉萨市和其他地区之间资源配置不均

拉萨市作为西藏的省会,需要承担发展区域经济、加强对内外交流的时代使命。必然会遇到更多的发展契机,享受更多地资源投入和补充,以此彰显省会城市在全区经济和社会发展中的带头作用。然而,这些发展机遇强化了经济社会发展中首府城市和其他城市之间的不公平性,从而形成过度重视首府城市建设而忽视其他城市的发展,加剧全区内部的经济不平衡。

从 2005 - 2013 年拉萨市地区生产总值占西藏自治区地区生产总值的比重来看(如图 4.1 - 11),拉萨市的 GDP 比重在近几年有逐渐增加的趋势,这在一定程度上肯定了拉萨的经济发展,同时也暴露出西藏存在地区之间资源配置失衡的隐患,这样的发展趋势显然不利于西藏城乡一体化的建设。同时,通过横向比较 2013 年西藏各地区的固定资产投入,拉萨市的固定资产投入是日喀则市的 1.87 倍,是昌都地区的 3.04 倍,甚至超过阿里地区的 7.16 倍,西藏内部的资产投入严重不均,也进一步说明拉萨在长期的经济发展过程中过度汲取区位优势,削弱了其他地区的发展潜力。

---

① 2006 - 2014 年西藏统计年鉴

② 2006 - 2014 年中国统计年鉴

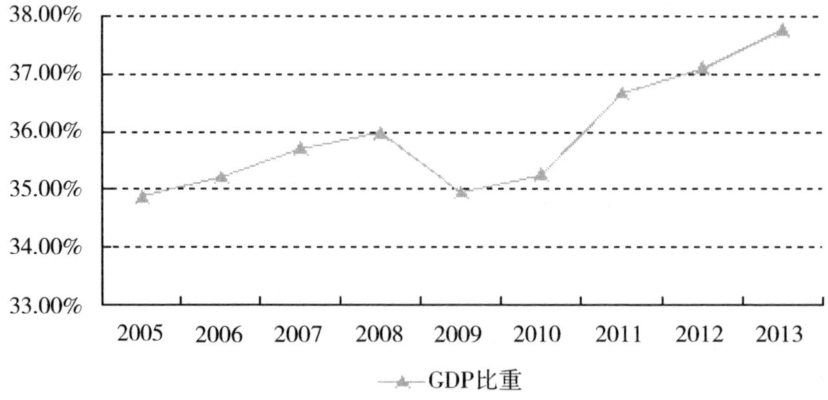

4.1－11 2005—2013年拉萨市地区生产总值占西藏自治区地区生产总值的比重

数据来源:国家统计局

(3)失地农民的安置方针缺乏针对性

随着城市化进程的加快,拉萨市城乡经济、社会等各方面得到了快速地发展,城市建设用地不断扩张,在过度膨胀的城镇化建设中要解决好农村剩余劳动力的问题,即失地农民的生存和社会保障的现实问题。然而,城市的快速扩张只是城乡一体化进程中的初级阶段,因为这是以低成本的劳动力、土地和低服务的保障为代价的,很可能导致出现一系列新的问题,城乡的空间分布和资源配置不均,农村空心化等等。拉萨市目前对征用土地的农户补偿机制主要是一次性给付土地赔偿金、安排一部分人就业、农转非的户籍更改或者展开不同领域的技能培训。

显然,这些都是非系统的、效仿式的失地农民安置体系,并没有形成具有当地特色、针对特定群体的有效体系,不能完全解决失地农民及家人的医疗问题、子女的教育问题等。强制的农转非会带来城市不能吸收额外的劳动力,而只能阻滞城市化进程的弊端。而且,失地农民在接受技能培训至正式就业有时滞性,这一期间可能会带来家庭内部的冲突,从而上升到影响社会的安定。因此,城乡一体化的快速发展和失地农民的就业与安置问题是不可分割的两个方面,并不能只看到积极方面而刻意回避消极的,而是要继续推动相关领域的制度建设和体系完善,以顺利推进拉萨市的城乡一体化发展。

(4)人才引进和管理体制不全

过去,拉萨市的教育水平和经济发展水平限制了拉萨本土人才的发展,加上地理位置偏远,交通不便等其他不可抗因素,和外界的人才交流也十分有限。随着城乡经济发展,城乡一体化建设的不断推进,拉萨市重点投入人力资源特别是人才资源的开发,加大力度引进人才。同时,北京、江苏等多地进行的人才智力援助拉萨市工作也助力拉萨实现了跨越式发展。① 拉萨市当地不断拓展并强化人才引进的源头,然而,通过近几年的人才引进数量和流失统计显示,拉萨市每年引进的人才数量不断减少,人才流失严重,影响了企事业单位和拉萨市整体的正常发展。

从拉萨市的人才引进制度来看,《拉萨市中长期人才发展规划纲要(2011 - 2020)》《拉萨市引进人才优惠政策实施细则》及《拉萨市引进人才安家费发放管理办法》等基本上保障了引进人才的工资福利,但和一些内地省市相比并没有形成优势,加上环境不适应等其他因素,拉萨市人才引进工作出现“人才引不来,人才留不住”的问题。而且,各项制度重点关注人才引进的数量,忽略了人才引进质量及引进后的人才管理工作;重视工资、安家费等物质上的给付,忽略了从人性关怀的角度和引进人才之间的交流。因此,从社会的发展和人类需求层次的上升的事实出发,拉萨市目前的人才引进和管理机制是严重滞后的。

4.1.4 拉萨市城乡一体化所面临问题的对策分析

拉萨市是“一带一路”上的国家级流通节点城市,对推动国际经济、社会交流发展具有重要作用。同时,拉萨市是我国西南部边陲的首府城市,是多民族、多文化的聚集地,拉萨市的繁荣和稳定对于促进民族发展、文化传承等具有重要意义。因此,今后,拉萨市需要积极面对在城乡一体化发展过程中出现的各种问题,正确诠释首府城市职能,完善失地农民保障机制,继续推动农业现代化,加强生态环境保护。

(1)正确诠释首府城市职能

核心边缘理论和“倒U”理论认为区域经济差异的存在是因为区域经济发展

① 邓晋伟. 人才智力援助为拉萨发展增添新活力[N],拉萨晚报,2012 - 6 - 4(2).

需要经济先集聚后发散的过程,特别是在地理位置成为影响经济发展的重要因素时,省会城市会首先表现出 GDP 比重上升,在省区内发挥经济重心的关键职能。然而,这种地区间非均衡式的区域发展会进一步扩大城乡差距,从而阻碍其他地区的长期可持续发展。因此,省会城市需要在更长时期内采用均衡式区域发展战略进行结构调整,从而保证整个区域的可持续发展。①

因此,拉萨市既要形成高水平的发展从而辐射带动周边地区,又要避免在发展过程中过度汲取来自国家和自治区政府的发展机遇。从 2005—2013 年拉萨市 GDP 占西藏 GDP 的比重变化来看,拉萨市正处于优先发展的阶段,下一步需要集中力量进行结构调整,为其他地区提供和创造发展机遇,即向体现省会城市的生产和生活服务性功能、向高水平的经济发展阶段过渡。这就要求拉萨市在城乡一体化发展过程中把握好一个度,不仅是拉萨市和其他同级行政区之间,还有拉萨市城区和下辖区之间,从而对拉萨市的发展提出了更高的要求。

(2)完善失地农民保障机制

从全国范围来看,各地政府对征用土地后的农民采取了多种安置方式,如一次性发放定额的现金补偿、农民再就业、提供社会保障等,在一定时期内解决了农民失地后的生产和生活问题。然而,随着城乡发展水平的提高和城市的快速扩张,有些问题逐渐暴露出来。

西藏的情况不同于其他地方,如何解决没有土地的农民就业和再就业的问题?从当地政府角度看,除了进行必要的资金补偿之外,政府需要和企业进行合作,为失地农民解决相应的就业问题;从农民自身的角度来讲,城市化引起的土地危机应该是一种必然的趋势,农民需要积极配合相关部门,主动参加职业技术培训,提升自我素质,才能够适应社会的快速发展。同时,在失地农民保障机制中更要特别关注失地农民家庭中的非就业群体利益,比如老人的养老问题、子女的教育问题以及各家庭成员的医疗保障问题等。其次,在补偿方式的选择上,尽量避免单一的现金补偿,从某种程度上说,这种方式不但不能减轻农民失地的压力,反而会助长一些不良风气,而不能成为失地农民持续的生活保障。

① 倪鹏飞,杨华磊,周晓波. 经济重心与人口重心的时空演变——来自省会城市的证据[J]. 中国人口科学,2014,(1):44-54.

(3)继续推动农业现代化

在其他省市的城乡一体化发展中,大力发展农业现代化以释放剩余劳动力,农业生产规模化和市场化水平的提高还能够使农民增收。所以,自十八大以后,农业现代化与工业化、城镇化、信息化是同步的,通过农业现代化提高农业生产的效率和农产品的商品转化率,继而提升农产品在市场经济中的竞争力。

然而,农牧业发展对于拉萨市而言意义更加重大,几千年来,农牧业产品都是拉萨市人民赖以生存的物质来源,当地的气候、自然条件让相当一部分农牧业产品与众不同,逐渐成为具有地域特色的商品被推广至海内外。拉萨净土品牌是农业产业化和规模化的一个重要开始,但尚未形成品牌效应,也就是拉萨净土品牌还被束缚着没有真正走出去。拉萨在今后的农业现代化过程中除了拓宽品牌宣传途径之外,还需要深入市场调研以了解市场需求,运用新型农业生产技术和设备实现规模化,因地制宜的切合实际需求展开农业生产,从而真正夯实城乡发展的现代农业基础。

(4)加强生态环境保护

拉萨市作为非常典型的资源型城市,无论是农业、工业还是第三产业都极大地依赖于当地的自然资源。然而,随着第二产业的比重不断增加,拉萨市当地的生态环境受到极大的威胁,拉萨市及下辖区采用多种措施还原和保护生态环境,建立生态保护区、生态村,城乡居住生活环境综合整治特别是新农村建设,以及植树造林等生态安全屏障项目都充分说明拉萨市越来越重视生态环境保护。拉萨市的经济发展会迎来新的机遇期,但对当地的环境来说是一个挑战期。因此,除了健全的环境治理和修复制度之外,应该从源头上树立节约、集约化的资源利用的观念。坚决打击高污染、高消耗的企业,敦促其节能减排,决不能为了经济收益有个别例外;大力倡导"环保行动,从我做起",施行奖惩分明的举措,让环保意识深入人心。

4.2 山南地区城乡一体化发展水平案例分析

我国城市和农村经过数千年的积淀形成具有中国特色的结构主体。改革开放后,国内工业经济发展态势良好,同时暴露出城乡二元结构的种种弊端。城乡发展极不平衡,亟须新的城乡发展模式来解决日益增长的城乡矛盾。符合中国国情以政治、经济、社会、文化、生态等为内容的城乡一体化在全国拉开帷幕,①以工促农,以城带乡的发展模式进一步推进农村建设和农业经济,形成江苏淮安、盐城、成都、唐山等城乡统筹发展示范区,在全国范围内掀起了统筹城乡发展的热潮。西藏作为我国西部最有潜力的发展区域之一,在城乡一体化发展过程中成绩斐然,空间、经济、社会和环境四个维度对西藏的城乡一体化发展均起到了正向的促进作用,并呈现出良好的发展态势。而山南地区作为西藏自治区的重要组成部分,在城乡一体化进程中同时展现了地区发展的共性和个性。因此,在研究西藏城乡一体化发展过程中,单独选取山南地区作为呈现西藏一体化发展共性和个性特征是有必要的,具体而言有以下几点:

第一,山南地区是西藏自治区的七个地级市之一,其空间、文化、人口、经济发展水平与西藏同步相关。山南地区总面积占西藏自治区的6.49%,是仅次于拉萨的第二小地区;山南地区具有浓厚的文化底蕴,是藏文化发源之地;截至2013年底数据统计,人口总数占西藏总人口数量的11.86%,是人口密度相对较大的地区之一;2013年山南地区生产总值为86.61亿元,占西藏自治区生产总值的10.72%,②同比增长12.4%,是增长速度最快的地区市之一。

第二,山南地区的经济发展具有规律性,值得推广。在过去十年中,山南地区的经济密度稳步增长(如图4.2-1),验证了山南地区在经济发展方面步入了正轨,形成了相应的经济发展规律。通过探究当地的经济发展模式,对其他相对偏远和贫困的地区有一定的启发意义。

第三,山南地区施行城乡一体化战略更容易快速成功。山南地区处在毗邻拉萨,12县中有7县处在西藏的一江两河流域上,地区内有机场、铁路、公路交通网络高密度覆盖。这些优势资源为山南地区的城乡发展一体化提供了无可比拟的先天条件,相对西藏的其他地区而言,山南地区能够获得更快速地成功。

---

① 崔玲. 加快推进我国城乡一体化发展进程的思考[J]. 商业时代,2011,(12):6-7.

② 2014年西藏统计年鉴

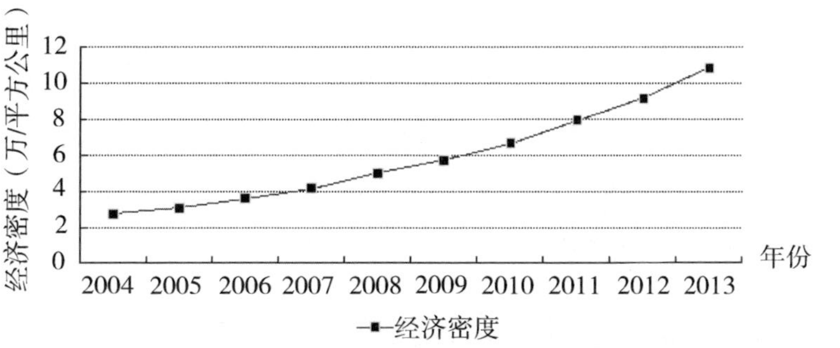

图4.2－1　2004－2013年山南地区经济密度

数据来源：国家统计局

4.2.1　山南地区概况

西藏山南地区地处青藏高原冈底斯山－唐古拉山脉以南的雅鲁藏布江中下游，北接西藏首府拉萨，西与日喀则市毗邻，东与林芝市相连，南与印度、不丹两国接壤，该地区总面积为7.97万平方公里，拥有600多公里长的边界线，是中国的西南边陲，具有十分重要的战略地位。截至2013年底全地区下辖12个县，83个乡镇（含一个办事处），554个村（居）委会，总人口37万，①集中分布在交通条件较好、经济发展水平相对高的地方，是一个以藏民族为主，含藏、汉、门巴、珞巴、回族等14个民族的多民族聚居区。②

山南地区拥有得天独厚的自然资源和历史文化资产，具体而言有以下几个方面：第一，山南地区具有丰富的矿产资源。目前已发现铬、铁等20多种金属、非金属矿藏，该地区有全国最大的铬铁矿基地，矿产业是山南经济的重要组成部分。第二，山南地区的水资源十分充沛。湖泊众多，河流流域广，再加上温带半干旱半湿润高原季风的气候，有"藏南谷地"之称，宜牧宜农。第三，动植物资源。山南地区有冬虫夏草、贝母、雪莲等享誉世界的珍贵药材和白唇鹿、野驴、盘羊等珍稀动物，成为支撑藏药材和藏医学的支柱。第四，文化积淀。山南地区流传着动人的传说，这里是藏文化的滥觞之地——西藏的第一块农田索当，第一位藏王聂赤赞

① 西藏门户网站 http://www.xizang.gov.cn/xzqh/51583.jhtml

② 山南地区地方志编纂委员会．山南地区志[M]中华书局，2009(4).

普,第一座寺庙桑耶寺,第一座宫殿雍布拉康等十几个"第一",具有深厚的文化底蕴。第五,旅游资源。雅砻风景名胜区是藏族文化的精髓,它向世人展示藏民族历史和佛教文化,向世界呈现藏民族风情和人文精神,是国务院审定公布的西藏唯一的国家级风景名胜区。① 山南地区的湖泊在大自然的鬼斧神工之下也展现出独特的魅力,圣湖拉姆纳错,"碧玉湖"羊卓雍湖,"草原明珠"哲古湖等,和周围的蓝天白云浑然天成,吸引着国内外的游客。

4.2.2 山南地区城乡一体化发展水平的现状及综合评价

城乡一体化是融合城乡之间的优势、劣势资源,②强化各生产要素在城乡之间的互动以及公共资源在城乡之间的均衡配置,实现包括城乡空间、经济、社会、生态环境③的动态融合。④ 通过对山南地区的城乡空间、经济、社会、生态环境四个维度的一体化现状描述,寻找到能够科学测度相应维度的指标,从而对山南地区的一体化总体发展水平进行综合评价,并根据分析结果表现出的问题提出合理的对策建议。

(一)城乡空间一体化发展现状

《中国西部经济发展报告(2013)》指出:相对于东部地区,西部地区在信息化水平尤其是农村信息化建设发展中严重滞后,阻碍了农村经济的转型升级,成为制约农村经济发展的重要瓶颈。⑤ 因此,作为城市及农村居民活动和信息交流的空间主体功能区,是一切活动得以开展的前提,从一定程度上反映了当地城乡居民的生活质量。

在测度城乡空间一体化的发展水平时,普遍认同将城镇和农村地区人均交通通讯费用及其比例作为衡量某地城乡信息流动程度的重要指标。从图 4.2.2 - 1 可以看出,2006 至 2013 年期间,山南地区城镇交通通讯费用支出远远高于农村地

---

① 新华网西藏频道 http://tibet.news.cn/wangqun/2004 - 12/27/content_3462803.htm
② 任保平.城乡经济社会一体化:界定、机制、条件及其度量[J].贵州财经大学学报,2011,(1):18 - 22.
③ 白永秀等.中国省域城乡发展一体化水平评价报告,14 - 15.
④ 刘艳萍.城乡经济社会一体化新格局的形成机制与条件分析[J].知识经济,2009,(11):47 - 48.
⑤ 中国西部经济发展报告(2013)

区,并且呈现出相对稳定的增长趋势,而农村地区在这方面的消费增长趋势并不明显。这对于城乡信息的交流和融合是不利的,同时也反映出在集聚生产要素方面的不足。从城乡交通费用支出比例的走势来看,二者间的差距正趋近于一个相对稳定的比值,这个比值从理论上是越小越好的,反映出城乡一体化仍然存在较小的城乡差异。山南地区的乡镇密度为10.29个/万平方公里,超过西藏的平均乡镇密度5.55个/平方公里,相对集聚的功能区布局有利于城乡信息流动和共享。所以,健全的城乡公共交通体系是城乡空间一体化的一个重要方面。截至2014年底,山南地区已经实现全部乡镇通公路、少部分乡镇通油路,逐渐形成以航空、铁路、公路为依托的全方位交通体系,有利于解放当地经济和社会等多个方面的生产力。同时山南地区有关部门不断对农客班线进行改造和调整,合理规划公交路线从而打破地区之间贸易往来的阻碍,为了实现城乡经济、社会、文化全面融合迈出重要的一步。信息化水平的提高有利于加速城乡信息流动、缩小城乡空间距离,甚至推动当地经济增长,山南地区不断完善当地邮政、通信建设,基本上达到县邮局和重点乡邮局全覆盖,2014年底已经实现100%乡镇通光缆,85%行政村通宽带,①为地区内外交流打开了更大的空间。

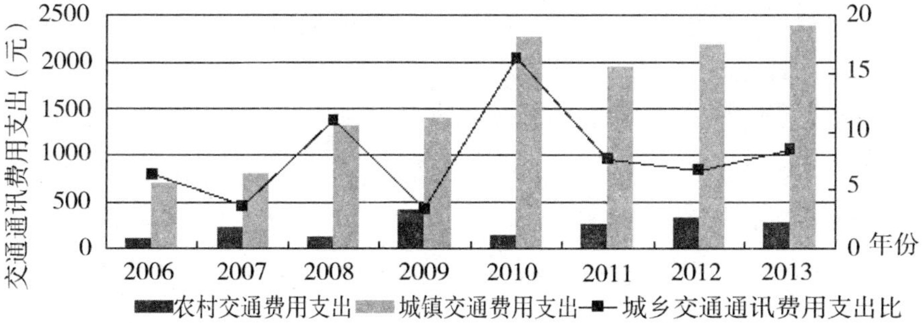

图4.2.2-1 2006-2013年城乡交通通讯费用支出情况

数据来源:国家统计局

① 山南网 http://sn.xzsnw.com/snkx/88007.html

（二）城乡经济一体化

1. 城乡经济一体化的现状分析

经济发展水平是衡量一个国家、地区发达程度的重要指标，城乡经济一体化包括产业、市场、经济管理、人口、基础设施、利益分配多个方面的内容。① 结合山南地区的实际情况，将从两个方面说明当地经济一体化的发展现状。

其一，城乡产业一体化。城乡产业结构分布合理才能保证资源的有效配置，通过发挥城镇对周边地区的辐射作用，带动连片地区的经济发展，二者相互促进，共同影响当地经济。②

随着城乡经济一体化进程的深入和经营体制的转变，山南地区结合当地资源禀赋，积极改变第一、二、三产业结构分布。第一，山南地区通过挖掘当地农牧业资源优势，转变第一产业的发展方式：第一，优质产品的规模化生产。山南地区的近 1 万亩的大蒜基地、5.6 万亩的优质油菜基地、重点改良的黄牛基地、藏药材种植基地、乃东、扎囊和贡嘎粮食基地等“七大基地”不断壮大山南经济的规模，基地大部分使用机械化操作，采用规模化经营，产品销往国内外；③第二，发展特色经济形式。加查县独特的气候优势使得当地盛产核桃、苹果等，当地政府引导农户发展庭院经济，由政府提供技术、人才、资金补助等支持，并逐渐将种类扩展至蔬菜、畜牧、香料等。庭院经济的特色发展模式带动农户增收，占农户年收入的 25% 左右；④第三，退耕还林。在林业改造过程中退耕还林计划并没有影响山南地区的农林业发展，当地人民在这种方式下重新选择就业方式，并获得国家和当地政府的退耕还林补助，至 2014 年底，新建苗圃基地至 36 个，完成各类新育苗面积 2038 亩，完成各类出圃苗木 472 万余株。⑤ 第二，山南地区的工业经历了从无到有，由弱变强的过程，并且通过不断的招商引资，形成了以轻纺与民族手工业，原料及采掘工业、机械及加工业、印刷业、电力水利能源工业等为主体的工业体系，

---

① 王艳萍. 城乡一体化建设中的城乡信息共享机制研究[M]，北京，经济管理出版社，2013(11)，68－69.

② 仲德涛. 城乡一体化的理论与实践——以河南省漯河市城乡一体化模式为例[J]. 云南行政学院学报，2012，(4)

③ 山南网 http://sn.xzsnw.com/jjsh/28947.htm

④ 山南网 http://sn.xzsnw.com/snkx/77857.html

⑤ 山南网 http://sn.xzsnw.com/snkx/90762.html

并形成相对规范和完备的管理体系。水利与民生和经济发展密切相关,山南地区积极推进当地的水利工程建设,2014 年底已完成江北灌区续建配套工程,投资 47025.47 万元建雅砻水库工程,逐渐完善农田水利基本建设,有效改善当地的生态环境,提高灌溉效率和防洪抗灾能力。2014 年西藏自治区批复贡嘎、扎囊等县的小型农田水利重点县项目建设方案,确保当地农牧民能够通过水利工程创收、增收。① 第三,服务业特别是旅游业蓬勃发展。当地政府和有关部门对山南地区的旅游业进行了重新定位,整合当地自然资源、历史文化资源打造生态旅游,重视挖掘和宣传山南旅游资源的文化内涵,加强旅游区内基础设施建设,大力开发特色旅游商品,走有藏文化特色的高品质旅游产业发展路线。截至 2014 年,共接待国内外游客 196.9 万人次,同比增长 19%,实现旅游总收入 7.52 亿元,同比增长 23%。②

其二,城乡市场一体化。市场为公平有序竞争、优化资源配置提供了绝佳的场所,包含商品和物流在内的城乡市场一体化建设是有必要的。城市工业品和农村农产品在健全的交易市场和物流体系中实现自由流动,建设城乡一体化市场能够充分融合城乡间的各种生产要素,形成更庞大的销售网络,让市场在资源配置中的抓手作用充分发挥出来。从山南地区的市场建设情况来看,主要成效有以下几点:第一,健全物流网络建设。在过去几十年的努力下,山南地区交通方式以公路为主,铁路、航空为辅,形成以首府泽当为中心辐射全区 12 县的公路网,增加了商品流通渠道,进一步提升物流速度和效率,促进当地经济社会发展。第二,农牧业专业合作组织丰富了当地的市场主体形式。专业合作组织是一种新型的农业发展方式,相对于传统的独门独户而言,增强了抵抗风险和提高市场竞争的能力。山南地区的农牧业专业合作组织、合作范围集中在民族手工业产品、蔬果、奶制品、饲料、综合加工等领域,加速了农牧产品的流通速度,扩大了农牧产品的规模,促进了农牧业产业化经营的进程。③ 据统计,2014 年 11 月底,山南地区各类市场主体 1.53 万户,其中农牧民专业合作社 605 户,出资额 3.53 亿元,成员总数 2.18

① 山南网 http://sn.xzsnw.com/jjsh/90391.html

② 山南网 http://sn.xzsnw.com/snkx/91046.html

③ 人民银行山南地区中心支行课题组.农牧民专业合作经济组织发展与金融支持协调配合的调查——以西藏山南地区为例[J].西南金融,2009,(8):52-54.

万人,同比增长 32.77% 。① 第三,形成多样化的商品交易市场。城镇市场带动附近农村形成集市贸易,附近的村民定期将土特产品、手工业产品拿到集市上进行简单的买卖活动。随着各方面条件的优化,小额、少量的商品交易市场已经不能满足当地农村和城镇市场的发展要求,交易市场进一步发展为物资交流会,通常是每年 12 月初的一个星期在人口相对集中、交通便利的地方举行,形成“工业品下乡,农牧产品进城,省内外商户自由交易”的产品交易市场。

2. 城乡经济一体化的定量评价

基于前文测度西藏城乡一体化发展总体性评价的全面性、可行性和可比性原则,同样采用主成分分析法对山南地区的城乡经济发展一体化做出综合测度。为了全面而深入地反映出当地城乡经济一体化的发展水平,综合考虑前文的指标体系以及山南地区数据的可获得性,选用人均 GDP 等十个指标测度山南地区城乡经济一体化。其中,人均 GDP、非农产业与农业产值之比、农村从业人员中非农人员比例、城乡居民人均消费比、城乡居民人均收入比、城乡居民人均工资收入比、农业机械总动力与区域耕地面积比七个指标采用如前文所述的含义和计算方法。

其余三个分别反映财政投资、城乡居民消费和市场化水平的三个指标含义如下:

X3 城乡全社会固定资产投资比例:财政在城镇和农村固定资产的投入对城乡一体化的程度很大,②与城乡基础设施建设有很强的相关性,是反映城乡投资结构的最直接指标。③ 因此,选取全社会固定资产在城镇的投入与在农村投入比值反映山南地区的财政投资结构。

X6 城乡恩格尔系数之比:20 世纪 70 年代中期,联合国粮农组织将恩格尔系数作为评价国家或地区生活水平高低的重要标准之一。恩格尔系数是食品消费额占个人消费支出总额的比重,比重越大,该国家或地区就越贫穷。通常认为恩格尔系数在 0.6 及以上为贫困,0.5 ~ 0.6 为温饱,0.4 ~ 0.5 为小康,0.3 ~ 0.4 为富裕。城乡恩格尔系数之比越接近 1,说明城乡之间的差距越小,越能实现某一水

---

① 山南网 http://sn.xzsnw.com/snkx/86583.html

② 惠宁,熊正潭.城乡固定资产与城乡收入差距研究——基于 1980 - 2009 年的时间序列数据[J].西北大学学报(哲学社会科学版),2011(07):45 - 52.

③ 周江燕.中国省域城乡发展一体化水平评价研究[D].西北大学,2014.

平上的城乡经济一体化。城乡恩格尔系数之比应当成为测度城乡经济发展一体化的重要指标。

X9 农林牧渔商品产值与农林牧渔总产值之比:该指标反映了第一产业的成果转化水平,能够在一定程度上衡量农业规模化和产业化发展的程度。

表 4.2 山南地区城乡经济发展一体化评价指标体系

方面指标		基础指标	指标属性
城乡经济一体化		X1 人均 GDP(万元)	正
		X2 非农产业与农业产值比	正
	城乡经济总量	X3 城乡全社会固定资产投资比例	逆
	财政投资结构	X4 农村从业人员中非农人员比例	正
	就业水平	X5 城乡居民人均消费比	逆
	城乡居民消费	X6 城乡恩格尔系数比	正
	城乡居民收入	X7 城乡居民人均收入比	逆
	市场化水平	X8 城乡居民人均工资收入比	逆
	农业机械化水平	X9 农林牧渔商品产值与农林牧渔总产值之比	正
		X10 农业机械总动力与区域耕地面积之比	正

本部分的数据均来自于实地调研、政府网站数据、《西藏统计年鉴》,但由于部分年份的山南地区人口数据缺失,在其他资料上又无从查找。从其余年份的人口数增长来看(图 4. 2. 2 – 2),山南地区的人口处在较明显的增长趋势上,因此本文采用均值填补的方法对 2009 年、2011 年和 2012 年的人口数进行填补,从而获得 2009 年的人口数为 33. 92 万,2011 年为 34. 29 万,2012 年为 35. 64 万。

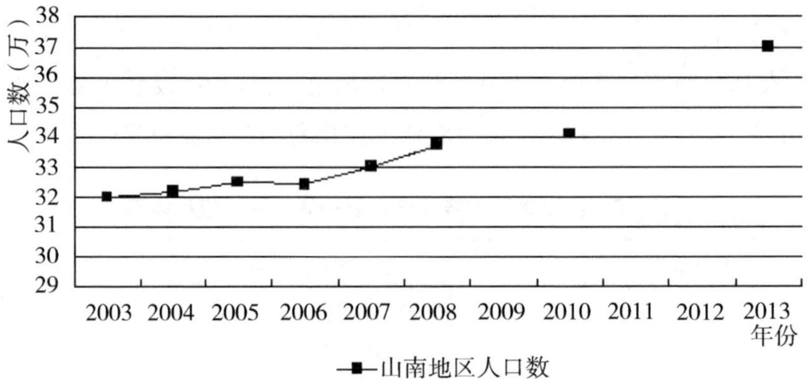

图 4.2.2-2　2003-2013 年山南地区人口数

数据来源:国家统计局

同样采用主成分分析的方法。首先根据现有数据计算出各指标,并将结果录入 SPSS 22.0 软件中,继而对数据进行正向化和无量纲化处理,得到如下结果:

表 4.2.2-1　山南地区经济数据无量纲化后结果

年份	人均 GDP	非农产业与农业产值比	城乡全社会固定资产投资比例	农村从业人员非农比例	城乡居民人均消费比
2006	-1.239028	-1.464925	-0.274106	-1.15577	1.934698
2007	-1.005285	-1.238756	0.69166	-0.777484	0.956848
2008	-0.662721	-0.32927	1.513552	-0.58815	-0.320426
2009	-0.357031	0.07981	-1.40337	-0.583737	0.224413
2010	0.057418	0.091712	0.997051	-0.42918	-0.641063
2011	0.622215	0.517696	-0.955579	1.084133	-1.109074
2012	1.011633	0.870429	-0.526412	1.148291	-0.5441
2013	1.572798	1.473304	-0.042797	1.301897	-0.501297

续表

年份	城乡恩格尔系数比	城乡居民人均收入比	城乡居民人均工资收入比	农林牧渔商品产值与农林牧渔总产值之比	农业机械化水平
2006	1.881758	-0.681848	0.309733	0.707481	-0.880948
2007	0.975418	-0.885423	-0.868092	0.712902	-0.897319
2008	0.060728	-0.964951	-1.459947	0.035282	-0.93925
2009	0.136922	-0.739923	-1.100744	0.606295	-0.444218
2010	-0.441511	-0.165546	0.428713	0.399247	-0.039009
2011	-0.790318	0.763555	0.522628	0.036579	0.47424
2012	-0.867255	1.129017	1.061697	-0.16672	0.91834
2013	-0.955743	1.545119	1.106013	-2.331066	1.808164

对标准化后的指标进行主成分分析,得到各基础指标的解释的总方差(表4.2.2-2),其中累计方差贡献率达到85.962%,说明处理结果可信度较高。由此可以计算所提取的主成分1、2的比重分别为0.856,0.144,再根据成分1、2的比重和系数矩阵计算出各基础指标的权重(表4.2.2-3)。

表4.2.2-2 解释的总方差

成分	初始特征值			提取平方和载入		
	合计	方差的%	累积%	合计	方差的%	累积%
1	7.362	73.622	73.622	7.362	73.622	73.622
2	1.234	12.34	85.962	1.234	12.34	85.962
3	0.848	8.482	94.444			
4	0.416	4.157	98.602			
5	0.103	1.025	99.627			
6	0.03	0.298	99.925			
7	0.008	0.075	100			

续表

成分	初始特征值			提取平方和载入		
	合计	方差的%	累积%	合计	方差的%	累积%
8	3.44 E-17	3.44 E-16	100			
9	-1.16 E-16	-1.16 E-15	100			
10	-2.93 E-16	-2.93 E-15	100			

表 4.2.2-3 经济一体化各基础指标权重

基础指标	权重
X1 人均 GDP(万元)	0.313
X2 非农产业与农业产值比	0.285
X3 城乡全社会固定资产投资比例	-0.187
X4 农村从业人员非农比例	0.311
X5 城乡居民人均消费比	-0.172
X6 城乡恩格尔系数比	-0.235
X7 城乡居民人均收入比	0.331
X8 城乡居民人均工资收入比	0.288
X9 农林牧渔商品产值与农林牧渔总产值之比	-0.243
X10 农业机械化水平	0.326

最后得到2006-2013年山南地区经济一体化指数,并绘制成折线图(图4.2.2-3)。

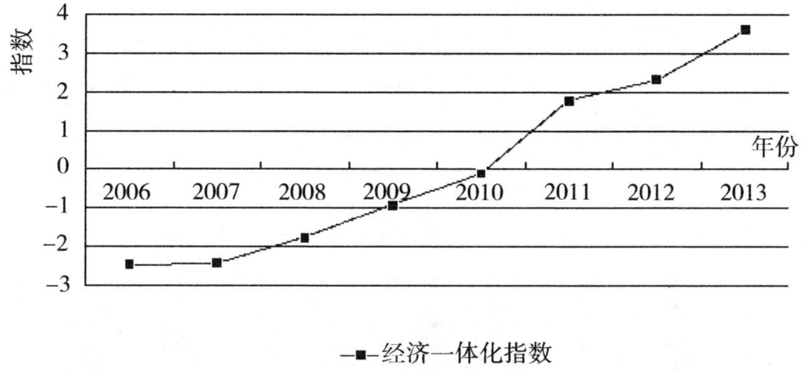

图 4.2.2-3　2006-2013 年山南地区城乡经济一体化指数

数据来源：国家统计局。

从图中可以看出，2007-2013 年山南地区的城乡经济一体化逐年趋好，整体呈急剧增长的趋势。从经济总量上看，山南地区的生产总值比 2006 年增长了 202%，说明山南地区是在更高经济水平上追求城乡经济一体化。在城乡人均收入差距方面，如图 4.2.2-4 所示，2013 年山南地区城镇居民的人均收入相较于 2006 年增长了 115.6%，农村居民人均纯收入增长了 180.7%，从城乡差距来看，前期城镇人均可支配收入和农村人均纯收入的比值缓慢增加，后期急剧减小，2013 年城乡收入比值减小至 2.691，城乡收入差距明显减小。

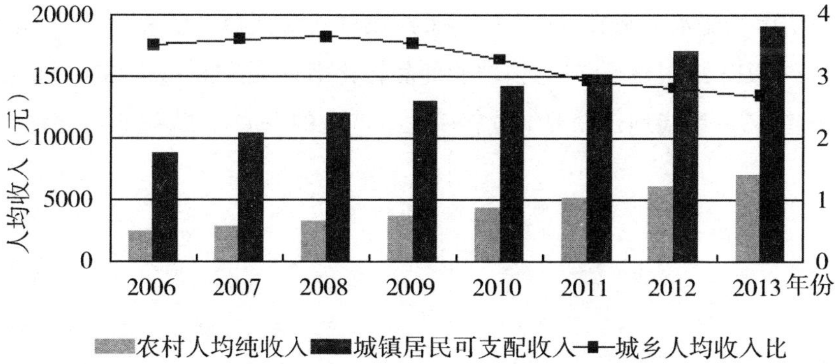

图 4.2.2-4　2006-2013 年山南地区城镇和农村居民收入

数据来源：国家统计局

近年来,山南地区城镇恩格尔系数有所下降,维持在0.4左右,基本实现小康生活,城乡恩格尔系数之比由2006年的1.523下降至0.806,食品方面的支出在农村居民消费中的比重仍在增大。城乡恩格尔系数之比是负向指标,该指标的递减趋势表明山南地区城乡贫富差距进一步增大。

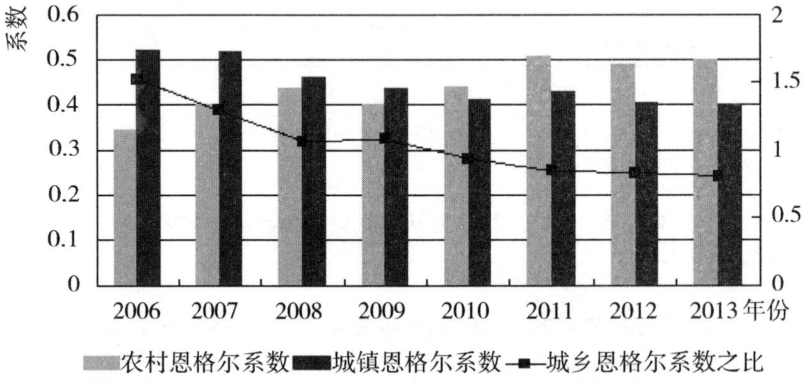

图4.2.2-5 2006-2013年山南地区城乡恩格尔系数及比值

数据来源:国家统计局

在农业机械化水平方面,根据无量纲化后的数据结果显示,农业机械化水平的指数由2006年的-0.881提升至1.808,表明当地农业机械化水平不断提高。但从农业的市场化水平来看(图4.2.2-6),农林牧渔业总产值逐年上升,但是商品产值却在2013年明显下降,总体农业商品转化率只维持在48%左右,近几年甚至有下降趋势,说明当地还需要继续转变农业产业的发展方式,提高市场化水平。

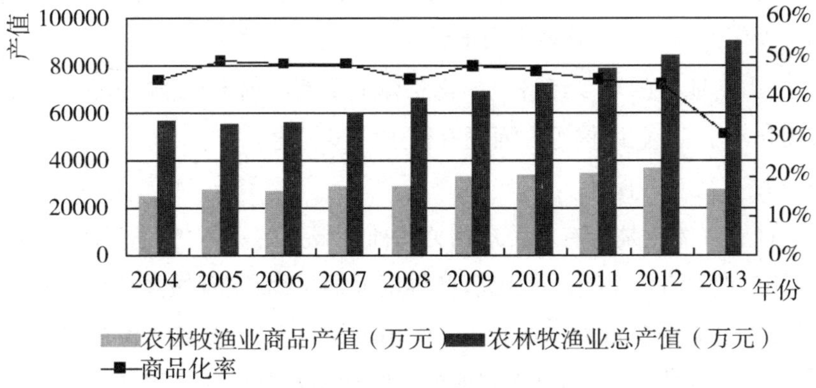

图 4.2.2－6　2006－2013 年山南地区农林牧渔业商品率

数据来源：国家统计局

从产业结构的发展来看，2004－2013 年山南地区第二产业占地区生产总值的比重逐年上升，表明当地工业发展态势良好，2013 年第二产业所占比重甚至超过第三产业，逐渐突显工业在当地产业结构中的支撑作用。相比 2004 年，第一产业总产值由 2.88 亿元增加至 5.12 亿元，增长了 77.67%，年平均增长率为 97.50%，是三大产业中年平均增长率最低的。

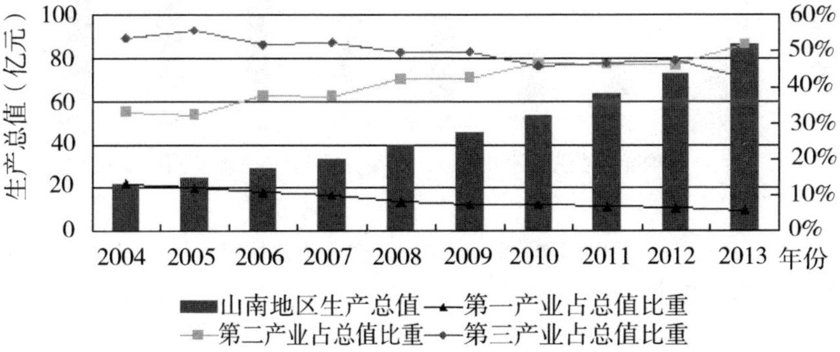

图 4.2.2－7　2004－2013 年山南地区生产总值及第一、二、三产业比重

数据来源：国家统计局

此外,在农村从业人员中非农人员的比例由 2004 年的 15.77% 上涨至 48.99%,优化了当地农村就业人员的结构。

总之,山南地区的城乡经济一体化总体上不断向前发展,城乡差距不断缩小,但在市场化水平、产业结构等方面还有待进一步优化。

(三)城乡社会一体化

城乡社会一体化是所有与民众相关的社会服务的一体化,通过满足城乡居民在社会保障、教育、医疗卫生、便民服务等层面的平衡,实现城乡社会的公平、均衡发展,保障人民应当获得的基本权益。① 山南地区是一个多民族聚集地,生活习惯、宗教信仰等有所不同,同时受到地理位置和相对落后的经济条件的束缚,在更多社会生活方面有所欠缺。为平衡地区间发展的差距,满足山南地区人民基本生活需要,上级财政和当地政府做出了很多努力。从全社会固定资产投资情况来看(图 4.2.2-8),城镇和农村地区的固定资产投资总额都在不断上升,但对城镇的投入仍然远大于农村,形成农村地区基础设施和公共服务配置水平低下,投资环境相对恶劣,进而阻滞农村经济的进一步发展。

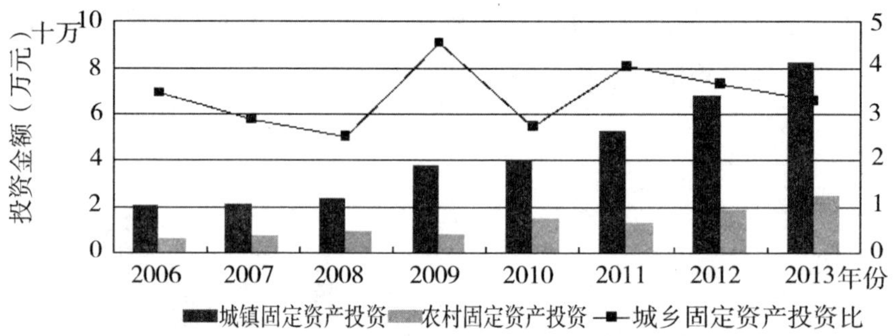

图 4.2.2-8 城乡固定资产投资情况

数据来源:国家统计局

第一,社会保障方面,除了城镇居民最低生活保障和农村"五保"供养之外,山

① 仲德涛. 城乡一体化的理论与实践——以河南省漯河市城乡一体化模式为例[J]. 云南行政学院学报,2012,(4):55-61.

南地区目前在针对老人特别是“三老人员”，即老干部、老党员、老模范和孤儿等需要帮助的人群专门制定了补助标准，并修建社会福利院和孤儿院，为当地弱势群体提供相应的生活保障，自治区财政对边境县及乡镇符合条件的边民予以生活补助。从2006－2013年城乡居民在居住方面的支出(图4.2.2－9)可以看出，农村人均居住支出不断减少，这得益于国家和当地政府不断推进公共租赁住房、城镇棚户区、周转房等保障性住房的建设和维护，形成覆盖面广、受益条件清晰的社会保障体系。①

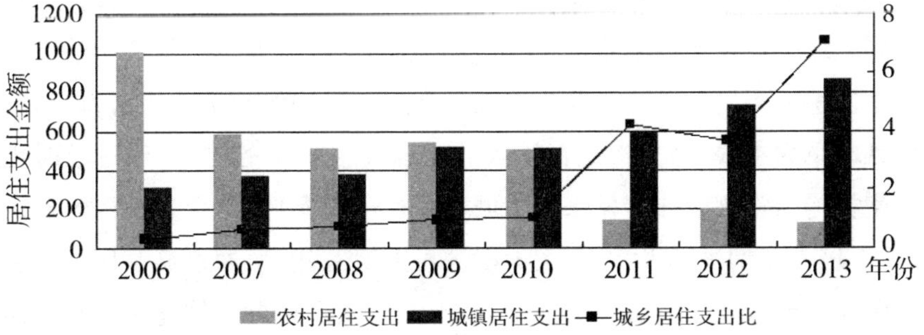

图4.2.2－9　人均城镇和农村居民的居住支出情况

数据来源：国家统计局

第二，教育方面，上级和当地政府不断加大对该领域的投资力度。教育是关乎民族复兴的大事，是影响国民整体素质，决定国民经济发展水平的重要前提，科教兴国战略说明我国对教育事业的重视程度。山南地区在社会各界的帮助和自身的努力下，在教育方面取得了巨大的进步，总体规模不断扩大，办学条件不断改善。湖南、湖北、安徽三省投入资金改善教育基础设施，实施教师援助和培训、成立专项爱心基金等，援藏计划为山南地区的教育事业作出重大贡献，目前在校中小学师生比例接近1∶12，②教育质量明显提高。各层次教育机构协调发展。真正落实九年义务教育管理体制和农村义务教育经费保障机制，以平衡各地区经费

① 山南网 http://sn.xzsnw.com/snkx/62324.html

② 2014年西藏统计年鉴

投入、设施配套和教师配置为目的,优先向环境艰苦、师资力量薄弱的学校倾斜,尽量缩小城乡学校之间的办学差距,全面推进义务教育、普及高中教育、发展职业教育,重视特殊教育。教育事业的成功反哺山南地区的经济,企业可以聘用更优秀的高素质人才,对企业生存和发展起到更大的帮助,同时,社会上对人才的需求层次促使教育的进一步发展,如此形成一个良性循环不断推进山南地区的发展。

第三,医疗卫生方面,健康是所有可能的前提,与每个人的生活息息相关,从而关系到社会稳定。医疗卫生的建设水平由当地经济、教育、交通等多方面因素共同决定,其中高水平教育能为医疗卫生机构输送专业技术人才,改进医治方法,达到提高医疗卫生水平的目的。地区内外的专家常就某些疑难点进行交流讨论,甚至共同完成一项创造性的手术,经济和交通的发展程度就必然会影响上述情况是否能够发生。山南地区为了让当地人民享有基本的医疗卫生服务,以深化医疗卫生体制改革为主线,努力构建百姓满意的医疗卫生服务体系,通过及时更新与补充卫生机构内常规医疗器械来改善城乡医疗硬件条件,结合本土医学和现代医学,致力于培养新型医学人才,并大力推进村卫生院建设,通过城镇医疗和新型农村合作医疗为患者及家庭减轻负担,同时也实现城乡社会一体化在医疗卫生领域的计划。截至2013年底,山南地区医疗卫生机构共有174个,床位数1044张,基本上缓解了群众看病难的问题。①

第四,文化方面,文化是民族之魂,民族的生存和发展都必须依靠文化品牌和文化产业带来的集合力量。山南地区拥有珍贵的藏源文化,承担着传承非物质文化遗产、弘扬中华民族优秀传统的使命。自2012年起,山南地区于每年的8月中旬举办雅砻文化节,向世人展示具有典型地域、民族风情的歌舞、藏戏和手工艺术等非遗藏文化,努力呈现山南地区的繁荣文化,藏源文化的品牌力量逐渐为当地经济社会发展搭建起招商引资的平台。② 当地文化局着力提升公共文化服务体系建设水平,以积极完善文化四大体系、强化资源共享为目标,基本上形成了地区、县、乡镇、村全方位配套的公共文化基础设施网络体系,构建了网络信息、数字文化的公共资源共享平台,文化节和民间演出的发展健全了山南文化要素的支撑

① 2014年西藏统计年鉴

② http://yalong.xzsnw.com/ylwhjdt/82396.html

体系和综合服务体系，并从根本上完善文化体制，确保文化产业健康、有活力地发展。①

公共服务及基础设施建设方面。社会事业建设的目的在于更好地为城乡居民提供公共服务，而公共安全是所有活动的前提。山南地区处在边界线上，容易受到境内外不安定因素的影响进而招致更恶劣的局面。因此，国家及当地政府从维护民族团结和社会稳定出发，通过投入使山南地区逐渐形成监督、预警、应急全面的安全保障体系。当世界上的绝大多数地区和国家都在享受科技进步带来的兴奋和喜悦时，“无电”却一直困扰着山南城乡居民尤其是偏远农村居民的生活。“十二五”期间，山南地区继续完善供电系统建设，新建变电站 18 座，改造变电站 1 座，并在四个县内进行农网改造升级，提高全地区的通电率至 94.3%。②

（四）城乡生态一体化

从生态系统的结构性特征来看，城市生态系统是一元的人工生态经济系统，以人的经济和社会属性为核心，所有的行为和活动都高密度的聚集以实现利益目标；而农村生态系统是多元的生态系统，人的生态行为需要和其他自然生态行为更多地融合在一起，淡化对经济和社会行为的从属性，强化自然的生态观念。③因此城市生态系统是“低能”型的生态系统，反而表现出对农业生态系统更大的依赖性。④ 城乡生态一体化就是以经济社会和环境协调发展、人与自然和谐共存为基本理念，将城市与农村的生态环境纳入到一个系统当中考虑、集中治理，从根本上拒绝以不友好的环境开发为代价的经济增长，积极打造绿色产业，逐渐恢复健康生态环境的发展方式。

良好的生态环境是经济发展、社会生活的保障，当地经济的不断发展给环境带来了过重的负担，原本脆弱的生态环境遭到破坏，进而抑制经济社会的进一步发展。城乡生态一体化是包括城乡基础设施、环境保护、居民生活方式三个方面

① http://sn.xzsnw.com/snkx/91079.html
② 山南网 http://sn.xzsnw.com/snkx/66580.html
③ 王艳萍．城乡一体化建设中的城乡信息共享机制研究［M］北京，经济管理出版社，2013(11):54－60.
④ 傅政德．城乡生态一体化发展战略与农业现代化［J］．农业现代化研究，1989,(3):1－4.

的内容。① 山南地区通过强化环境监测站的软硬件配套设施,顺利通过计量认证,彻底摆脱过去无法独立进行环境监测、控制和管理的局面,为山南地区的城乡环境监测提供了基本的保障。② 2014 年山南地区建成泽当镇的污水处理厂及配套网管工程,成为西藏的第三座城市污水处理厂,进一步改善沿江水质、完善城市功能,并在 2015 年实施"美好家园建设工程",集中化处理生活垃圾、医疗废弃物、污水及回收,同时继续推进城市绿化带工程。③

4.2.3 山南地区城乡一体化发展面临的问题

可以看出,山南地区在城乡空间、经济、社会和生态一体化建设中取得了令人可喜的成果,城乡信息交流更加频繁,经济总量急剧增加同时城乡收入差距不断缩小,在社会保障、教育、医疗等公共服务领域向农村地区倾斜,注重生态环境治理和保护。通过对目前城乡发展一体化的现状剖析,可以发现山南地区在今后的发展过程中还会面临一些问题,具体表现在城乡一体化过程相对漫长、产业结构难以进一步优化、财政资金投入结构"反常态"、矿产、自然资源和文化的危机四个方面。

(一)城乡一体化进程相对漫长

2004 - 2013 年山南地区的生产总值在西藏自治区中占比 10% 左右(如图 4.2.3 - 1),在最近几年略高于西藏地区的总体增长水平,在整个西藏经济发展中处于相对靠前的位置。从地理分布上可以发现,山南地区毗邻拉萨,横穿雅鲁藏布江,具有得天独厚的天然资源,另外有 5 个县为边境县,其地区发展在维持政治和社会稳定方面有重要作用。而一江两河流域是维系山南经济、社会和文化的重要区域,具有优厚的自然资源和气候条件,是带动各邻近地区发展的重点区域。截至 2010 年,山南地区沿江七县的经济总量超过边境五县的四倍多,④表明在山南地区的资源分布不均,地区间存在较明显的区域经济二元结构。部分地区在经济社会发展中受到地理位置偏远、交通闭塞等不利条件的限制,从而阻碍经济发

① 倪楠. 中国城乡经济社会一体化的历史演进研究[D]. 西北大学,2013.
② http://sn. xzsnw. com/snkx/83532. html
③ http://sn. xzsnw. com/snkx/93985. html
④ 山南地区十二五规划纲要

展、文化交流,所以依靠局部地区的经济发展带动周边地区会成为山南地区城乡发展一体化的重要途径。因此,在今后较长一段时间,山南地区间的发展差距还会持续增大,城乡一体化进程也会持续更长的时间。

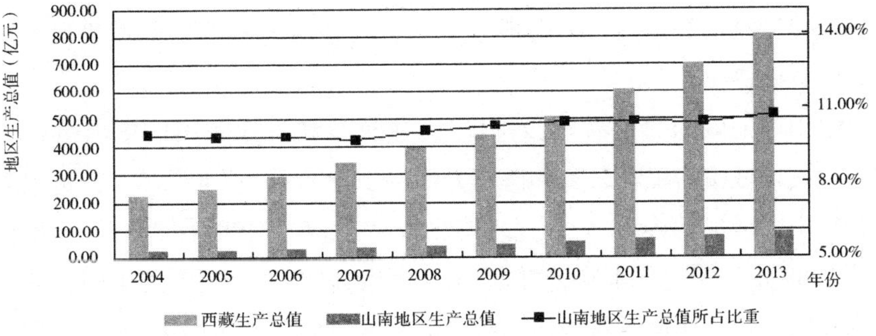

图4.2.3-1 山南地区与西藏生产总值的比较

数据来源:国家统计局

(二)产业结构难以进一步优化

从山南地区三大产业的比重及发展趋势来看,当地尚未形成支撑产业。第二产业的比重不断增加,甚至有赶超第三产业之势,表明当地工业化进程取得了很大的成就,但当地大多是以消耗资源为依托的工业发展模式,附加值低、环境负荷大,仍处于工业发展的初级阶段。第一产业增长相对缓慢,正好反映出当地的工业发展水平仍然有限,还不能形成工业反哺农牧业的发展格局,同时在转变农业发展方式、推进农村经济及农业科技成果转化中有一些难度。国家统计局在关于第三产业的统计报告中指出第三产业包括流通业和服务业,是生产力提高和社会进步的必然结果,是能够同时带动经济增长和扩大就业的高质量产业。从山南地区三大产业的分布上看,并没有体现出大力发展第三产业的趋势,反而有所下降。

除了未形成支柱产业和经济规模,当地产业的进一步转型升级也相当困难。目前山南地区的经济建设还处于集中力量提高经济总量的环节,三大产业孤立发展,其中第二产业多集中在小规模的矿产、水泥等传统产业,而科技含量高的医药等产业只占很小的比重,整体工业的竞争能力不强,造成农业商品化率低,工业化程度低,流通和服务业难以进一步发展的局面。

(三)财政资金投入结构“反常态”

长期以来,由于城镇经济和社会发展的需要,财政资金过度向城镇地区倾斜,城镇在各种资源优势的推动下获得迅猛发展,导致城乡间的差距逐渐增大。随着国家和社会对“三农”问题的不断重视,加大了对农村地区的财政投入,农村经济、社会事业得以复苏和发展。山南地区尤其在公共服务和基础设施建设等领域有了较大的突破。

由于山南地区的数据有限,农村居民在教育和医疗费用的支出情况无法获得。通过人均城镇居民在教育和医疗方面的支出情况(图 4.2.3 – 2)可以看出教育消费有不断增加的势头,但只占总消费的 4% 左右,比例仍然较低。而医疗支出比重从 2009 年开始逐年下降,这体现出在山南地区,城镇医疗卫生服务体系的发展是卓有成效的。假设农村地区的医疗消费支出低于城镇的消费支出,则可以推算出农村居民在总消费中的比重低于城乡支出比和人均城镇医疗消费支出占总消费支出比重的乘积,发现农村地区的医疗费用占比远远高于城镇地区。在居住方面,城乡差距越来越大,出现了城镇居民越来越高于农村地区的反常态现象。因此,在以后的山南地区社会一体化建设中,财政投入可能会越来越多,但是长期的向农村地区的政策倾斜是不合理的,会助长农村经济和社会靠“救助”的依赖性,同时呈现出城乡发展的不公平性。一旦达到城乡经济、社会建设的平衡点,农村和城镇地区就会形成新的矛盾阻碍经济发展、社会进步。

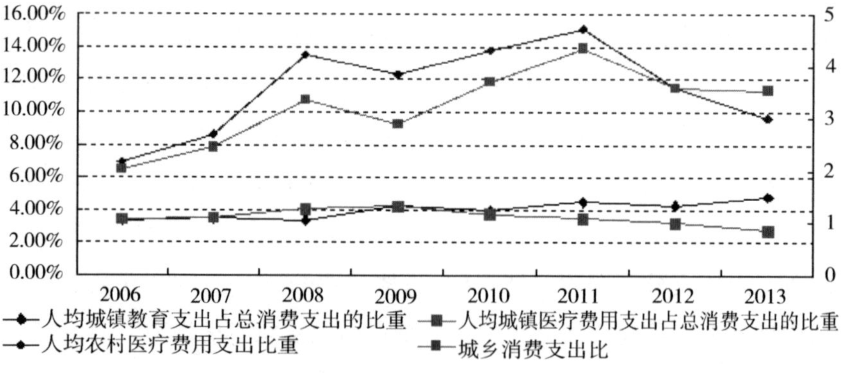

图 4.2.3 – 2 人均城镇居民在教育和医疗方面的支出情况

数据资料:国家统计局

(四)矿产、自然资源和文化的危机

山南地区急于发展当地经济、改善民生,大多数产业依附于当地自然、矿产等资源开发,严重影响当地的生态环境,特别是在地质条件敏感的一江两河流域,长年累月的大规模综合开发推进了当地经济建设和社会发展,同时由于忽略了对环境的保护,导致当地生态环境严重恶化,出现土地盐碱化、风化等不同程度的沙漠化。虽然在后来的发展过程中,已经意识到保护生态环境的重要性,但大都是采取先破坏后修补的方式,没有形成完整的保护体系,特别是在一元生态系统的城镇地区。在民族文化资源方面,山南地区除了拥有大量的矿产资源、珍稀的药材资源、历史文物等有形资源之外,还有更多需要传承和弘扬的语言、文字、风俗、民间艺术等民族特色文化,随着当地经济社会的开放,山南地区文化受到来自外界环境的冲击,从而可能导致山南地区文化被冲淡或淹没,产生民族文化危机。

4.2.4　山南地区城乡一体化所遇问题的对策分析

山南地区处于国家的边防要塞,稳定是第一要务,整个地区的经济和社会发展与稳定息息相关,但只有先发展边境地区的经济才能壮大城乡基础设施建设的支撑。城乡一体化是一个复杂而漫长的动态过程,在发展过程中必然会出现不同程度的问题,山南地区需要结合实际情况,加快经济发展方式转变,推动产业联动发展;加强城乡基础设施建设,引进专业技术人才,构建完整的生态环境和民族文化资源保护体系,坚持城乡一体化发展的道路以不断推进山南地区的发展。

(一)加快经济发展方式转变,推动产业联动发展

科技创新带来的技术进步能够创造出真实的经济价值,消费技术不仅不会带来技术的耗损反倒会实现价值增值,这是因为技术进步替代了部分包括原材料、劳动力等在内的资源消耗,大大提升了资源利用的效率。工业生产如果集中在产品价值链的中下游,低附加值、低技术含量的产品生产就会严重降低各种投入资源的使用效率。山南地区目前大多是以消耗当地资源及简单加工进行商品交易为方式,成交量小且生产总值低,走的是粗放型的经济发展方式。显然,这不能实现山南经济的可持续发展,需要改走集约化的发展路线,在产品中加入更多的创新技术,提高产品的附加值,发挥创新的杠杆效用。只有工业达到了一定的发展水平,才能够带动农牧业发展,实现更多的劳动就业和更高水平的社会保障,彻底

摆脱目前的经济发展困局。

山南地区还需要进一步完善城乡产业发展,合理进行产业布局,寻找最优的支柱型产业,进行技术改造,淘汰落后产能,积极推动节能减排、绿色高附加值的生态产业。同时城乡经济是一个系统,分散的产业并不能够形成集聚效应,因此需要强化当地城乡产业的联动发展,以工业化推进农业规模化和产业化,以现代农业的发展促进二、三产业的升级,以现代服务业的发展推进产业融合,把提高产业集中度作为结构调整的重点。

(二)平衡城乡公共服务和基础设施投入

城乡基础设施建设是关乎民生基本物质需要,是一切企业生产和社会经济发展的前提。山南地区基本上完成了人民生活所必需的基础设施建设项目,如农网改造、公路、通信、水利、保障性住房等,满足了当地居民进行社会生产和经济建设的最基本需要。马斯洛需求层次理论表明,需要是分为不同的等级的,从最基本的生理需要会上升至安全需要、情感和归属需要、尊重需要和自我实现需要。因此,仅仅致力于满足当地人最底层的需要是远远不够的,需要从完整的目标体系出发,加强城乡基础设施建设,创建可持续的社会发展模式。未来城乡社会一体化建设过程中,需要平衡城乡间的社会公共服务,适度地向农村地区倾斜,兼顾城镇地区的发展,合理分布资金投入结构,着力完善相关的城乡公共服务基础设施体系建设。

(三)集中力量引进专业技术人才

一个地区的经济社会发展必然伴随着资源的消耗,这些资源既包括原材料、机器设备、能源、资金,还包括劳动力,特别是以脑力劳动为主的高级技术型和管理型人才资源。山南地区由于过去发展水平的限制,在教育、医疗卫生、农业技术、管理等方面严重缺乏人才,随着当地经济社会建设的不断深入,需要大量的相关人力资源,带领人才队伍进一步推进山南建设。山南地区的地理位置相对比较偏远,总体经济发展水平偏低,在引进高层次人才时可能会遇到各种困难。因此,需要集中力量考虑引进专业技术型人才的相关要求和报酬,从其他方面吸引专业技术人才。

(四)构建完整的生态环境和民族文化资源保护体系

环境是人类赖以生存的物质条件,而民族文化资源是必不可少的精神支撑。

过度开发带来的生态破坏和资源遗失会给经济社会带来毁灭性的打击。山南地区处在经济建设的发展阶段,容易做出以环境换取经济发展的行为,这种不可持续的经济发展方式显然是错误的。在经济发展的同时考虑生态环境建设,积极采用封山育林、退耕还林、植树造林等多种途径优化生态建设,摒弃“先污染,后治理”的传统发展模式,坚持资源的合理利用与保护并行,构建新型的生态环境保护体系。此外,山南地区的民族文化是灿烂的遗产,具有宝贵的研究价值和收藏价值,从源远流长的文化传承中留存下来的民族艺术还可以创造经济收益,推动地区经济健康、协调发展。

(五)坚持城乡一体化发展

城乡一体化理论是从实践中抽象出来的,城乡二元结构的发展模式是不能可持续发展的,统筹城乡经济、社会等各方面的发展模式才能实现协同发展。城乡一体化涉及地区发展的方方面面,必然会导致发展水平不一致,特别是对于山南地区地理位置相对偏远的农村地区,受到传统农牧区作业方式的束缚,难以形成与时俱进的农牧业生产方式,从而制约经济社会的整体发展。所以在后期的发展过程中,还要继续走城乡一体化发展之路,加强和周边地区的经济、社会、文化互动。尤其关注农村问题,从政策上展开产业扶持,加强农村基础设施和公共服务建设,通过关注农村建设带动农民创收增收,减小城乡之间的差距,维持边境地区的稳定和发展。

4.3 日喀则市城乡一体化建设案例分析

为了促进西藏地区的改革发展和稳定,2014 年 6 月 26 日,国务院批复撤销日喀则地区,设立地级日喀则市,成为继拉萨之后西藏的第二个地级市,本研究选取撤地建市后的日喀则进行分析具有一定的必要性。

(1)日喀则市拥有悠久的历史和丰富的文化底蕴,是西藏的农牧产业大市、人力资源大市、矿产资源大市、旅游文化大市和边境贸易大市,同时也是西藏的第二大城市,其市镇人口已经达到了 10 万以上,而西藏自治区市镇人口超过 10 万的只有拉萨市和日喀则市 2 个。

(2)日喀则市地域辽阔,资源丰富,被誉为西藏的粮仓,是西藏重要的商品粮基地,耕地面积125万亩,占西藏自治区的1/3,粮油产量占西藏自治区的40%左右,向国家交售的商品粮占西藏自治区的50% -70%,粮油生产总量居西藏自治区第一位。

(3)国家"一带一路"战略为西藏的跨越发展带来了重要的机遇,而日喀则市是西藏边境线最长的地区,而且是中国与南亚的战略枢纽城市,西藏自治区90%的边境贸易是在日喀则的各大开放口岸进行的。

日喀则市在城镇化建设方面的潜力巨大,通过自身的发展可以带动周围其他地市的协同发展。因此本研究选择对日喀则市城乡一体化进行研究,不仅有利于日喀则市城乡一体化的发展,而且对整个西藏的协调发展具有一定的理论意义和现实意义。

4.3.1　日喀则市基本概况

日喀则市辖1市17县(其中边境县9个)和一个县级口岸办事处,共有203个乡镇,1748个村,区域面积18.2万平方千米,其中耕地面积125万亩,总人口72万。日喀则建城已有600多年的历史,是西藏的第二大城市,曾是后藏的政教中心,而且是历代班禅的驻锡之地。目前,日喀则市城镇化率达到了21.35%,城镇人口达15.96万人。2013年,日喀则市生产总值达到了128.58亿元;同比增加13.34亿元,增长了11.58%,其中农林牧渔业总产值为35.76亿元,同比增长3.7%。在2013年全区各地市国民经济主要指标排位中,日喀则市农林牧渔总值排第一位。日喀则市传统的农区,农牧业是国民经济的基础和支柱产业,主要农作物有青稞、春小麦、冬小麦、油菜、豆类等。另外还有丰富的植物资源、动物资源、渔业资源、矿产资源以及太阳能资源,其粮食产量占西藏的40%,商品粮占整个西藏自治区的60%以上,畜牧业总量在西藏各地市中排在第二位,也因此被称为西藏的粮仓。近些年,日喀则市积极推进城镇基础设施建设,提高城市化建设水平,增强城市的集聚、辐射和承载能力,更多的发展中心城区的辐射作用。在民生方面,2013年,日喀则市投资5.01亿元,完成农村人居环境综合整治项目327个、农牧民安居工程11904户、30多个村整村推进工程,投资1.74亿元,解决5.32万人、293座寺庙的饮水安全问题;投资3.23亿元,电力入户4338户,解决33个乡镇、148 个建制村的通畅和 58 个建制村、120 座寺庙的通达问题；建成农村户用沼气池 9221 座；完成各类人造林 22.7 万亩。日喀则广播电视“户户通”项目快速实施，完成任务 2.66 万户，广播、电视综合覆盖率分别达到 97.94%、96.09%。在 2013 年日喀则市投入 4600 万元用于萨迦古城、萨嘎西部驿站和岗巴县的整体城镇化建设。日喀则市在城乡一体化建设上，不断调整经济与产业结构，并结合各乡镇所具有的独特资源优势，不断地去探索寻求一条可持续发展的道路，以此来改善城市和农村居民的生活水平，依托“两线”优势，打造具有日喀则市特色的新型城镇化格局。“两线”即依托国道 318、省道 204 的交通便利条件，对沿途的乡镇进行“净化、绿化、亮化、美化、硬化、规范化”工作，塑造乡镇新的形象。同时依托本地独特的资源优势相应的实施产业结构调整，转变经济的发展方式，促进该地区的经济发展。目前基本建成了以县所在地为支点、沿公路干线和边境一线及部分重点镇为网点的城镇体系，萨迦古城、萨嘎西部驿站等具有特色的城镇化发展布局，桑珠孜区则成为国家新型城镇化综合试点区。

4.3.2　日喀则市城乡差异分析和综合评价

(一)城乡差异化分析

(1)城乡发展水平的差异

由于受历史、自然、地理条件等因素的影响，日喀则市整体的发展水平并不高，为了分析日喀则市城乡的经济发展水平，本研究用日喀则市第一产业的产值来表示农村 GDP，用日喀则第二、三产业产值来表示城市 GDP，通过收集数据得出日喀则市近几年的城乡发展情况如图 4－13 所示

表 4－7　日喀则市城乡经济发展水平表　单位：亿元

年份	地区总产值	城市 GDP	农村 GDP
2004	39.15	26.22	12.93
2005	44.07	30	14.07
2006	50.51	35.63	14.88

续表

年份	地区总产值	城市 GDP	农村 GDP
2007	58.88	31.62	16.24
2008	67.33	48.82	18.51
2009	75.51	56.03	19.48
2010	86.4	65.73	20.67
2011	103.91	81.35	22.56
2012	115.24	90.79	24.45
2013	128.58	102.34	26.14

数据来源:《西藏统计年鉴》(2004～2013)

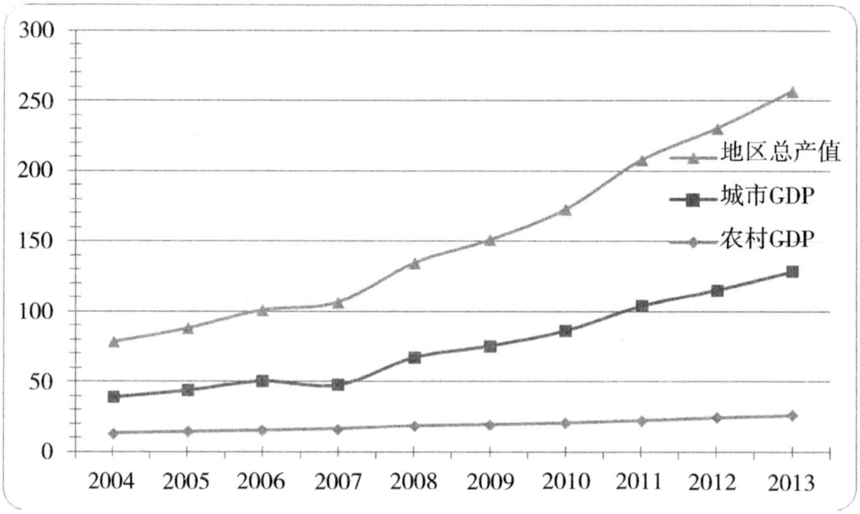

图 4－13　日喀则市城乡经济发展水平图单位:亿元

由图 4－13 可以看出 2004－2013 年,日喀则市城乡经济发展总量有显著的上升,城乡的经济发展水平也在不断提高,农村 GDP 从 2004 年的 12.93 亿元到 2013 年的 26.14 亿元,增加了 102.1%,平均每年增长 10.21%;城市 GDP 从 2004 年的 26.22 亿元到 2013 年的 102.34 亿元,增加了 290.3%,平均每年增长 29.03%。从趋势上看,日喀则市城市和农村经济发展的趋势基本相同,在 2004 年,城市 GDP

和农村 GDP 还是比较接近。但是 2007 年以后，城市开始迅速的发展，城市 GDP 开始迅速的增长，而农村 GDP 的增长速度却相对缓慢。以 2013 年为例，城市 GDP 增长率为 12.72%，而同期农村 GDP 增长率仅为 6.91%。

(2)城乡固定资产投入的差异

我们研究了 2006－2013 年日喀则市全社会固定资产投资的情况，具体的情况见表 4－8：

表 4－8　日喀则市全社会固定资产投资总额情况　单元：万元

年份（年）	全区固定资产投资总额（万元）	城市固定资产投资总额（万元）	农村固定资产投资总额（万元）
2006	420002	366000	54002
2007	461059	385222	75837
2008	497453	390221	107232
2009	534661	423567	111094
2010	613920	515116	98804
2011	797004	527812	269192
2012	933877	624385	309492
2013	1068302	718605	349697

数据来源：《西藏统计年鉴》(2006～2013)

将所收集到的 2006－2013 年日喀则市全社会固定资产投资数据绘成折线图见图 4－14：

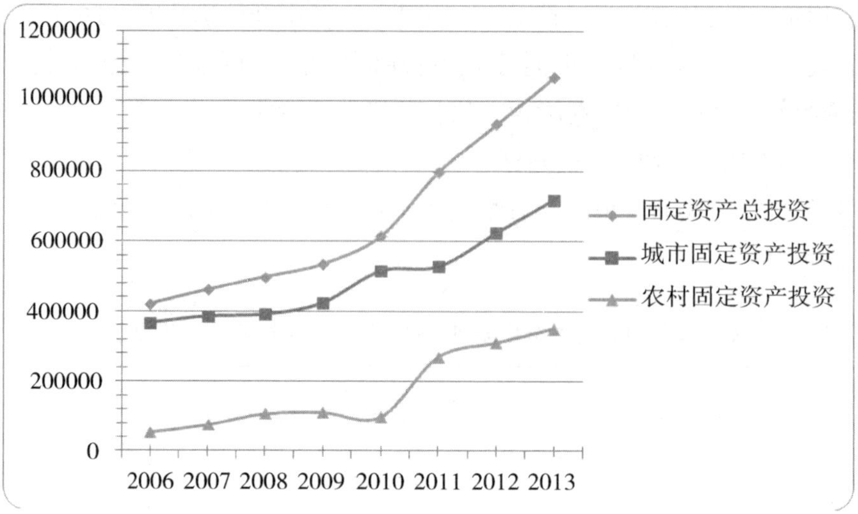

图 4－14　日喀则市全社会固定资产投资总额对比折线图

由图 4－14 可以看出 2006－2013 年日喀则市全社会的固定资产投资总额总体呈稳步的增长趋势，相比之下，农村全社会固定资产投资的增长幅度要高于城市的增长速度。由表 4－8 可以看出 2006 年的投资总额为 420002 万元，其中有 366000 万元用在了城镇投资上，占投资总额的 87.14%，2013 年固定资产投资总额为 1068302 万元，其中有 718605 万元用于城镇投资上，占总投资额的 67.27%。从总的趋势来看，城镇的投资比重有一定的下降，而对农村的投资则由 2006 年的 54002 万元增加到了 349697 万元，增加了 295695 万元，相比 2006 年翻了将近 7 倍，而农村的投资额也是达到了历史的新高 349697 万元，说明日喀则市有一定的政策倾斜，以不断加大对农村的投入，进而缩小城乡之间的差异，另外这与国家的政策导向和日喀则市快速的城镇化建设有很大的关系。

(3)城乡居民收入的差异分析

城乡居民的收入差异是城乡差距最经典的指标之一，随着日喀则市经济的发展，城乡居民的收入都有了大幅提升，但是城镇居民的人均收入增长明显地高于农村居民人均收入的增长点，城乡居民收入的差距越来越大，并有不断扩大的趋势。

表 4 –9　日喀则市城乡居民人均收入对比表

年份（年）	农村居民人均收入（元）	城市人均纯收入（元）	城乡居民人均收入差（元）	城乡居民人均收入比
2006	2215	9071	6856	4.095260
2007	2534	10782	8248	4.2549
2008	2881	12660	9779	4.3943
2009	3203	14239	11036	4.4455
2010	3750	15765	12015	4.2040
2011	4473	17880	13407	3.9973
2012	5165	19785	14620	3.8306
2013	6027	22200	16173	3.6834

数据来源:《西藏统计年鉴》(2006 ~2013)

日喀则市的城乡居民人均收入数据见表 4 –9,做成折线图见图 4 –15:

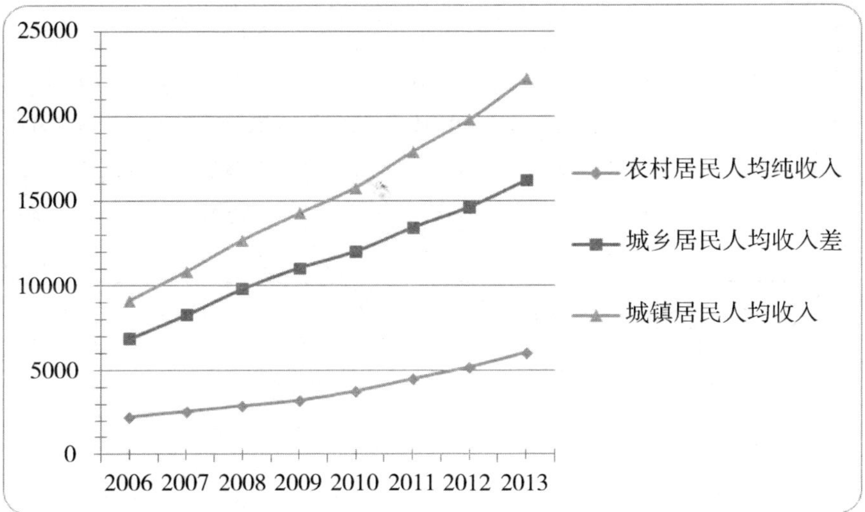

图 4 –15　日喀则市城乡居民人均收入对比折线图

表 4 –9 可见,2006 –2013 年,日喀则市城乡居民人均收入都呈平稳增长趋势,农村居民人均收入由 2006 年的 2215 元增加到 2013 年的 6027 元,增长了近 3

倍,平均每年增速为 15.37%;城镇居民人均纯收入由 2006 年的 9071 元增加到 2013 年的 22200 元,增长了将近 3 倍,平均每年增长 13.64%,可以看出,农村居民人均纯收入的增长速度高于城镇居民人均收入的增长速度,然而从图 4-15 中可以看出,城乡居民的收入差距由 2006 年的 6856 元扩大到了 2013 年的 16173 元,从表 4-9 可以看出,城乡居民的收入比总体呈减小的趋势、因此,随着经济的发展,日喀则市城乡居民收入的差距有进一步缩小的趋势。

(4)日喀则市城乡消费差异分析

随着居民收入的提高,近几年日喀则市城乡居民的消费质量也得到了很大的提高,但是城乡居民消费的差距还是很大,而且存在很多不合理的问题。

表 4-10　日喀则城乡居民人均消费对比表

年份	农村居民人均消费(元)	城市居民人均消费(元)	城乡居民人均消费差(元)	城乡居民人均消费比
2006	1749	6086	4337	3.479703
2007	2051	6888	4837	3.3584
2008	2041	7742	5701	3.7932
2009	2269	8916	6647	3.9295
2010	2564	9704	7140	3.7847
2011	2893	10631	7738	3.6747
2012	3153	11458	8305	3.6340
2013	3532	12389	8857	3.5076

数据来源:《西藏统计年鉴》(2006~2013)

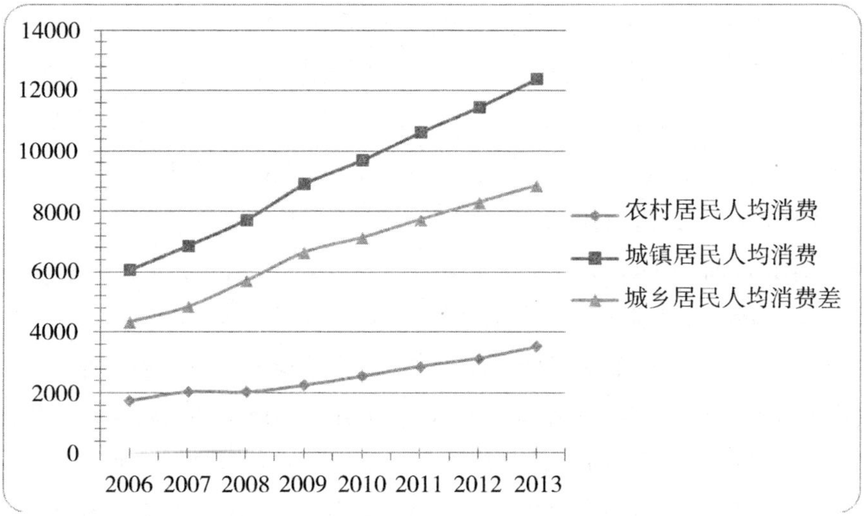

图4-16 日喀则市城乡居民人均消费对比折线图

笔者将日喀则市的城乡人均消费数据录入表格4-10,并做成折线图,如图4-16,可以看出,2006-2013年,城乡居民的人均消费支出越来越高,日喀则市城镇居民的人均消费由2006年的6086元提高到了2013年的12389元,提高了约2倍,平均每年增加10.87%,农村居民人均消费由2006年的1749元提高到了2013年的3532元,提高了约2倍,平均每年增加11.90%。可以看出,农村居民人均生活消费支出的增长速度高于城镇居民人均消费的增长速度,然而从图4-16也可以看到,日喀则市城乡居民人均消费的差距也在不断地扩大,由2006年的4337元扩大到了2013年的8857元,差距已经超过了两倍。由此也可以看出,日喀则市城乡居民消费的差异和收入差异的变动趋势是一致的,未来有进一步扩大的趋势。

(5)城乡公共服务的差距

县域经济之所以引起重视和关注,是因为县域经济的差异性,更多的资金投入到了城镇的建设上,农村社会事业的投入却很少。自农村税费改革以来,农民负担减少了许多,但县乡的财力毕竟有限,基层财政基本上只够工资与维持公用经费两方面,部分乡镇政府财政更是入不敷出,村级的收入几乎为零,基层组织的工作基本上无法开展,出现了很大的困难。日喀则市在农村基础设施建设、医疗卫生、文化、教育、通信信息、广播电视等农村社会事业等方面的投入都是相当不足的。经调查发现,有好多边远地区的学校教师缺乏严重,而且这是一个普遍现象;另外农村社会保障体系很不健全,医疗卫生条件差医务水平相对低下。截至2013年,日喀则市各种医疗机构总共有326家,床位有2549张,从业人员总共有2756人,其中有职业医师资格的总共1506人(助理职业医师957人,职业医师549人)注册护士404人,药剂师120人,但是这些资源更多地集中在县市一级,群众很难享有与城镇居民同等的卫生资源。近几年随着我国社会保障制度的不断完善,日喀则市的社会保障水平也得到了很大提升,社会保障体系基本建立,医疗、失业、养老、工伤、生育、低保等社会保障体系已经给市民带来很多好处;但是农村社会保障体系还不够完善,只有部分县区、乡镇开展了低保和农村医疗合作保险,很多县乡还没有建立起来相应的保障体系。城乡经济发展是否平衡,不仅关系着区域经济能否协调发展,更关系着各项措施的可行性与否。无论如何,只有缩小城乡发展的差距,才能实现区域的共同繁荣,最终实现全面小康社会的目标。

通过对日喀则市城乡发展水平、全社会固定资产投资、居民收入和消费、城乡公共服务进行逐项分析,可以看出,日喀则市的城镇化建设已经取得了一定的成效,有了一定的基础,但是城乡经济社会发展的差距依然很大,而且有进一步扩大的趋势,城乡二元化比较明显,因此日喀则市城镇化建设还有很长的一段路要走,可以说是任重而道远。

(二)日喀则城乡一体化的综合评价

为了更好地评价日喀则城乡一体化的水平和特征,在前文对西藏城乡一体化综合评价的基础上,本节运用因子分析法进行实证分析,测度日喀则市城乡一体化发展水平,并对结果进行分析。通过查阅《西藏统计年鉴》,对原始数据进行整理计算后,得到评价指标体系中所需的相应数据,运用SPSS 22.0统计分析软件,采取主成分分析法提取公因子,计算相关系数矩阵的特征值、贡献率、累计贡献率,因子载荷矩阵等,最终求得综合评价值,并按此进行排序。综合考虑前文所建立指标体系和日喀则地区统计数据的可获得性,本部分选取了人均GDP等十个指标来评价日喀则地区的城乡经济发展水平,具体的指标说明见表4-11。

表 4－11 日喀则市城乡经济发展一体化评价指标体系

方面指标		基础指标	指标属性
		X1 人均 GDP(万元)	正
		X2 非农产值与农业产值比	正
	城乡经济总量	X3 城乡全社会固定资产投资比例	逆
	财政投资结构	X4 农村从业人员中非农人员比例	正
	就业水平	X5 城乡居民人均消费比	逆
城乡经济一体化	城乡居民消费	X6 城乡恩格尔系数比	正
	城乡居民收入	X7 城乡居民人均收入比	逆
	市场化水平	X8 城乡居民人均工资收入比	逆
	农业机械化水平	X9 农林牧渔商品产值与农林牧渔总产值之比	正
		X10 农业机械总动力/区域耕地面积	正

由于数据的可获得性,本书选取 2006－2013 年共 7 年的数据,其数据来源于《西藏统计年鉴》,其中日喀则市 2009、2011 和 2012 年的数据缺失,在其他的资料上也未找到该项数据,从已有的趋势来看,日喀则地市区的人口数处在比较明显的增长趋势上,因此用均值填补法对这三年的人口数进行填补,从而得到 2009 年的人口数为 69.71 万人,2011 年是 70.88 万人,2012 年是 71.44 万人。

对部分指标的解释:

人均 GDP、非农产业与农业产值之比、农村从业人员中非农人员比例、城乡居民人均消费比、城乡居民人均收入比、城乡居民人均工资收入比、农业机械总动力与区域耕地面积比七个指标采用如前文所述的含义和计算方法。

X3 城乡全社会固定资产投资比例:财政在城镇和农村固定资产的投入对城乡一体化程度的影响很大,与城乡基础设施建设有很强的相关性,是反映城乡投资结构的最直接指标。因此,本书特选取全社会固定资产在城镇的投入与在农村投入比值反映日喀则市的财政投资结构。

X6 城乡恩格尔系数之比:20 世纪 70 年代中期,联合国粮农组织将恩格尔系数作为评价国家或地区生活水平高低的重要标准之一。恩格尔系数是食品消费额占个人消费支出总额的比重,比重越大,则表明该国家或地区就越穷。通常认为恩格尔系数在0.6及以上为贫困,0.5~0.6为温饱,0.4~0.5为小康,0.3~0.4为富裕。城乡恩格尔系数之比越接近1,说明城乡之间的差距越小,越能实现某一水平上的城乡经济一体化。城乡恩格尔系数之比应当成为测度城乡经济发展一体化的重要指标。

X9 农林牧渔商品产值与农林牧渔总产值之比:该指标反映了第一产业的成果转化水平,能够在一定程度上衡量农业规模化和产业化发展的程度。

在采用主成分分析方法分析之前,由于指标间的属性和量纲不同,不能直接进行计算,需要对原始数据进行变换处理,即指标的同向化和无量纲化。关于具体的处理方法前文已经介绍,此处不再赘述,用SPSS处理得到日喀则市经济数据无量纲化的结果如表4-12:

表4-12 日喀则市经济数据无量纲化后结果

年份	人均GDP	非农产值与农业产值比	城乡全社会固定资产投资比例	农村从业人员非农比例	城乡居民人均消费比
2006	-1.26783	-0.92277	1.11776	1.25097	-0.87281
2007	-0.95958	-1.56879	0.28138	0.21844	-1.51261
2008	-0.66626	-0.57197	-0.42825	-1.65162	0.78039
2009	-0.37293	-0.22724	-0.34271	-1.15133	1.49878
2010	0.01974	0.21117	0.34734	-0.02940	0.73543
2011	0.66163	0.82612	-1.25499	0.88647	0.15553
2012	1.05920	0.98110	1.48804	-0.22746	-0.05924
2013	1.52603	1.27239	-1.20858	0.70392	-0.72548

年份	城乡恩格尔系数比	城乡居民人均收入比	城乡居民人均工资收入比	农林牧渔商品产值与农林牧渔总产值之比	农业机械化水平
2006	-0.75308	-0.06727	-1.72850	-1.60657	-1.28354

续表

年份	城乡恩格尔系数比	城乡居民人均收入比	城乡居民人均工资收入比	农林牧渔商品产值与农林牧渔总产值之比	农业机械化水平
2007	0. 82740	0. 53250	-0. 87887	-1. 32659	-0. 81765
2008	1. 50209	1. 05603	0. 92616	0. 11043	-0. 73304
2009	0. 93945	1. 24840	0. 62909	0. 81454	-0. 62237
2010	-0. 31523	0. 34119	0. 68748	1. 34236	0. 46942
2011	-1. 48035	-0. 43517	0. 90393	0. 11013	0. 46428
2012	-0. 53225	-1. 06144	0. 25532	0. 36430	0. 99607
2013	-0. 18804	-1. 61424	-0. 79462	0. 19141	1. 52684

(1)按照最大特征值的方法提取公因子,结果如表4-13,可以看出前三个公因子的累计方差贡献率达到89. 184%,说明这三个公因子反映了10个指标的大部分信息,完全可以用来评价日喀则市的城乡一体化水平。由此可以计算出所提取的三个主成分的方差贡献率分别为42. 823%、35. 145%、11. 217%。

表4-13　解释的总方差

成分	初始特征值			旋转平方和载入		
	合计	方差的%	累积%	合计	方差的%	累积%
1	4. 371	43. 714	43. 714	4. 282	42. 823	42. 823
2	3. 651	36. 507	80. 221	3. 514	35. 145	77. 967
3	0. 896	8. 963	89. 184	1. 122	11. 217	89. 184
4	0. 729	7. 292	96. 476			
5	0. 197	1. 968	99. 445			
6	0. 144	1. 442	99. 886			
7	0. 011	0. 114	100. 000			
8	3. 574 E-16	3. 574 E-15	100. 000			

续表

成分	初始特征值			旋转平方和载入		
	合计	方差的%	累积%	合计	方差的%	累积%
9	4.136 E-17	4.136 E-16	100.000			
10	-1.613 E-16	-1.613 E-15	100.000			

(2)利用SPSS计算公因子成分矩阵,从表4-14可以看出各公因子所包括的变量不是太明显,其真实的意义不太明显,因此要进一步旋转。

(3)用SPSS统计软件得出各公因子的成分得分矩阵,如表4-16,由此可以算出各公因子的得分。

表4-16 成分得分矩阵

	成分		
	1	2	3
X1	0.205	0.028	0.104
X2	0.221	0.080	-0.019
X3	0.072	0.137	-0.957
X4	0.102	-0.231	0.007
X5	0.004	0.294	-0.151
X6	-0.200	0.048	0.290
X7	-0.207	0.118	0.024
X8	0.025	0.254	0.001
X9	0.110	0.268	-0.126
X10	0.212	0.035	0.045

(4)按照各因子对应的方差贡献率除以总的方差贡献率作为权重,计算出日喀则市城乡一体化的综合得分(F)即

$F = W_1F_1 + W_2F_1 + W_3F_3$

其中，$W_1 = 42.823\%/89.184\%$，$W_2 = 35.145\%/89.184\%$，$W_3 = 11.217\%/89.184\%$。

把权重和成分得分系数代入就可以得出日喀则市城乡一体化的综合得分，计算结果如表 4 - 17

表 4 - 17　日喀则市城乡一体化的综合得分

年份	各公因子得分及综合指数得分			
	公因子 1	公因子 2	公因子 3	综合得分
2006	-0.58676	-1.68756	-1.12053	-1.087696
2007	-1.12387	-1.25854	0.272866	-1.001281
2008	-1.09829	0.794023	0.636987	-0.134339
2009	-0.73571	1.069574	0.231524	0.097347
2010	0.33245	0.947059	-0.67617	0.447796
2011	0.83818	-0.01123	0.805034	0.499289
2012	1.101451	0.569986	-1.50584	0.564099
2013	1.27255	-0.4233	1.35614	0.614788

为更直观地反映日喀则城乡一体化水平，将综合得分在折线图中进行表示，如图 4 - 17：

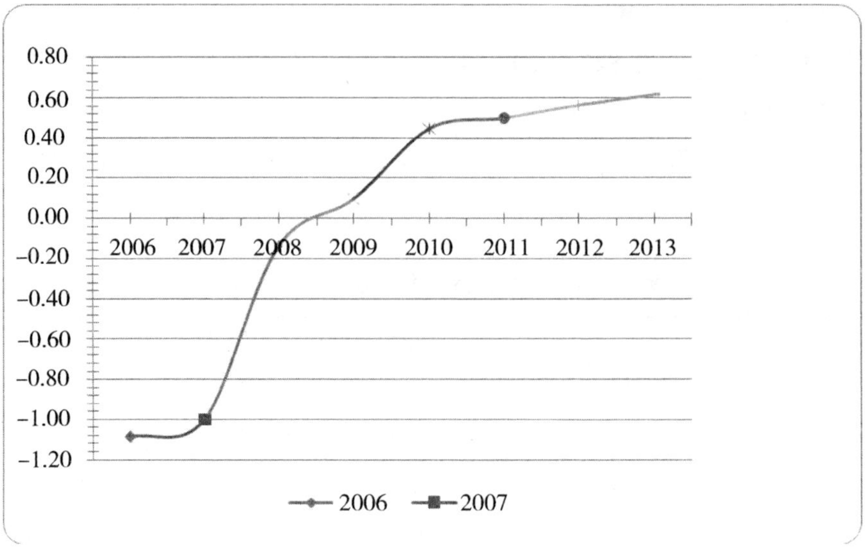

图 4－17 日喀则市城乡一体化综合评价指数

从图 4－17 可以看出,日喀则市城乡一体化的发展从 2006 年到 2013 年呈稳定发展的态势,在 2007－2008 年与 2008－2010 年的发展速度比较快,在 2010 年后的发展速度趋向于平缓,日喀则市城乡一体化水平整体呈向上的趋势,城市化的水平在不断地提高,城乡居民的收入在不断地提高,城乡一体化的发展也在不断地加快,综合评价的结果基本上和日喀则市城乡发展的实际情况相吻合。

4.3.3 日喀则市城乡一体化建设所面临的问题

在这些年的经济发展过程中,日喀则市农牧民的生活水平得到了很大的提高,城镇化的建设也取得了一定的成绩,但在城乡一体化建设方面仍然面临一些问题,主要有以下几个方面:

(一)撤地建市后整个市的发展规划问题

撤地建市,是日喀则市全面深化改革的重要一步,对日喀则市来说具有重大的意义。设立地级市后,将在组织机构、人员编制、行政权限上更加完善,日喀则市对本地区的发展将有一定的自主决策权,干部和群众进行城市建设的积极性也得到很大提高,同时城市的综合调控能力和地区统筹发展的能力都会得到进一步的提升。然而对站在新起点上的日喀则市而言,撤地建市后很多现实的问题需要去解决:①组织机构需要进一步完善;②市与区县的矛盾比较大,由于市县的发展差距比较大,再加上体制的改革,市与区县的矛盾是撤地建市后面对的一个很大的问题;③在进行规划和建设的时候要考虑到民族地区的文化和本地的特色;④由于日喀则市城镇化建设起步比较晚,发展经验不足,再加上自身的一些历史原因和文化因素,撤地建市后整市的总体战略规划问题是日喀则市亟须解决的问题。

(二)农业发展和保障农业供给的问题

粮食是一个地区的战略物资,是该地区人民生活的必需品,因此要把农业发展放在经济工作的首位。①没有粮食,基本的温饱问题就无法解决,更不要谈地区的发展,其他方面的发展也都只是个空想而已;②粮食是人类生存的必需品,充足的粮食储备有利于稳定人民的心理;③粮食同时也是农民的主要经济来源,也可以作为一些工业产品的原料,充足的粮食供给对当地经济的发展具有很重要的意义。日喀则市地区位于西藏西南部,在西藏属于人口最多、边境线最长、农业最集中的地区。农业是日喀则市国民经济的基础,农业的发展很大程度影响着日喀则市的经济发展。同时日喀则市是世界青稞之乡,地区现有耕地面积125万亩,占到西藏耕地总量的1/3,日喀则市青稞的产量占西藏总产量的40%,被誉为西藏的粮仓,日喀则市充足的粮食供给不仅对本地区有重要的影响,而且对整个西藏的稳定和发展都有重要的战略意义。因此在城乡一体化建设的过程中农业的发展和保障农业供给是日喀则市面临的一个重要问题。

(三)城镇化建设过程中如何改善牧民的生活状况

日喀则市的牧民在千百年的生活中形成了具有本地特色的牧民文化,这也是他们智慧的结晶,是一笔宝贵的财富,对于原来就以放牧为生的牧民来说,一直过着游牧的生活,这也是他们长期以来所形成的生活方式。在城乡一体化建设的过程中对于如何改善牧民的生活状况面临着巨大的压力和挑战。①日喀则市的牧民有自己独特的生活方式,这也是他们一直以来沿用的生活方式,大部分牧民没有太大的意愿去改变现有的生活方式,进行城乡一体化建设势必会对这种游牧生活造成很大的冲击,怎样去平衡这样一种关系是值得思考的一个问题;②进行大规模的城镇化建设一定会涉及城市扩张,城市的扩张会侵占草场、农地和牧场,而草场是畜牧业发展重要的物质基础,也承担着牧区发展生产,改善牧民生活的任务,所以,城乡一体化建设不仅是一个经济战略问题,也是关系到当地长治久安的政治问题。

(四)如何更好地推进边贸城镇的建设

日喀则市处在中国西南边境地区,所辖区域中有9个边境县,与印度、不丹、尼泊尔接壤,边境线长达1573公里,大约占到西藏整个地区边境线长的一半。有亚东、吉隆、樟木三个对外开放口岸,29个互市贸易点。西藏自治区有90%的边境贸易是在日喀则市的各个口岸进行的,日喀则市同时是中国-南亚贸易陆路大通道的枢纽城市,对中国和南亚地区的贸易往来起着不可替代的作用。而边境地区的建设工作非常重要,关系到社会的稳定、民族的团结和边防稳定,国家层面提出了“兴边富民”的行动,以缩小边境地区和内地的差距,促进社会的和谐和稳定。因此如何更好地推进边贸城镇的建设是日喀则市在城镇化建设的过程中将要面对和必须要解决的一个问题。

(五)生态环境保护压力较大的问题

在进行城乡一体化建设的过程中,经济发展和生态环境保护不协调的现象是普遍存在的,这也给日喀则市的城乡一体化建设敲响了警钟。因此,在未来城乡一体化建设的过程中生态环境保护的压力比较大。①土地资源的保护。城镇化的建设是以土地资源为支撑的,交通等基础设施的建设,企业的发展都需要占用大量的土地,怎样做好土地的规划和对耕地面积的保护是必须要解决的问题;②在进行城镇化建设的过程中,会发展一些工业企业,怎么去处理一些高污染的行业也是将要面临的一大问题;③日喀则市有草地、湿地、天然森林等生态资源,但是这些资源都很脆弱,很容易遭到破坏,对这方面的保护也是日喀则市将来发展需要重视的问题。

4.3.4 对进一步推进日喀则市城乡一体化建设的建议

日喀则市作为后藏重镇,在城镇化建设的过程中要更多地考虑到自身的特色和优势,经济的发展要以生态经济为主,尤其保证农业的发展。另外要注意避免因为发展速度过快而带来一些附带的负面效应,加强日喀则市特色小城镇的建设。针对上部分所指出日喀则市城镇化建设所存在的问题,本研究提出下面的对策和建议。

（一）科学的规划城乡一体化建设

坚持把以人为本、传承历史、尊重自然、绿色低碳融入规划全过程，创新科学规划的理念。①日喀则市在城乡一体化建设的过程中有城乡区域差距大、生态环境比较脆弱等问题，所以在城乡一体化建设的过程中必须要做好规划工作，确保城乡一体化建设始终按照正确的方向和道路来推进。应该由发改委、土管部门、环保等相关部门加强规划过程中的指导和服务，对各地区规划城乡一体化建设应该给予足够的支持，各县市应围绕本地区的特有资源和产业制定出高质量的总体规划和详细的实施规划。②虽然说要实现城乡一体化，但是绝对不是说要搞成完全一样化，要彰显出地区的特色，根据当地自然资源、交通区位、历史文化、民族风情等实际情况，体现出区域的差异性，提倡多样化发展，加强具有地方性特色的小城镇建设。③要发挥日喀则市发展的协同作用，以自身的发展带动周边地区的发展，尤其是日喀则市的边远城镇，要达到"兴边富民"的目的。④可以借鉴一些已经发展比较好的地区城乡一体化建设经验，再结合本地区的实际情况，制定出适合自己的城乡一体化建设规划。

（二）大力发展农业经济，保障农业供给

在城乡一体化建设的过程中，要确保粮食尤其是青稞的安全供给，按照"优势资源、优势产业、优势区域、优先发展"的思路，快速推进生态有机农业的发展，打造具有日喀则市特色的有机产品品牌。发展、壮大农业，同时也是增加农民收入、缩小城乡差距的有效途径，日喀则市可以利用自身在农业方面的优势来推进城乡一体化建设的进程，转变生产方式，使传统农民单家独户的小农经济逐步转向依托农村合作组织的新型农村集体经济；将农村单一的种植业转向农产品加工、观光农业、农畜牧业等多种混合的经营方式；将传统的单独生产的封闭式农业转向以市场的资源配置为导向的开放式的农业。通过农业综合生产能力的提高，使农民的收入得到持续的增长，由点及面，更好地发挥辐射作用，为整个西藏城乡一体化的发展起到示范作用。

（三）加快牧区建设，改善牧民的生活

牧区是一个容量很小的社区，容纳外界冲击的能力极为有限，设置容量条件对于保证牧区经济和社会秩序稳定是必要的。传统的血缘、亲缘和地缘关系，与适应市场需要而建立的各种纽带有很强的商业性质的利益关系，能够耦合成一个有机的整体,而这正是牧区建设的过程,也是牧区居民共同发展的过程,更是包括牧区经济、科技、教育、文化、交通、人民生活水平、社会治安和社会保障等方方面面的有机统一综合协调发展的过程。牧区的建设水平在一定程度上影响着牧民的生活,在城乡一体化建设的过程中,牧区的建设要起到改善牧民生活的作用,既不能占用太多的草地、牧地,又要把城镇化建设与改善牧民的生活有机地结合起来。通过城镇化的建设改善牧民的生活,牧民的生活有所改善反过来会更加积极地投入到城镇化建设,以促进城乡一体化建设的完善,这是个良性的循环。牧区的建设可以考虑从以下方面做出努力:①可以考虑建立一些流动站和便民服务站,在占用少量草地的基础上,满足牧民的基本生活需要,提高牧民的生活质量,以更少的草地发挥更大的作用;②在保证牧民放牧等有充足的草地和牧地之后,可以考虑在小范围内建立牧民集聚区,把牧民千百年来所形成的文化和城镇化建设有效结合起来,将传统和现代有机地结合在一起,打造具有文化底蕴的特色新型现代化小城镇。

(四)加大对边贸城镇建设的投资

作为西藏边境线最长的地区,边贸城镇的建设不仅对日喀则市,乃至对整个西藏都有非常重要的作用。日喀则市加大对边贸城镇的投资可以从以下方面入手:①加大资金的投入。边境地区的发展具有支出成本高的问题,基础设施的更新、社会保障的加大、城镇化建设等很多方面都需要大量的资金,因此在城镇化建设的过程中资金问题是一个亟待解决的问题。②加大对优势产业的扶持力度。农牧业是日喀则市的经济基础,日喀则市也是著名的青稞之乡,青稞在日喀则市的出口额中也占有很大的比重,因此应加大对日喀则市农牧业的扶持力度。③加大对边境地区中小企业的扶持力度。为中小企业提供资金和技术来支持他们的技术改造和产业结构的调整,同时可以通过特殊性政策使各金融机构为中小企业发展解决资金等问题,以推动他们更好地发展。总之,对边贸城镇的建设,要更好地实施“兴边富民”行动,加大对边贸城镇的投入,提高边贸地区对外开放的水平,缩小边贸地区和区内其他地区的差距,实现城乡一体化的协调发展。

(五)加大生态环境的保护力度

生态问题是城乡一体化建设进程中不可忽视的重要一环,不能以牺牲生态环境为代价来获取经济的发展,要追求可持续的发展道路,应当从以下方面着手:①

做好土地资源的规划。要加大对耕地的保护力度,保证一定耕地面积,严格控制非农建设所占用的土地资源,在保证基本耕地面积的基础上满足基础设施建设和重点企业的用地需求。对现有土地资源进行综合整治开发,增加有效的耕地面积,加强土地资源的管理,提高土地资源的利用率。②划定生态保护红线。加强生态环境的监管,健全生态环境的评价机制,坚决保护当地的生态环境。③加强生态环境保护的建设。开展退耕还林还草行动,实施一些绿化工程,强化对河流和湿地的保护,如正在进行的"两江四河"流域造林绿化工程,不仅能提高这些流域的水源的质量,而且能防风固沙、保持水土,对国家生态安全屏障也有很大的积极作用。

第 5 章

西藏城乡一体化发展中存在的问题

5.1 非典型二元结构影响西藏城乡一体化

近年来,西藏告别一元的庄园制自然经济以后,不断向现代化市场经济迈进,其经济总量不断提高,经济制度不断完善,产业结构优化升级,人民生活水平也不断提升。截至 2013 年底,西藏全区生产总值(GDP)达 807.67 亿元,2001 年至 2013 年 GDP 年平均增长速度达 11.23%,人均 GDP 达 26068 元;第一产业占 GDP 的比重为 10.7%,第二产业的比重为 36.3%,第三产业占 53.0%;牧民人均纯收入达 6578 元,城镇居民年均可支配收入达 20023 元。① 尽管如此,由于自然条件限制,生态脆弱,科技教育落后,自我发展能力差等因素,西藏仍是我国最不发达的地区之一,其经济发展、社会指数、人文指数均落后于全国平均值。西藏的农牧业等传统部门发展历史悠久,比重较大,第二、三产业等现代化产业明显发展不足,而且城乡发展的差距明显,因此,西藏的经济结构和社会结构带有明显的非典型的二元性特征,这成了制约西藏经济发展和城乡一体化的主要因素。

刘易斯(1954)最早提出关于典型二元结构的理论,即农村剩余劳动力将被现代化部门较高的劳动生产率和收入所吸引,因此农村的剩余劳动力不断减少,农业劳动生产率也将随着不断输入的工业化产品而不断提高,最终的结果就是传统

① 西藏统计年鉴(2014)

农业和现代化工业的生产率、收入持平，二者均衡发展。① 20世纪50年代，我国为了加快工业化进程，开展大规模的经济建设，将工业列入优先发展的战略地位，并在体制上借鉴苏联的社会主义模式和经验，形成了计划经济体制。与此同时，限制农业人口向非农业人口的转换，设置严格的城乡分割的户籍制度。由此，构建了“重城轻乡”的二元结构制度体系，其本质特征就是将全国的公民分为城市居民和农民两个类别，在生产资料所有制、医疗、教育等民生事业方面对农民和城市居民采取两种不同的政策，学者对此概括称为“城乡分治，一国两策”。②

西藏的经济社会从60年代以来就基本形成了极具西藏特色的二元结构，其社会运行机制和经济结构均带有强烈的二元性。但是与全国和西部城市相比，西藏的二元性又显然是非典型的，根据著名学者孙勇先生在20世纪90年代所提出的“非典型的双重二元结构”理论，我们可以了解到，西藏的非典型二元结构长期制约着西藏地区的发展和改革，严重影响了其城乡一体化的进程。

5.1.1 非典型二元社会机制

西藏的社会机制具有非典型的二元性。在国家推行经济、政治一体化的过程中，西藏积极推行国家的社会、文化、经济、民族等方面的政策方针，且有一大部分都以法律的形式固定下来并进行推广，这也成为西藏的主要政策方针。与此同时，根植于西藏本土的原生态的社会机制由于很强的基础性和推广惯性，以非成文的、习惯风俗的形态在西藏仍继续运行。由此形成的非典型的二元社会机制之间存在矛盾，其不断的冲撞和磨合成为导致西藏经济结构矛盾的一大因素。

(1)非均衡的发展政策

20世纪80年代，为了实现经济的快速发展，经济落后的西藏借鉴全国的非均衡发展策略，在不同程度上对不同地区采取了非均衡发展的策略，将主要的发展重点落在了基础条件较好、发展潜力较大、资源禀赋优越的城镇地区，提高了对城镇产业建设和基础设施建设的投入，以提高城镇的经济聚集作用，带动周边地区

---

① 赵新吉．西藏城乡基本公共服务均等化的制度设计与路径选择研究[D]．西藏大学，2012.

② 陆学艺．当前农村形势和社会主义新农村建设[J]．江西社会科学，2006(4).

共同发展。由于城乡地区在教育、卫生、社会保障方面的投入高于农牧地区,从而形成了城乡之间的发展差距。这种非平衡的思路实现了西藏经济的发展,也成了拉大城乡之间差距的重要原因。

(2)以户籍制度为基础的非均衡的土地、就业、社会福利制度

一是户籍制度限制了城乡居民身份的流转,固化了农牧民的身份,从而导致城乡居民在就业、居住、福利等方面的分割。由于户籍制度的限制,国家对城镇居民在养老、医疗、教育、就业等方面的投入较大,农村居民则无法享受同等水平的社会保障。以教育领域为例,虽然西藏努力实现城乡供给的均等,但是在教育经费、教育基础设施建设、师资力量等方面还是存在很大的差异。农牧民处于经济活动的弱势地位,城镇居民和农牧民存在社会地位的不平等性,农牧区剩余劳动力向城镇转移受到阻碍,大量剩余劳动力被滞留在了农牧区,加剧了农牧区的人口负担。非均衡的户籍制度不仅加剧农牧民的生活压力,更阻碍了生产要素的流动,制约了农牧业向现代化、产业化发展。

二是土地制度阻碍了土地的有效流转和租赁,不利于农牧业实现规模化、产业化、现代化。农牧区的土地束缚了农牧民进城务工或者定居,进一步阻碍了农牧区剩余劳动力的流转。特别是西藏地方政府对农牧民的耕地、林地、草地进行有偿征收,很容易造成农牧民"二次返贫"现象。首先由于征地补偿的标准偏低,以货币补偿为主,农牧民很难享受土地转换用途之后的增值收益;其次,由于被征地农牧民的社会保障制度尚未健全,政府财力有限也无法及时为农牧民进行参保,导致被征土地的农民特别是老年人在失去土地之后面临没有生活保障的境地;第三,被征农民转产就业的问题无法得到解决,由于农牧民的文化水平普遍不高,劳动技能单一,随着产业升级后对用工要求的提升,其就业难度加大,还有一些农民存在二次创业和转产投资的失败,这些都会导致二次返贫。

西藏农村地区除集体土地以外的土地确权问题得不到解决。西藏于 2005 年确立农村集体土地确权登记发证的试点工作,共选择 6 个乡(镇)作为试点单位,分别为:拉萨、日喀则市、山南、林芝、昌都各选一个乡或村,全面开展集体土地所有权、宅基地和集体建设用地使用权的确权,2005 年年底前已经完成农村集体土地所有权发证试点工作,其中主要是对耕地和建设用地进行地籍调查。而西藏农村宅基地确权登记从 2010 年才开始启动,相比于集体土地所有权的确立工作,西

藏其他形式的土地确权问题始终得不到解决。由于西藏的农村土地确权工作一直较为滞后，覆盖面窄，因此积累了大量的集体与集体、集体与国家、集体与企事业单位权属不清的土地纠纷，其中也涉及很多农牧民的利益，因此西藏的土地确权制度还缺乏完善。按照农村集体土地使用权的实现形式，可以发现西藏土地承包经营权、集体建设用地使用权和农村宅基地流转这三个方面存在较大的问题。西藏承包地流转的规模与全国平均水平相差较大，导致了大部分地区承包地细碎化、撂荒、闲置和粗放使用等很多问题。主要原因是土地承包的流转权归于集体，农牧民无法真正充分行使权力，且其流转方式主要依靠转包给其他种植大户，与公司或者农业合作社合作较少，这就导致无法实现土地经营的规模化和产业化。特别是当农牧民选择外出打工时，其土地撂荒的现象严重，无法切实保障其利益。西藏集体建设用地的产权既属于集体也属于农牧民，因此其产权划分很不明确，且由于西藏乡镇在土地规划方面的落后，导致其建设用地很大一部分都存在资源浪费的弊端，集体建设用地无法实现有效的流转以及流转规模偏小，都导致无法实现其基础设施建设和社会事业建设的规模效应。西藏农村宅基地管理基础很弱，农村一户多宅，宅基地面积超标、非法买卖和乱占乱建等现象比较严重，浪费土地资源、损毁耕地等问题仍较突出；乡镇缺乏规划，导致宅基地建设无序混乱，建设用地使用率低闲置情况严重；宅基地缺乏退出鼓励机制，村民无法理解政府土地整理项目的初衷，导致反抗心理较为严重。近年来农牧地区进城务工人员增多，导致其宅基地空置和浪费现象严重。在这种情况下，西藏的宅基地确权工作亟须快速完成，进行保证西藏农牧民土地的所有权以及保证土地流转的有效性。

三是非均衡的就业制度在很大程度上采取了城镇优先的思路，在某种意义上损害了农牧民就业的权利，造成城乡居民在就业上的不平等，甚至会导致就业歧视。

四是城乡分割的社会保障制度。城镇居民普遍享受较为完善的医疗、养老、失业、最低生活保障等方面的社会保障体系，然而农牧民的社会保障体系还不健全，力度有限。西藏的医疗保障制度以户籍制度为基础分为城镇职工、城镇居民和农牧民医疗三个层次，不同层次所得到的保障层次、报销比例都是不一样的；西藏的养老保险制度也是按照户籍制度进行分层管理，城镇居民在待遇水平等诸多方面均优于农村水平。低质量、少覆盖的农村社会保障体系无法从根本上解决农民负担,一旦生了重病,农牧民就会面临"因病返贫、因病致贫"的风险,相对于城镇社会保障体系的完善,城乡居民之间差异的扩大强化了二元结构之间的矛盾。

5.1.2 非典型二元经济结构

(1)非典型二元经济结构的人为性

中央政府出于国家政策、维护政治稳定、发展经济等目的,用人为"输血"的方式向西藏输送资金、人才,建立起西藏工业,与传统的农牧业相比,这实际上是一种非典型的或者说是半传统半现代化的产业。在西藏所特有的"非典型二元经济结构"中,其一元代表的是西藏原有的传统农牧业,第二元则是由中央或其他城市援建的第二、第三产业,这种结构与诸多地区所采取的二元经济结构有着本质的区别。其中的非典型性主要表现在:西藏的经济在构成上与其他地区是一样的,都是由现代产业部门和传统产业部门构成,但是由于西藏的传统农牧业是根植于西藏,而第二、第三产业则属于外来资本投资的"嵌入式"产业,这就导致一元与二元之间并不存在联系,传统农牧业没有为现代化产业提供相关的资本积累,第二、第三产业无法为第一产业生产成熟的工业产品,二元之间几乎不存在沟通和互动,几乎相互独立。由于二元之间生产方式和文化观念差别很大,还会互相争夺资金资源、劳动力资源,分割同一区域的社会和经济贡献率。

(2)非典型二元经济结构的外在性

西藏的非典型二元经济结构的本质就是外生性,也就是现代化部门的外生性。西藏的现代化部门主要是由中央或者其他省市援建而形成的,并不是依靠传统的农牧业形成的原始积累,因此不是传统经济体制中的固有成分,自身缺乏自然的生长过程,更缺乏内生的发展动力和利益驱动。由此形成的经济结构大大制约了现代化部门的发展,无法实现城乡间经济要素资源的"势差"。在典型的二元结构中,由于农村传统产业部门(农牧业)的边际劳动生产率低于城镇现代化产业部门,两者之间形成经济要素资源的"势差",劳动力、资金、技术、信息等要素由边际生产率较低的农村地区向较高的城镇地区转移,由此实现两个部门的均衡发展。西藏的非典型性就在于农村传统农牧业部门与城镇现代化部门之间几乎不存在边际劳动生产率的差异,因此就不存在经济要素资源的"势差",无法实现两个部门之间"人流"、"物流"、"资金流"、"技术流"的相互流通,这也导致西藏的经济发展缺乏大多数发展中国家或地区都拥有的经济良性增长的初始条件。再加上西藏的现代化部门和传统部门都缺乏内部活力机制,两者之间处于一种互不相干的低水平的均衡状态,也就是“二元割裂陷阱”,无法自发优化和化解二元经济结构所带来的制约,从而限制西藏的经济发展。

5.2 西藏城镇化水平偏低影响城镇吸纳力、带动力

城镇化是从农业国向工业国转化的必经过程,代表了一个国家工业化发展成就。西藏和平解放前以寺庙为中心发展城镇,政府干预不足,导致城镇数量少、规模小、质量低;西藏和平解放后由中央和地方政府大力主导,在各族同胞共同努力之下,西藏的城镇化水平得到了大幅提高,2014年西藏城镇化率为25.75%,已初步形成以拉萨市为中心,以地市所在地为支点,以县城、边境城镇、特色文化旅游城镇为网络的城镇体系。但是从现如今西藏城镇化发展的实际情况来看,其城镇化发展还是远远低于全国平均水平,加之自然、地理因素的制约,西藏城镇化发展还面临诸多问题,特别是城镇化发展的滞后无法吸引农牧区剩余劳动力。

5.2.1 西藏城镇化率低,速度缓慢,发展水平低

西藏的城镇化发展很大程度上受到其区域经济发展的制约。西藏地域辽阔,但有86.1%以上区域都是海拔高于4000米的高原地区,交通异常不便,赖以生存的农牧业由于地理因素,无法迅速发展,更无法为工业化发展提供丰富的资本原始积累,所以西藏的工业化水平始终落后于全国平均水平。由于区域经济发展的限制、人口因素、自然条件因素和地理因素等多方面的原因,西藏城镇化率低,发展速度缓慢。截至2014年,西藏的城镇化率仅为25.75%,远低于全国同期的城镇化率54.77%,与东部沿海地区相比更是相差甚远。表5-1为近7年来西藏城镇化率与全国城镇化率对比表:

表 5 -1 西藏自治区城镇化率和全国城镇化率变化趋势 单位:%

年份	2008	2009	2010	2011	2012	2013	2014
西藏城镇化率	21.90	22.3	22.67	22.71	22.75	23.71	25.75
全国城镇化率	46.99	48.34	49.95	51.27	52.57	53.73	54.77

数据来源:西藏统计年鉴(2014)

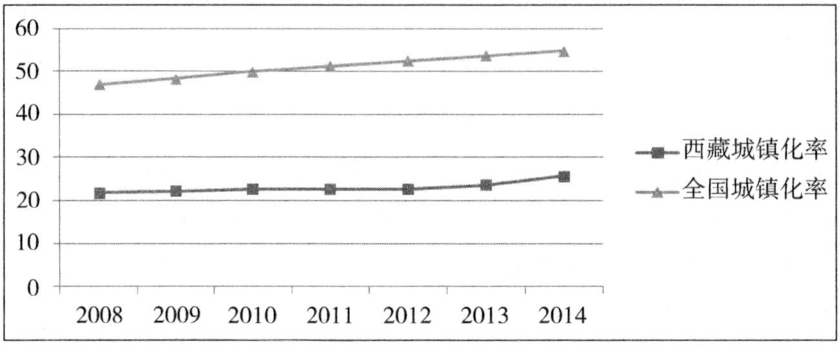

图 5 -1 西藏自治区城镇化率和全国城镇化率变化趋势图 单位:%

从表 5 -1 可以看出,近几年来,西藏城镇化率不断提高,但仍远低于全国平均水平。西藏城镇化率比较低,2014 年西藏城镇化率为 25.75%,全国城镇化率为 54.77%,仅为全国水平的 47.01%;此外,2008 至 2014 年,全国城镇化率由 46.99% 提高到 54.77%,年均增长 11.11%,同一时期,西藏的城镇化率由 21.90% 提高至 25.75%,平均每年增长 0.55%,仅为全国水平的 49% 左右,可见西藏城镇化发展严重滞后于全国平均水平。

据资料显示,截至 2014 年底,我国人口总数为 136782 万人,城镇人口数为 74916 万人,城镇化率达到 54.77%;同期西藏人口总数为 312 万人,城镇化率为 25.75%,全国排名 31 位。根据美国学者诺瑟姆(1979)对各国城镇化率变化的研究得知:城镇化的进程具有阶段性,当城镇化率低于 30% 时,属于起步期;当城镇化率处于 30% ~70% 时,属于加速期;当其超过 70%,则属于成熟期。按照 2014 年西藏的城镇化率来看,西藏处于城镇化的起步期,仍以传统农牧业为主导,体现出发展速度慢、发展水平低的特点。同时,西藏大多数的小城镇的建设存在很多问题,城镇化的特征不明显,道路等基础设施建设落后,非农牧业的产业发展落后,人口居住分散。因此,从发展速度和发展质量上来看,西藏城镇化发展严重滞后于全国平均水平。

5.2.2 西藏城镇数量少,规模小,发展差异巨大

截至2015年,西藏自治区下辖4个地级市,分别是拉萨市、昌都市、日喀则市、林芝市,根据2010年第六次人口普查的数据可以得知,西藏这四个地级市的人口分别为:56万,65万,70万,19.5万,其中只有拉萨市、昌都市、日喀则市人口处于50万~100万,属于大型城市,林芝市属于中小型城市。西藏的大型城市数量较少,相对于发达地区人口数超过500万的大型城市来说,西藏的四大地级市人口数相对较少,其规模也相对较小。西藏有140多个建制镇,除了四个地级市外,很多城镇人口都不足10万,包括帕里镇在内的一些小城镇其人口不足3000人。

可见西藏城镇的数量少、规模小,且不同的城镇存在较大的人口规模差异。而且由于西藏诸多城区都是由自然村落演变而成,这些村落没有经过现代化的发展,保留较为传统的农村村貌,因此多数城区都缺乏现代化都市的气息。特别是下属的一些县镇,有的面积不足一平方公里,发展潜力小;有些镇缺乏必要的规模,只是由一条街道或几幢房子、几个店铺构成,发展质量低。

西藏在加强建设城镇化的过程中,行政区经济布局不断向区域经济布局的方向转变,主要经历了四大布局思路:一江两河、四个经济区、一点三线四区以及三大经济区等。这些发展思路的转变体现出一定的非连贯性和非稳定性,因此在建设过程中容易出现盲目性、重复性和混乱性。西藏两个最为重要的建制市(拉萨市和日喀则市)主要分布在"一江两河"地区,该地区经济、人口、城镇的集中程度远远高于其他地区,突出体现了西藏城镇之间发展的巨大差异。发展的巨大差异对于一些偏远地区的小城镇来说体现地更为明显。较小的城镇规模意味着其可投入建设的资金少,财政负担加重,不利于其提高城镇竞争力和经济实力。而且对于偏远地区来说,受限于地理因素,各城镇政府只能各自为政,不能共享资源,更不能形成规模效应,阻碍了经济、人口等其他资源的进一步集中。西藏城镇发展存在数量少、规模小、发展差异巨大的问题,在这样不完善的城镇体系之下,无

法联合各城镇的优势,抑制了城镇的功能,难以吸收其他地区的剩余劳动力,无法发挥城镇在区域经济中的中心带动作用。

5.2.3 西藏城镇基础设施落后,土地利用率低,规划不合理

目前西藏城镇发展已经基本形成三级城镇格局:以县城、边岸贸易为基础,地市所在地为次中心,拉萨为中心。虽然西藏的城镇发展有了一定规模,但是其发展基础设施落后,土地利用率低,城镇管理水平低,重复建设等现象依然没有得到改善,究其原因主要是因为缺乏合理有效的规划。

一是基础设施建设落后。一个城镇发展的基础就是环境和基础设施的建设达到要求。主要包括道路建设、供水排水系统、信息服务、防灾减灾系统、社会公共服务系统等多方面较为完善的系统工程。经过多年的发展,西藏的基础设施建设虽然得到发展,但依旧存在规模小、质量低、覆盖面窄、基础设施匮乏的问题。各市镇道路、供水、社区服务方面的基础设施建设都刚刚起步,其技术水平普遍偏低,缺乏相应的通信技术,公路体系不完善,不能满足城镇居民的日常生活需求。而且由于城镇分布的不均匀,导致其基础设施建设失衡。“一江两河”地区相对完善,而西藏西北部和东部的基础设施建设严重滞后;城区内建设相对完善,而农牧区建设严重滞后。总体来说,西藏的基础设施建设落后,不能为城镇经济发展营造良好的发展环境。

二是体现在土地利用率低。由于西藏城镇化发展过程中缺乏合理有效的城镇规划,在建设过程中存在乱搭乱建现象,土地资源浪费现象严重。特别是一些开发商利用城镇周围公路所带来的交通便利,沿公路开发房产,形成公路城镇,这些城镇大大增加了基础设施建设的难度,投资高,但是土地利用率极低。有关研究表明:城镇公路一般需要多占地 20%,而单位面积提供的 GDP 仅相当于全国城市平均水平的 33.3%。建筑缺乏特色,布局分散,占地面积大,建筑物平均高度不到两层,容积率仅为 1.2 左右,这样造成土地资源浪费严重。①

三是城镇管理水平低,重复建设现象严重。西藏的城镇化发展虽然得到了提升,但是其城镇管理水平依旧不高。由于缺乏一定的城镇化发展规划体制和管理

① 杨剑萍. 对西藏小城镇建设的探讨[J],西藏发展论坛,2004(5):40 - 42.

体制，导致其城镇布局不合理，无法充分发挥城镇的功能，一些落后的管理体制更是阻碍城镇的发展，造成严重的资源浪费。比如，西藏很多城镇由于城镇化发展比较好，地理位置优越，因此其经济区域在某种程度上形成了一种整体感，但其行政区划分依然限制了其经济的发展，不同的城镇各自为政导致城镇之间的基础设施不能共享，重复建设的情况严重，而且彼此之间争夺资源、市场，导致资源浪费的情况严重。比如西藏的堆龙德庆县的东嘎镇和乃琼镇，两个城镇已经初步发展成为具有一定城镇化水平的经济区域，但是由于缺乏合理有效的规划体制和管理体制，其建设无法形成规模，城镇布局不合理，两个镇的基础设施和公共资源不能共享，各自为政，各自经营，重复建设不仅浪费了资源，更阻碍了人口和资源的聚集，制约了城镇的进一步发展。

5.2.4　西藏城镇职能单一，缺乏完善的动力机制

由于西藏的城镇建设主要起源于行政管理的需要，主要的城镇是地市政府所在地，大多城镇人口主要是公职人员及其家属，其中 60% 以上的人口供职于管理部门或福利行业，城镇基本只能发挥单一的行政职能。西藏的经济主要依靠其他城市的援建，在以行政职能为核心的城镇发展模式之下，城镇相比于农牧区由于拥有更多的行政职能，因此拥有获得更多资源的优先权，大大拉开了与农牧区的差距。从城镇的经济结构来看，西藏大多数的城镇均为消费城市，自身的产业结构支撑非常薄弱，无法为西藏的经济发展提供强大的发展后劲和发展动力。特别需要指出的是，西藏是一个以农牧业为经济基础的地区，其第二、第三产业发展滞后，无法吸引更多农牧区的剩余劳动力，阻碍了西藏劳动力的最广泛集聚，农牧民的收入无法提高，抑制了西藏经济发展的势头。

尽管国家不断加大对西藏城镇建设的力度，各省市也不断加大对西藏建设的援助，但是正是由于这种单一的投资模式，使得西藏无法真正完善市场经济体制和动力机制。对于新建的城镇而言，自身缺乏“造血”功能，大部分只能依靠中央财政的“输血”，其发展受到很多内外因素的制约，缺乏完善的动力机制，发展动力不足。

5.2.5 城镇经济实力弱,缺乏吸引和辐射能力

西藏城镇经济虽然经过一定的发展,但是其第一产业效率低、第二产业落后、第三产业“虚高”的现状依然没有得到改善,经济实力仍然很弱。其城镇市场发育缓慢,抑制城镇经济职能的发挥,城镇间缺少经济联系和经济发展动力,这些因素都使得城镇的吸引和辐射能力不足,不能有效带动社会区域经济的发展。

(1)农业发展滞后

西藏的第一产业不发达,主要体现在:农畜品产量低、质量差;粮食作物种植面积过大、经济作物种植面积过小;农业生产效率低下等方面。农业生产效率低下是阻碍第一产业发展的重要因素。如表5-2和表5-3所示,2007至2013年西藏农村从业人口日益增多,但是主农单位面积产量却没有随着人口增多而增多,反而出现了几次下降,可见虽然西藏整体的经济水平得到提高,但是其农业生产率依旧低下,这成为阻碍农业发展的重要因素。西藏第一产业不发达,也阻碍了第二产业和第三产业的发展。根据产业结构高级化理论,第一产业应当成为第二、第三产业发展的基础,但是由于西藏第一产业生产率低下,使得其产业结构偏离度较高,农村滞留了过多剩余劳动力,影响第二、第三产业的劳动力聚集,最终影响城镇化的发展。

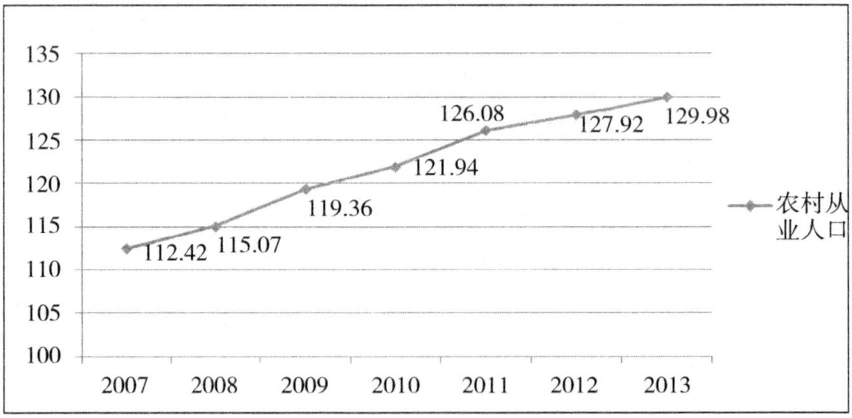

图5-2 西藏自治区农村从业人口变化趋势图 单位:万人

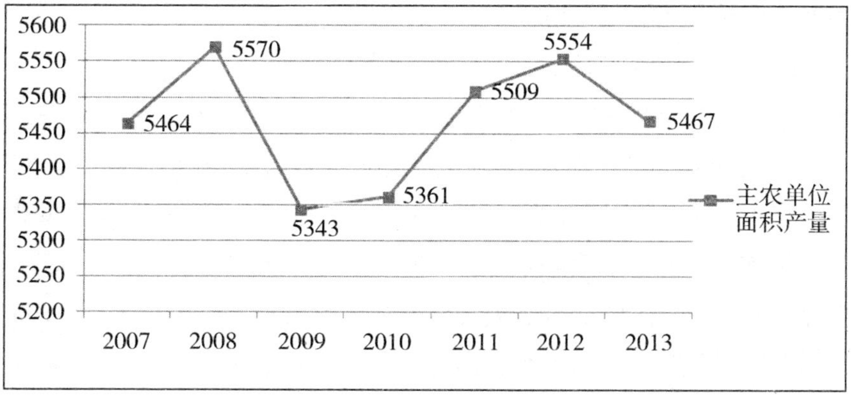

图5-3 西藏自治区主农单位面积产量图 单位:公顷

数据来源:西藏统计年鉴(2014)

(2)工业发展缓慢

西藏工业化发展缓慢,并且严重制约了其城镇化的发展。截至2013年底,西藏的工业企业仅有574个,平均每平方公里拥有近5个工业企业,其工业企业的密度远远低于全国平均水平。而且缺乏一定数量的大型企业,在现有574个工业企业中,微型企业346个,小型企业186个,微、小型企业占总量的92.68%,中型企业有13个,占2.26%,大型企业只有2个。① 特别是西藏的乡办企业和私营企业等非公企业吸纳农村剩余劳动力的能力依旧很低,西藏的非公经济具有宏观环境变化所创造的机遇,但也面临产业转型所带来的挑战,特别是由于这类企业发展缓慢,其资金少、人才少、技术弱、设备旧的现状依旧没有得到改善,落后的企业管理水平和落后的产业结构都制约了其发展,更制约了剩余劳动力的转移。工业发展的缓慢,非公经济发育程度低都限制了企业集聚效应的发挥,使得城镇化发展缺乏工业化作为最基本的动力支持。2013年,西藏地区工业生产总值为807.7亿元,其工业生产总值为61.2亿元,工业生产总值仅占GDP总量的7.6%左右,远低于全国平均水平的37.04%。② 工业化的发展是一个地区城镇化发展的根本动力,城镇化水平的高低主要取决于一个地区的工业化水平高低。西藏滞后的工

① 西藏统计年鉴(2014)

② 西藏统计年鉴(2014)

业化发展严重制约西藏城镇化的进程。

(3)第三产业发展缺乏后劲

截至2013年,西藏一二三产业之比为:10.7 : 36.3 : 53.0,呈现出"三二一"型,但是其质量不高。第三产业中,地质勘查水利管理业、国家机关和党政机关、社会团体等非市场型的比重约为25%,远高于全国平均水平的7.5%。虽然最近几十年西藏第三产业所占比重从未低于50%,其水平也高于全国平均水平,但第二产业,特别是强有力的工业化的发展是第三产业发展的主要动力。由于第二产业发展的缓慢,使得第三产业虽然在结构上发展很快,但是缺乏支撑,发展质量很差,出现了发展的虚高化,也最终使得第三产业的发展缺乏后劲,出现暂时的滞停。

5.2.6 剩余劳动力转移存在障碍

(1)城镇化、工业化发展滞后难以吸引农牧区剩余劳动力。上文提到,西藏的城镇化发展存在水平低、速度慢、规模小、规划不合理等多方面弊端,因此难以吸引农牧区的剩余劳动力。其次,西藏的工业化进程滞后,无法吸引更多农牧区剩余劳动力。截至2013年,西藏共有工业企业574家,其中集体所有的工业企业仅有84家,国有企业约120家,非公企业也仅能容纳44.5万的劳动力。

表5-2 西藏自治区按三次产业分的从业人数及其构成比例 单位:万人

年份	第一产业		第二产业		第三产业	
	从业人数	构成比例	从业人数	构成比例	从业人数	构成比例
2008	89.41	54.6	17.09	10.5	57.00	34.9
2009	92.17	54.5	18.18	10.8	58.72	34.7
2010	92.96	53.6	18.85	10.9	61.58	35.5
2011	93.41	50.3	22.57	12.2	69.57	37.5
2012	93.60	46.3	27.10	13.4	81.36	40.3
2013	92.82	45.2	28.92	14.1	83.80	40.8

数据来源:西藏统计年鉴(2014)

从表5-2可以看出,西藏以当前的工业化水平去吸引大量剩余劳动力是几乎不可能实现的。截至2013年,西藏从业人员选择最多的产业还是第一产业,其次是第三产业,第二产业的人数构成比低于15%,明显低于全国平均水平。特别是随着我国产业结构的不断优化升级,西藏很多非公有企业无法满足工业化升级对技术的要求,因此无论是公有制企业还是非公有制企业都面临着巨大的竞争压力,普遍存在亏损的情况,劳动力转移面临更大的困境。

(2)在城镇就业的流出劳动力往往存在很多生存障碍。首先,在城镇工作的流出劳动力往往劳动贡献率低下。刘易斯等人认为,贫困的市场参与者,他们所采取的消极的经营方式和经营规模也往往不能使他们摆脱贫困,其剩余劳动力的边际贡献率几乎为零。其次,流出的劳动力相对自我封闭。从农牧区流出的剩余劳动力往往来自同一村落或者存在亲戚关系,在与社会的交往中,他们互相抱作一团,很少主动与外界交流,影响了他们的适应能力,容易被社会边缘化。就业时,他们通常排斥严格纪律的工作,多选择自由度高但是收入不稳定的行业,例如三轮车夫或者贩卖水果的小贩等,这使得他们在工作上也容易被边缘化。最后,流出的人力资本较低,难以适应工业化升级对劳动力资本的需求。由于西藏流出的劳动力主要来自于农牧区,文化水平普遍不高,流转出的人力资本较低,这就导致他们只能分布在不同的县市从事不确定性较高的重复简单性工作,或者从事高体力投入、低技术含量、低收入的建筑行业。

5.3 地方政府财力有限造成对西藏城乡一体化投入不足

5.3.1 西藏城乡公共资源投入不平衡

(1)财政资金缺乏

2013年,西藏的财政总收入为10129122万元,地方财政收入为1104234万元,占财政总收入的10.9%,在全国所有省市的财政收入中属于较低水平。同年,来自国家的财政补助收入为9024888万元,占财政总收入的89.1%,是西藏地方财政收入的 11 倍。① 西藏财政对于国家补助的依赖性也高于全国大部分地区。面对较为落后的城镇化建设,西藏自身有限的财力无法满足城镇化建设所需要的大量资金,因此只能大部分依靠国家补助。从表 5－3 和图 5－4 可以看出,2008 至 2013 年,西藏财政总收入不断提高的主要因素是国家财政补助资金的不断增加,国家财政补助几乎构成了西藏财政收入的 80% 以上。同时,西藏每年的财政支出水平也是逐年提高,如若没有国家财政的补助或者其他省市的援助,西藏的财政收支会存在一定的赤字。加之西藏大部分的地区或者县市缺乏对城镇化建设的规划和预见性,因此难以对城镇化建设起到正确的指导作用,使得大量资金难以投入到重点领域,出现了资金重复投入和资金投入不足的尴尬局面,降低了财政支出的使用效率。总体来说,西藏财政收入总体水平较全国平均水平偏低,因此,投入农牧区和农牧业的资金有限,对农牧业基础设施的投资规模较小、总量偏低。而且,财政对农业和畜牧业投入的结构并不合理,资金使用效率较低,特别是对于公共设施和公共服务的支持力度不够,例如农牧区的基础设施建设相对滞后,农牧业的科研和推广也无法全面、深入开展,农牧区的社会保障措施至今没有落实到位。薄弱的财政支持和不合理的财政规划,弱化了财政对农牧业的推动作用。

表 5－3　2008－2013 年西藏自治区财政收支情况　单位:万元

	西藏财政总收入	国家财政补助收入	西藏财政总支出
2008	3864431	3578559	3840173
2009	5018573	4709465	4711288
2010	5734659	5309980	5626834
2011	7787811	7142541	7756827
2012	8999260	8042975	9339713
2013	10129122	9025888	10490647

数据来源:西藏统计年鉴(2014)

① 西藏统计年鉴(2014)

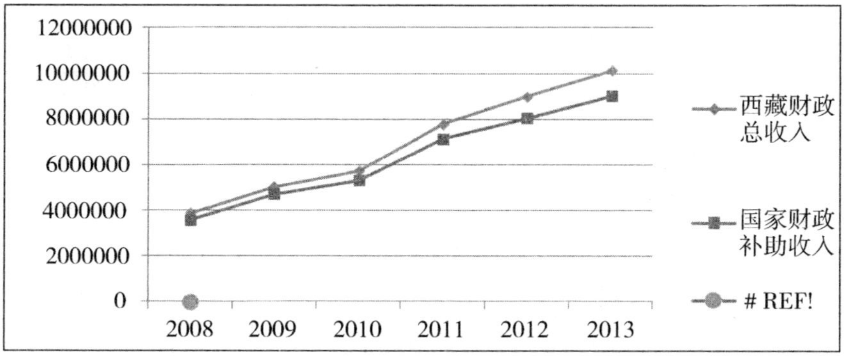

图 5－4 2008－2013 年西藏自治区财政收支趋势对比图 单位:万元

(2)固定资产投资不平衡

从表 5－4 可以看出,2000 年,西藏城镇固定资产投资额为 558743 万元,农村固定资产投资额为 106301 万元,仅占城镇投资额的 19.03%;2010 年,西藏城镇固定资产投资额为 4054318 万元,农村固定资产投资额为 578267 万元,仅占城镇投资额的 14.26%;2013 年,西藏城镇固定资产投资额为 7555444 万元,农村固定资产投资额为 1629386 万元,仅占城镇投资额的 21.56%。从数据资料可以看出,虽然 2000 至 2013 年,西藏的城乡固定资产投资都在不断上涨,但是农村地区固定资产投资总额占城乡固定资产投资总额的比例增幅不大,甚至有几年呈现了下降的趋势。从图 5－5 可以看出,西藏城镇固定资产投资增长速度明显快于农村地区,城乡固定资产投资额之间的差距在逐年扩大,城镇固定投资额基本是农村固定投资额的 5 倍以上。由此可见西藏这几年的固定资产投资总额虽然呈现出上升的趋势,但是其大多数都是投向了城镇地区,农村获得的固定资产投资额较少。

表 5－4 西藏自治区城乡固定资产投资情况 单位:万元

年份	城镇	农村	农村占城镇比例
2000	558743	106301	19.03%
2008	2714534	384770	14.17%
2009	3286622	507536	15.44&
2010	4054318	578267	14.26%
2011	4808381	684309	14.23%

续表

年份	城镇	农村	农村占城镇比例
2012	6069290	1030532	16.98%
2013	7555444	1629386	21.56%

数据来源:西藏统计年鉴(2014)

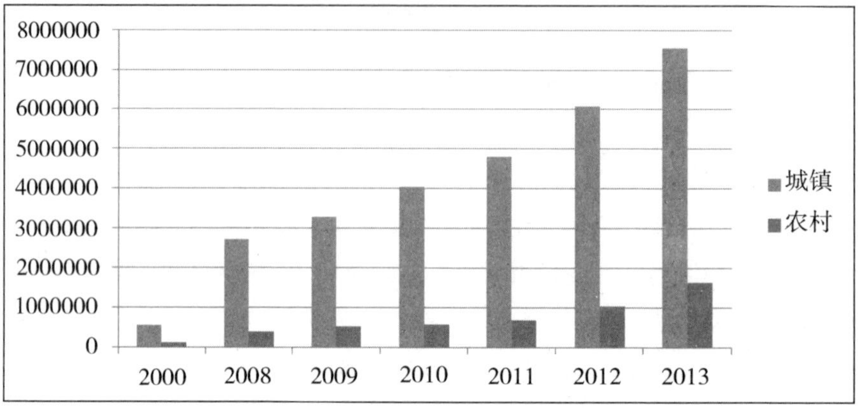

图5-5 西藏自治区城乡固定资产投资情况对比 单位:万元

2000年西藏对第一产业的固定资产投资额为26354万元,仅占固定资产投资总额的4.2%;2010年,西藏对第一产业固定资产投资额为210956万元,仅占固定资产投资总额的6.32%;2013年,西藏地区对第一产业固定资产投资额为381013万元,仅占固定资产投资总额的5.68%。从表5-5的数据资料可以看出,从2000至2013年,西藏的固定资产投资总额不断上升,对于第一产业的固定资产投资也不断增加,但是第一产业固定资产总额占固定资产投资总额的比例增幅很小,基本在5%左右徘徊。以2013年为例,对第二、第三产业投资的固定资产总额是对第一产业投资的固定资产总额的17倍左右,可见西藏固定资产的投资趋势就是向第二和第三产业转移,农牧区所获得投资比重越来越小,这种投资的不平衡不利于农牧区的发展,农牧区固定资产投资的不足将阻碍其基础设施等方面的建设,加大了解决农牧民增收的难度,直接影响农牧民的生活水平,城乡差距将进一步拉大。

表5-5 西藏自治区不同产业的固定资产投资 单位:万元

年份	固定资产投资总额	第一产业固定投资总额	第二产业固定投资总额	第三产业固定投资总额	第一产业占投资总额的比例
2000	629928	26354	151435	452139	4.2%
2010	3337026	210956	817055	2309015	6.32%
2012	4730059	258238	1167775	3304046	5.46%
2013	6708235	381013	1894758	4432464	5.68%

数据来源:西藏统计年鉴(2014)

(3)金融资金投入不足

在政府财力有限的情况下,农牧业想要得到跨越式发展,必须通过间接融资渠道,寻找金融机构融资。但是,西藏的金融业也无法为农牧业的发展提供强大的资金支持。农牧区缺乏完善的金融组织体系,缺乏有规模值得信赖的金融机构,农牧民无法获得相应的金融信贷服务。即使农牧民可以获得一定的融资,但是其资金投入结构并不合理,无法发挥实际促进农牧业发展、改善农牧民生活和实现农牧业增收的作用。金融机构对农牧业的信贷规模不大,而且呈现不稳定性、波动性的特点,也无法给农牧业发展带来长期持久的资金支持。因此,第五次西藏工作座谈会强调要加大金融支持力度,继续维持西藏金融机构优惠贷款利率和利差补贴等政策,并加大中央投资力度,继续扩大专项投资规模,中央投资要向民生领域倾斜,向社会事业倾斜,向农牧业倾斜,向基础设施倾斜。虽然政策上有所支持,但提高西藏金融资金投入之路仍然任重道远。

5.3.2 西藏城乡公共服务经费投入不均等

西藏财政力量不足,主要资源被投放给了城市,导致农村的公共服务体系发展不完全,公共服务设施落后。下面将主要从教育服务、公共卫生服务、社会保障三个方面来讨论政府对城乡公共服务投入的不平等现象。

(1)城乡教育服务方面的差距

和平解放之前的西藏没有正式的教育机构,只有少数贵族能够享受简单教育,广大农奴几乎不能享受教育,因此儿童的入学率低于 2%,文盲率高于 95%。为了实现教育公平,降低青壮年文盲率,发展西藏的教育事业,国家从 1985 年起就对农牧民的子女实行“包吃、包住、包学习费用”的教育政策,2012 年秋季起更是开始实行 15 年免费教育,提高补助标准。西藏的现代教育体系逐渐形成,幼儿教育、基础教育、职业教育、成人教育等均包含在内。截至 2013 年,西藏共有幼儿园 613 所,在校学生 73406 人;小学 841 所,在校学生 294799 人;区内中等学校 130 所,在校学生 196700 人;区内高等学校 6 所,在校学生 33562 人。2013 年,西藏地区初中毕业生升学率达 54.1%,小学生升学率达 92%,小学适龄儿童入学率达 99.6%。九年义务教育的人口覆盖率达到 100%,青壮年文盲率低于 1.2%。① 尽管西藏的教育已经经历了飞速发展,发生了根本性变革,农牧民子女的教育也得到了保障,但是城乡之间的差距依然明显。首先体现在城乡入学率的差别上,西藏初中、小学的入学率普遍低于国家九年义务教育的要求,而且农村的入学率低于城镇的入学率。以 2010 年为例,小学毕业入学率为 92%,但是其中仅有约四分之一农村适龄儿童升学接受了初中教育,城镇约为 80%,远低于国家要求。其次体现在对城乡义务教育经费投入不平衡,导致办学条件差距大、师资力量差距大。

2013 年西藏财政性教育经费占国内生产总值的比重较高,人均教育经费也高于国家平均水平,但是其城乡之间的义务教育投入仍然出现不平衡现象。其不平衡主要体现在平均每位学生的预算内教育经费支出、预算内事业性经费支出和预算内公共经费支出三个方面。从表 5-6 可以看出,区内城镇普通中小学人均支出明显高于农村中小学人均支出,以教育经费为例,城镇普通小学人均支出高于农村人均支出约 14.32%,城镇普通中学高出了 15.52%,预算内事业费和预算内公用费方面都出现了城乡支出不平衡的现象。

① 西藏统计年鉴(2014)

表 5－6　2010 年西藏自治区城乡普通中小学生生均教育经费支出　单位:元

项目	普通小学			普通中学		
	城镇	农村	农村低于城镇	城镇	农村	农村低于城镇
教育经费	7322. 35	6404. 78	14. 32%	8202. 27	7158. 85	15. 52%
预算内事业费	6302. 33	5326. 43	18. 35%	7157. 09	5973. 21	19. 81%
预算内公用经费	1187. 31	1132. 21	4. 86%	2200. 34	2076. 93	5. 94%

数据来源:中国教育经费统计年鉴(2011)

在人均教育经费支出差距大的影响下,相应的教育教学条件也不均等。如表 5－7 所示,以城乡普通小学自然仪器达标率为例,城乡之间的差距较大,农村地区的达标率仅为城镇达标率的一半左右,但都低于全国平均水平。

表 5－7　2007－2008 年西藏自治区城乡小学自然仪器达标率　单位:%

年份	全国达标率	西藏城市达标率	西藏农村达标率
2007	52. 75	42. 86	23. 36
2008	54. 27	57. 69	29. 49

数据来源:中国教育统计年鉴(2010)

教育经费投入的不均等导致西藏城乡教育的师资力量投入不均。如表 5－8 所示,从教师学历结构角度分析,2010 年西藏本科学历及研究生以上学历教师数量与总体教师数量的比仅为 9. 0%,其中城镇比例为 4. 2%;高中以下学历的小学教师数量与总体教师数量的比为 2%,其中城镇比例仅为 0. 47%,农村比例为 1. 53%,具体情况如表 5－8 所示。可以看出,较高学历的小学教师的分配方面,城乡之间的差距较小,但是城镇拥有的研究生学历教师数量依旧占大多数。与城镇相比,农村拥有更多的低学历的教师,农村拥有的高中以下学历的教师数量是城镇的 3 倍多,农村教师的学历差距较大,城镇小学教师的学历结构明显优于农村。从教师学历结构达标率来看,城镇小学教师的达标率高于农村地区,特别是处于经济和政治中心地带的城市区域,其教师学历结构达标率为86.64%,明显高于农村地区以及西藏的平均水平。

表5-8 2010年西藏自治区城乡小学教师学历结构与达标率 单位:人

区域	教师数量	研究生	本科	专科	高中	高中以下	达标率
城市	1715	3	338	1145	219	10	86.64%
乡镇	4776	1	449	3363	886	77	79.94%
农村	12195	1	890	8814	287	287	79.58%
合计	18686	5	1677	13322	374	374	80.29%

数据来源:中国教育统计年鉴(2011)

(2)城乡公共卫生服务方面的差距

为改善西藏的医疗卫生条件,国家形成以政府投资为主导的农牧区医疗制度,并且完善城镇医疗保障的群体范围,促进西藏医疗公共卫生事业的发展,其医疗体系也不断完善。截至2013年,西藏共有1413个医疗卫生机构,床位11036张,专业卫生技术人员11716人。随着医疗体系的不断完善,西藏地区人均预期寿命也从解放初期的35.5岁上升至67岁,死亡率大幅度下降。① 尽管西藏的公共医疗卫生获得了较大的改善,但是其总体水平还是低于国家平均水平,而且存在城乡发展不均的现象。对城乡公共医疗事业财力投入的不均等,导致医疗卫生资源分布不均匀,农牧区的医疗卫生条件相对较差,医疗水平偏低,医疗队伍人员数量不足。

2013年,西藏公共卫生支出为40.29亿元,全年财政总支出为1049.06亿元,公共卫生支出占总支出的3.84%,可见西藏卫生经费支出并不宽裕,在这种情况下,对于农村医疗卫生的投入更是低于城镇。在40.29亿元的公共卫生支出中5.26亿元用于进一步改善村级卫生室设备设施条件,提高村卫生室服务能力,仅

① 西藏统计年鉴(2014)

占总公共卫生支出的 13.06%。截至 2013 年,西藏乡村人口为 238.05 万人,占总人口数的 76.29,面对如此庞大的农村人口基数,对农村的公共卫生支出显得微乎其微。2013 年西藏农牧区医疗制度补贴标准提升至每人 340 元/年,2014 年,西藏农牧民医疗的筹资标准为每人 400 元/年(政府补助 380 元,个人筹资 20 元),相比之下经过城镇职工医疗改革地区的城镇居民或机关事业单位职工可以享受 1000 元以上的公费医疗,与城镇居民相比农牧民所享受到的公共卫生支出较少,面临较严峻的"看病难"的问题。西藏地广人稀、恶劣的自然和地理条件决定了农牧区医疗卫生的重要性,同样也加剧了农牧区医疗卫生建设的难度,相对于城镇地区,农牧区的供给难度偏大,医疗卫生资源多集中在城市,农村资源不足,城镇之间的医疗水平差距较大。

首先,在公共卫生支出不平等的基础上,西藏的农牧民所要承担的医疗保健费用与城镇居民也有区别。2013 年,西藏城镇居民家庭人均纯收入为 20023 元,农牧区家庭人均纯收入为 6578 元,两者之间的比值为 3.04:1。而 2013 年城镇居民的人均医疗保健支出为 501 元,总消费性支出 12232 元,占总消费性支出的 4%;农村居民人均医疗保健支出为 71 元,总消费性支出为 3574 元,占全年消费性支出的 2.1%。① 虽然相较于 2010 年的 3% 有所下降,但是只能获得相对于城镇居民更为有限的医疗卫生服务。

其次,基于公共卫生支出的不均衡,城乡之间公共卫生资源分布也不均衡。主要体现在不同地区的分布具有显著差异,整体分布分散,但是在个别区域集中。虽然西藏每一个农牧区均有卫生院,每个乡镇都配备有卫生院,但是从其床位数和专业卫生技术人员的配比上来看,城乡之间的失衡严重。如表 5-6 所示,截至 2013 年,西藏有各级医疗卫生机构 1413 个,床位 11036 张,专业卫生技术人员 14335 人,其中乡镇卫生院 677 个,床位数 3169 张,仅占总床位数的 28.72%,专业卫生技术人员 3071 人,仅占总技术人员数的 21.42%。② 床位数方面,农牧区与城镇的比例为 0.41:1,专业技术人员人数方面,农牧区与城镇的比例为 0.27:1,相比之下,城镇地区的人员分配较为充足,农牧区严重不足,平均每个乡镇的在编卫

① 西藏统计年鉴(2014)
② 西藏统计年鉴(2014)

生人员不足 2 人,每个村的医生人数不足 1 人。

表 5-9 2013 年西藏自治区城乡公共卫生资源比较

卫生资源指标	农牧区	城镇	总计	农牧区与城镇的比值
卫生机构数(个)	677	736	1413	0.92:1
卫生床位数(张)	3169	7867	11036	0.41:1
专业卫生人员数(个)	3071	11264	14335	0.27:1

数据来源:西藏统计年鉴(2014)

最后,由于农牧区公共卫生支出的不足,导致其医疗卫生条件落后,特别对于一些基层的卫生院来说,大部分拥有的医疗设备都缺乏必要的更新和维护,更是缺乏城镇医疗所拥有的万元以上的医疗设备。医疗卫生人员的专业素质也相对较低,城乡医疗卫生服务的水平差距较大,进而导致城乡居民健康水平的不平等,农牧区人民更容易面临因病致贫尴尬局面,由此将进一步加剧城乡之间的二元分割的结构。

(3)城乡社会保障方面的差距

经过 60 年的发展,西藏已经建立了较为完整的现代社会保障体系,其中包括以城镇职工为主体的五大社会保险制度(养老保险、医疗保险、失业保险、工伤保险、生育保险)以及同样以城镇职工为主体的基本医疗保险和社会养老制度。但是城镇与农村在社会保险、社会福利、社会救助等方面依然存在很大的差距,西藏的养老保险和医疗保险等社会保险方面城乡之间同样存在巨大差异。西藏的养老保险和医疗保险都是以户籍制度为基础的,由于户籍制度的二元分割性,所以其社会保险也被分割为城镇职工、城镇居民、农牧民为对象的三层次结构。

首先,养老保险方面,2011 年,城镇职工基本养老金达到 2165 元,城镇居民社会养老保险的基础养老金为 120 元,而新农保的基础养老金为 55 元,经过三年的提升,截至 2014 年,新农保基础养老金达到 120 元,虽然与城镇居民基础养老金水平持平,但是存在明显的滞后性,且明显低于城镇职工水平。2011 年农村新农保试点基金的收入为 2.54 亿元,基金支出为 1.52 亿元,基金剩余 1.1 亿元;城镇基本养老保险基金收入为15.49亿元,基金支出10.61亿元,基金剩余4.88亿元,考虑到农牧区人口基数的庞大,城乡养老保险的保障水平差距特别大。总体来看,农牧区的养老保障还是以家庭为主体,处于较低水平,发展较为滞后。

其次,医疗保险方面。农牧区的医疗保障建设也存在明显滞后性,早在2001年城镇职工医疗保险制度就已经开始实施,城镇基本医疗保险制度和农牧区医疗制度2007年才相继建立。2014年城镇居民医疗保险待遇进一步提高,政府补贴达到每人每年300元,自筹资金达到360元,而且将城镇弱势群体全部列入其保障范围,其制度建设更为全面。从统筹层次方面来看,农牧区的统筹层次最低,由县级统筹;其次是由地(市)级统筹的城镇居民医疗;最高的是由自治区统筹的城镇职工的医疗制度,抗风险能力也最高。由此可见,不同层次的对象所享受到的医疗保障不同,农牧民所享受的医疗保障待遇是最低的。在失业保险、工伤保险以及生育保险方面,每一项的城镇参保人数已经超过10万,而在农牧区依然属于真空状态。

第三,社会福利方面的最低生活保障制度城乡之间也是差异巨大。城市最低生活保障制度于1997年建立,比农村居民最低生活保障制度的建立早了近10年。2014年起,城镇居民最低生活保障标准由每人每月400元提升至440元,农村居民最低生活保障标准由每人每年1600元提升至1750元,平均每个月不足150元,仅为城镇标准的三分之一。截至2013年,西藏城市享受最低生活保障的城镇居民为47147人,农村为329000人;城镇享受最低生活保障支出总和为14327.4万元,城镇人均支出为301.57元,农村为23537万元,人均支出71.54元,城镇与农村人均支出比为4.22:1. 由此可见在财政投入方面,城乡之间存在很大的差距。

5.3.3 转移支付制度障碍

分税制改革之后,为缓解西藏财政支出的困难,西藏建立了中央财政转移支付制度,虽然历经了20多年的发展历史,西藏的转移支付仍然存在一些问题,这些问题在一定程度上影响了政府对公共服务的财力投入。从测算方法来看,由于采取的测算标准是全国平均水平,忽略了西藏地区经济基础薄弱、税源不稳定、资源有限的实际情况,高估了地方的财政收入水平,高估了地方的标准财政支出,因此中央财政对西藏实际财政支出总量的估测存在一定偏差,造成其预测值小于实际值总额。从政府部门职责来看,由于对下级政府的转移支付制度建设不够成熟,导致转移支付部门之间职责不清。当中央资金下达地方后,资金支配的主观随意性较强,不能实现转移支付资金所要实现的目标,对于专项资金而言更是无法保证专项专用,缺乏相应的措施来监督和惩罚违规行为。转移支付制度缺乏一定的透明度,下级政府无法正确预测,资金下达存在滞后性,因此不利于各级政府对年财政支付的预算,最终导致对公用服务和基础设施建设财力投入的缺失。由于缺乏规范合理的数据模型和测算方法,这在一定程度上导致对基层的转移支付产生偏差,更不利于对资金使用的监管。

(1)财政投入存在成本差异

西藏由于特殊的自然条件、地理因素、文化特色、政府服务半径等多方面因素,对不同区域投入财力的成本也是不一致的。基于相同经费投入的基础上,如果存在成本高低不均匀的情况,就会导致不同地区实际接受的资金或者服务是不均等的,甚至存在明显差异。这些区域成本的差异不仅阻碍了城乡一体化的进程,也抑制了西藏经济发展的速度、降低了发展质量。西藏 86.1% 的地区海拔在 4000 米以上,其独特的地理风貌,恶劣的自然条件,极端的天气情况成了西藏经济发展成本差异化的最主要因素。首先,西藏的高原地形和山脉分布使得地区内交通异常不便,较高的物资运输成本加上由于恶劣自然条件导致的基础设施的折旧率,大大提高了政府投入成本。据估测,西藏的能量损耗和固定成本都要远高于内地 20% 左右,以相同的发电站为例,如果建在西藏,则其实际发电率仅为内地的 7 成,也就是说将会有 3 成左右的损耗。其次,西藏地广人稀,人口分布松散,这就要求在人口聚集的地方都要设置行政中心,安排行政管理人员,并且在其政府服务半径之内设立学校、卫生院等科教文卫的基础设施,以保障区域的正常发展。根据资料显示,西藏的总体经济发展成本高于全国平均水平 71.25% –75.43%,全年的物价水平高于全国平均水平 50%。这意味着在内地 1 元钱能办成的事情和能买到的商品、服务,在西藏至少要 1.6 元,因此,想要获得相同的投资成果,西藏的投入水平要比全国平均水平高60%。①

(2)地方政府财权事权不符

1994年的分税制改革要求明确划分中央和地方政府的事权和财权。中央事权包括国防、外交等全国性公共产品;地方事权包括环境保护、污染治理等地方性公共产品。脆弱的生态环境、特殊的战略地位、关键的国防部署,这就意味着西藏的社会事业在一定程度上属于中央事权的范围。西藏政府承担了超出其财力、财权的事权,而且其经济底子薄弱,无法支撑这类需要大量资金投入的中央事务,只能依靠中央政府的转移支付来保障其财政支出,在这种情况下,西藏政府没有强大的财力继续去支持地区内的基本公共服务和基础设施建设,更是忽略了对边远的农牧地区的投入。

5.4　西藏农牧业发展水平低影响城乡一体化推进进程

5.4.1　西藏农牧民收入增长陷入困境

在西藏,极端的天气条件、脆弱的生态资源条件下植被和农作物难以生长,落后的生产方式抑制了劳动生产率的提高,在这种情况下,西藏农牧民的收入增长陷入困境,将阻碍西藏城乡经济的协调发展。首先体现在农牧民收入增长落后于GDP增长。如表5-10所示,1990至2010年期间,每5年西藏农牧民人均纯收入的增速分别为8.57%、8.68%、9.32%和14.78%,在此期间人均GDP的增速分别为13.07%、14.16%、14.6%和13.9%。2010至2013年期间,每年西藏农牧民人均纯收入增速分别为18.48%,16.62%,15.02%,在此期间人均GDP的增速分别为15.92%,14.24%,13.66%。根据图5-6所示,虽然近年来农牧民的人均纯收入每年都有所增长,但是逐渐显示出差距拉大的趋势。这表明农牧业和西藏经济并不是协同发展的。

① 郭凤芝. 区域成本差异对西藏经济发展的影响——一个宏观的研究视角[J]. 中国藏学,2004(3):48-54.

表 5－10 西藏农牧民人均纯收入及人均 GDP 增速对比

年份	农牧民人均纯收入		西藏人均 GDP	
	绝对数(元)	增速(%)	绝对数(元)	增速(%)
1990	582	-	1276	-
1995	878	8.57	2358	13.07
2000	1331	8.68	4572	14.16
2005	2078	9.32	9036	14.60
2010	4139	14.78	17319	13.90
2011	4904	18.48	20077	15.92
2012	5719	16.62	22936	14.24
2013	6578	15.02	26068	13.66

数据来源:《西藏统计年鉴 2014》。

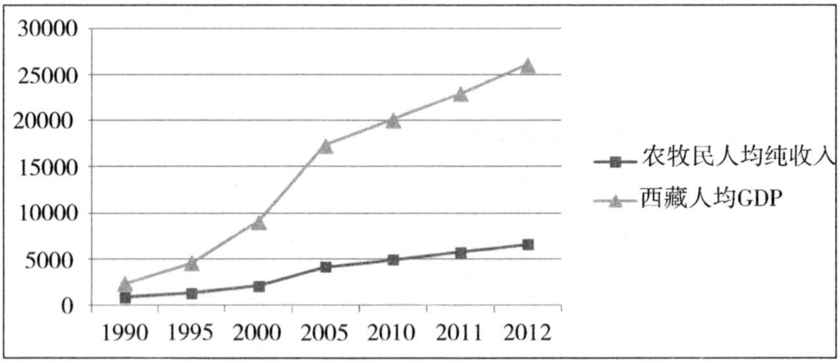

图 5－6 西藏农牧民人均纯收入与人均 GDP 增长变化图 单位:元

其次,西藏农牧民的人均纯收入落后于全国以及西部平均水平。截至 2013 年,全国农村居民人均纯收入为 8895.9 元,西部十二省(市、区)的农村居民平均水平为 6700 元,而西藏人均纯收入为 6578.2 元,落后于全国水平 2317.7 元,基本与西部农村居民人均纯收入平均水平持平。

最后,还体现西藏城乡居民之间的收入差距上。从表 5－11 可以看出,农牧民的人均纯收入明显低于城镇居民人均可支配收入,从图 5－7 看出,西藏城乡居民收入都呈现出增长的趋势,但是相比城镇居民和农村居民的增长速度来看,农村居民收入增长速度比较缓慢，而且明显低于城镇居民可支配收入的增长幅度。由于农村居民收入的基数明显小于城镇居民，且增速小于城镇，这就导致农村居民增收较为困难，最终将导致城乡居民收入差距进一步拉大。

表 5-11　西藏农牧民人均纯收入与城镇居民人均可支配收入　单位：元

	农牧民人均纯收入	城镇居民人均可支配收入
2008	3176	12482
2009	3532	13544
2010	4139	14980
2011	4904	16196
2012	5719	18028
2013	6578	20023

数据来源：西藏统计年鉴 2014

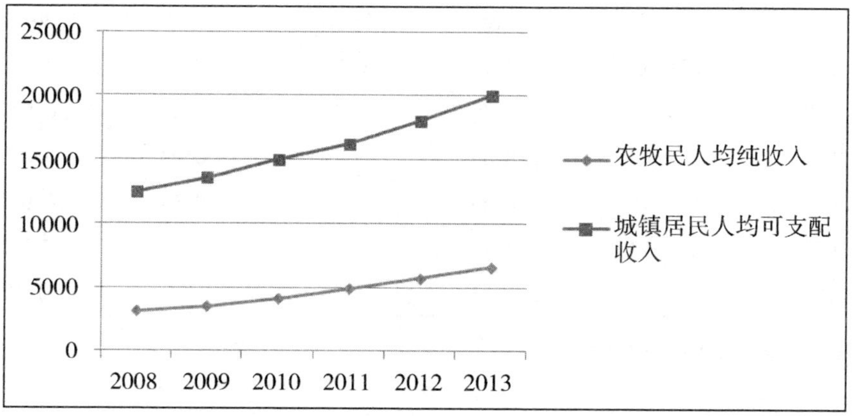

5-7　西藏农牧民人均纯收入与城镇居民人均可支配收入增长趋势图　单位：元

5.4.2　地域限制导致农牧业发展落后

西藏具有极特殊的地理环境，86% 以上地区海拔在 4000 米以上，45.6% 以上地区海拔高于 5000 米，地貌差异明显，气候复杂多变，高寒缺氧。这些特殊的地理和气候因素给西藏农牧业发展带来诸多不利影响。

(1)可用耕地面积不断减少

西藏全区占地约120万平方公里,截至2013年年末实有耕地面积为233.05千公顷,占全区总面积的0.2%左右,其中旱地面积231.81千公顷,水田面积1.24千公顷。有效灌溉面积173.56千公顷,占耕地面积的比重是74.47%,旱涝保收面积是74.03千公顷,占播种面积比重为30.11%。① 西藏脆弱的生态系统和较低的抗干扰能力,耕地土壤的土质比较疏松,土壤累积有机质的速度缓慢,导致一旦土壤经历风蚀、水蚀,就会破坏土壤和植被,导致水土流失。如表5-12所示,2013年减少的耕地面积为0.43千公顷,占总耕地面积的0.18%,是历年来损失的最高值,近几年来西藏的耕地面积以平均每年0.6千公顷的速度不断减少,其主要原因是受风沙侵袭,并且出现一定的沙漠化和潜在沙漠化,土壤一旦受到破坏就很难得到恢复,因此西藏可利用的耕地面积不断减少。

表5-12　西藏自治区耕地面积　单位:千公顷

	年末实有耕地面积			当年减少耕地	
	总面积	旱地	水田	面积	比重(%)
2008	225.92	224.95	0.97	0.09	0.04
2009	229.57	228.49	1.08	0.04	0.017
2010	229.53	228.43	1.10	0.09	0.039
2011	231.57	230.44	1.13	0.14	0.060
2012	232.57	231.34	1.23	0.19	0.082
2013	233.05	231.81	1.24	0.43	0.18

数据来源:西藏统计年鉴2014

(2)草畜矛盾激化,畜牧业发展脆弱、不稳定

西藏的草原资源较为丰富,拥有12多亿亩天然草地,占西藏土地总面积的68%左右,占全国草地总面积的20%左右。虽然基数庞大,但是90%以上的草原处在环境恶劣的地区,特别是像那曲、阿里地区,昼夜温差极大,植被生长的生态环境脆弱。再加上自然灾害频发,导致单位出草量低,草场承载能力差,甚至有

① 西藏统计年鉴(2014)

15%以上的草地出现超载的情况,草畜矛盾现象严重。西藏的草场退化现象严重,牧草的生产力严重下降,会更大激化草畜矛盾。而且由于传统的放牧思维,农牧民一味追求数量从而导致出栏率低,一味惜杀牲畜,如表5-12所示,2013年,牛、猪、羊的出栏率分别为25.62%、49.43%、35.79%,出栏率并不高,进一步加重草场的负担,加快草场的退化和沙化速度。且"靠天养畜"的思想严重,本来畜牧业就属于生产脆弱、不稳定的产业,如果遇到比较多的自然灾害就会损失惨重,因此导致畜牧业的收益不稳定。

表5-12 西藏自治区牲畜存、出栏数量 单位:万头(只)

年份	牛			猪			羊		
	存栏数	出栏数	出栏率(%)	存栏数	出栏数	出栏率(%)	存栏数	出栏数	出栏率(%)
2008	645	123.35	18.9	1678	15.60	60.0	31	520.08	30.5
2009	653	126.58	19.6	1584	19.67	63.5	35	529.84	31.6
2010	654	136.89	21.0	1579	20.45	58.7	36	525.11	33.1
2011	645	147.89	22.60	1459	19.85	55.30	36	547.81	34.70
2012	625	162.02	25.12	1352	19.32	53.80	36	540.59	37.05
2013	599	160.08	25.62	1272	17.86	49.43	36	484.03	35.79

数据来源:西藏统计年鉴(2014)

(3)西藏频发的自然灾害成了制约西藏农牧业发展的重要因素

影响农业发展的主要因素是旱灾、洪涝等自然灾害,农作物很难在这种灾害中生存下来;影响畜牧业的主要因素是雪灾、鼠害以及毒草等,由于草场自身抵抗力很低,雪灾成为影响牧业发展的最重要因素。

5.4.3 农牧业结构不合理,产业化水平低

(1)农业产业结构不平衡

西藏的农业近年来取得了一些发展,但是总体来说其总量规模偏小,无法发挥其对经济的拉动作用。特别是其内部产业结构不平衡,严重制约了农牧业的进一步发展。根据表5-13可得,2013年,西藏农业商品总产值为708638万元,其

中农业产值为331240万元,牧业产值为361599万元,林业为14645万元,渔业为1155万元,占总产值的比例分别是46.74%、51.03%、2.07%和0.16%。根据图5-8可以看出,西藏农业产业的占比是不均等的,其中畜牧业和农业占比较大,而林业比重非常小,其中渔业的占比更是微乎其微。这种产业结构与全国相比体现出严重的特殊性,虽然西藏整个农业占比很大,但是其整体发展质量并不高,缺乏主导产品,畜牧业的发展也体现出大而不深的特点,虽然比重很大,但是缺乏精加工的产品。总的来说,西藏整体农业产业结构不平衡,弱化了其农业产品的竞争力,使得农业发展缺乏后劲。

表5-13　西藏自治区农业商品产值　单位:万元

年份	农业商品总产值	农业	林业	牧业	渔业
2008	485152	228141	11441	245455	115
2009	560052	292188	11873	254372	1619
2010	596053	288973	11521	293962	1595
2011	617494	285682	11204	318851	1758
2012	668265	287462	14517	364476	1811
2013	708638	331240	14645	361599	1155

数据来源:西藏统计年鉴2014

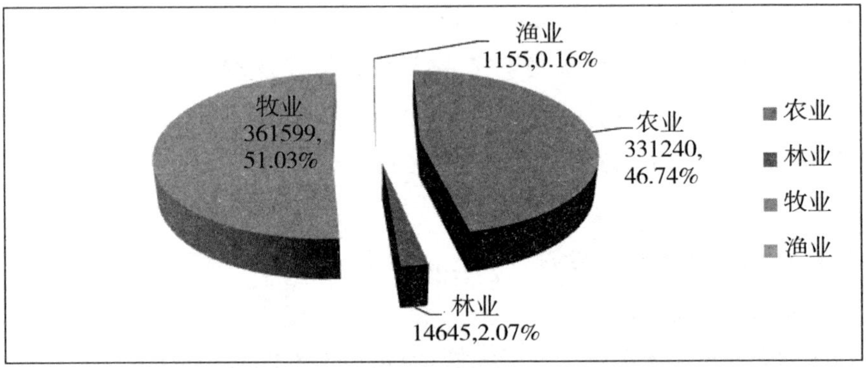

图5-8　2013年西藏自治区不同农业商品产值比例

(2)种植业内部结构不合理

农业品种结构单一,农民主要集中种植粮食作物,忽略了经济作物和饲料作物,种植业的种植比例不合理。如表5-13所示,三种农作物中粮食作物所占的耕地面积是最大的,其次是油料和青饲料。2013年,西藏主要农作物播种面积是248.57千公顷,其中粮食作物的播种面积就达175.87千公顷,占全年总面积的70.75%,是主要的种植作物,油料作物的播种面积为24.55千公顷,青饲料的播种面积仅为24.14千公顷,分别占全年播种面积的9.88%和9.71%。如图5-9所示,粮食作物、经济作物、饲料作物的比重大约为69:10:10,粮食作物的比例明显偏高,而以油料为主的增收能力较强的经济作物以及以青饲料为主的饲料作物比重均偏小,二者相加还不足1/4,特别是西藏饲料用粮的播种面积远远低于全国20%的平均水平。种植业种植一些比例不合理的特色的农作物,如青稞等缺乏深加工产品,缺乏规模化和特色化的种植方式很难提升农产品的经济收益。

表5-13 西藏自治区主要农作物播种面积 单位:千公顷

年份	总计	粮食作物	油料	青饲料
2008	235.29	170.63	24.73	18.90
2009	235.07	169.43	24.49	19.83
2010	240.02	170.15	24.02	19.21
2011	241.43	170.15	24.02	23.86
2012	243.95	170.86	24.02	24.67
2013	248.57	175.87	24.55	24.14

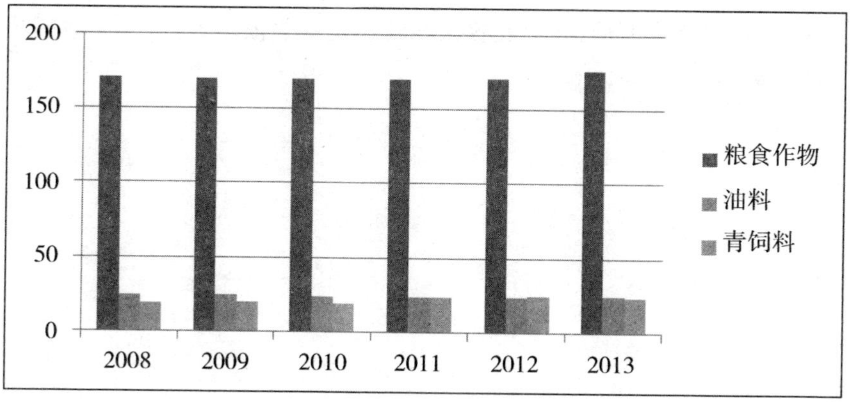

图5-9 西藏自治区主要农作物播种面积对比图

(3)畜牧业产业化水平低

西藏畜牧业的品种结构单一,加工环节薄弱,缺乏适当的深加工环节,特别是西藏特有的农牧产品,如牦牛、羊毛等,都是可以增加创收的特色产品,但是其经济潜力却并没有被深入开发出来,产业化水平偏低。西藏正在不断建设非公经济来推动其农牧业经济的发展,但是由于其建设刚刚起步,而且技术支持有限,导致企业还无法实现规模生产,增收能力较弱。

5.4.4 农牧民文化素质偏低制约农牧业发展

农牧民文化素质偏低,思想落后,生产水平低。西藏的劳动力文化素质较低,特别是在农牧区,由于受到宗教思想、小富即安、重农轻商等传统观念的影响,农牧民的文化素质普遍不高,思想保守观念落后,不愿意接受新技术,往往依靠低产出、小规模的传统耕种和放牧方式,农牧业技术始终不能得到提高。由于西藏交通阻塞,其经济也呈现出封闭的特点,小农经济自产自足的思想根深蒂固,农牧民缺乏市场观念,抑制农牧产品经济效益的提高。其次体现在人才短缺,科技创新动力不足,抑制农牧业效益。根据第六次人口普查得知西藏人口的文化素质普遍不高,文盲率达到41%,特别是农牧民更是缺乏接受过中高等教育的人才,在需要科技创新的年代,人才的短缺明显不能满足西藏农牧业发展的需要,严重制约其发展。最后,西藏农牧区的现代化农业水平低,农业技术推广滞后。虽然在中央财政的支持下,西藏农业机械化已经得到较快速的发展,但是由于农牧业技术推广人员稀缺、技术推广率低,导致农牧区经营还是主要依靠人畜,极大地影响了农牧业的经济效率和发展规模。

第 6 章

拉萨市新型城镇化过程中几个值得注意的问题

早期的城镇化是农村人口向城市聚集的过程，而新型城镇化的发展是坚持以人为本，城乡统筹、协调发展。主要表现为产城互动、节约集约、生态宜居的大城市、小城镇、新农村的城乡一体的协调发展。其核心是，在不牺牲农业、农民利益，不危及粮食生产安全、不破坏生态环境的前提下，着眼农民，涵盖农村，实现城乡公共服务均等化和基础设施一体化的共同富裕。①

拉萨市的城镇化发展较早，但速度慢、水平低。21 世纪初，拉萨市的城镇化率为 29.3%。② 随着国家西部大开发战略的实施，拉萨市的城镇化率在 2012 年达到 54.1%，城镇人口超过农牧区人口，人口向城镇聚集。但由于农牧民自身要素禀赋差、就业竞争力弱，加之拉萨市二、三产业发展规模小，造成农牧民转移就业空间小、流动人口比重增加。城市社会保障体制不健全、人口总量增加、公共资源短缺等，成为拉萨市新型城镇化过程中人口管理必须面对和解决的问题。

6.1 拉萨市新型城镇化进程中的人口管理

6.1.1 拉萨市人口基本情况概述

拉萨市地域总面积近 3 万平方公里，辖 7 县 1 区：堆龙德庆县、当雄县、尼木

① 资料来源：新华网 http://news.xinhuanet.com/18cpcnc/2012-11/17/c_113711665.htm

② 城镇化率（又称城市化率、城市化度、城市化水平、城市化指标）是一个国家或地区经济发展的重要标志，也是衡量一个国家或地区社会组织程度和管理水平的重要标志。

县、曲水县、林周县、达孜县、墨竹工卡县和城关区。从第六次全国人口普查数据可以看出(见图1),拉萨市人口主要集中在城关区,因此人口管理的重点应放在城关区。只有抓住了这个最主要的方向,才能不断改善拉萨市人口管理现状,准确掌握拉萨市人口特征,找到一条适合拉萨市人口管理的途径。

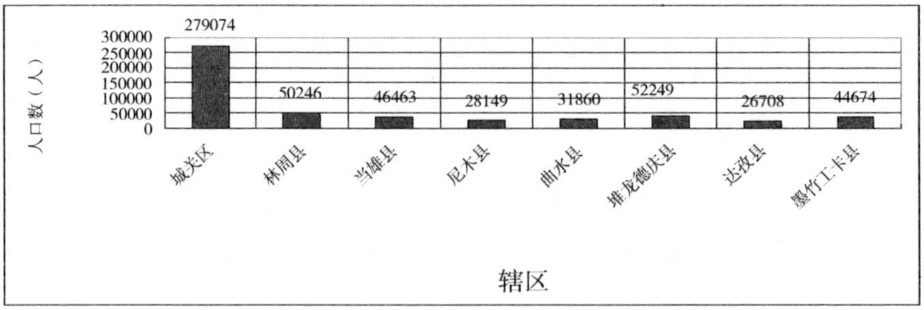

图6-1　拉萨市人口的地理分布

数据来源:西藏统计年鉴(2012)

在拉萨市人口的民族构成中,藏族占主体地位,汉族次之(见图2)。这意味着在人口管理过程中应当注意对藏族居民的管理,尊重他们的民族习惯和宗教信仰,协调他们与其他民族的关系,进而构建健康、和谐的城市社会关系,创造和谐的城市文化氛围。

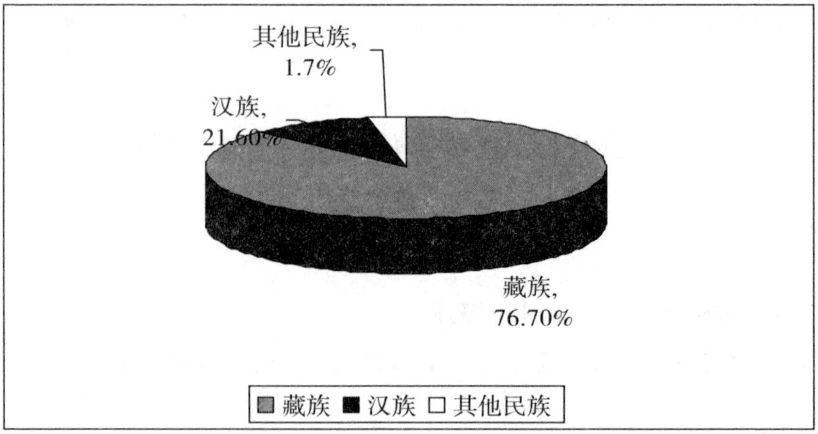

图6-2　拉萨市人口的民族构成

数据来源:西藏统计年鉴(2012)

随着拉萨市经济的发展，出现了一个突显的人口现象，就是规模庞大且不断增长的流动人口。尤其自青藏铁路开通以来，流动人口规模更呈急剧膨胀之势。拉萨市流动人口来源多元化，这使得拉萨市成为人口及经济吸引中心，经济发展前景更趋广阔。在笔者随机访问的 346 人中，计划在拉萨市居住不到 1 年的占 6.07%，计划居住 1－2 年的占 17.92%，计划居住 3－5 年的占 15.02%，计划常住定居的占 6.65%，表示不确定居留时间的占 54.34%。由于大多数人不愿意或者没有确定长时间待在拉萨市，这给拉萨市人口管理造成一定困难，即无法确定这部分人的居住地以及想要在拉萨市从事何种工作；但同时也给拉萨市人口管理提出了新的问题和挑战，只有不断地创新管理理念，采用科学管理方法，才能保证拉萨市的繁荣和稳定。

6.1.2　拉萨市新型城镇化过程中人口管理存在的问题

（1）管理体制不完善，难以适应当前复杂的人口管理局面

人口管理工作涉及公安、卫生、教育、工商、社会保障等部门，尤其在城镇化过程中，农业户口向城镇户口转变，农牧业从业者向非农牧行业转移等问题需要各部门密切合作才能完成。但是在实际工作中，各部门管理层次不齐，管理衔接不紧密，即所谓的“各管一段”，又有“共管一段”所造成的重复管理、责任不清等问题。目前，在拉萨市新型城镇化发展过程中，人口管理的主角仍以公安系统为主。综合执法、齐抓共管的工作合力尚未形成，单凭公安系统进行人口管理，很难适应当前复杂的人口管理局面，管不到位也很难管好。

（2）眼下管理理念难以满足城镇人口管理的新要求

拉萨市是我国反分裂斗争的前沿阵地，以公安系统为主的人口管理主体，既要防范反华势力和分裂主义，又要打击辖区内的犯罪行为，还要做好人口管理的相关工作，尤其在新型城镇化过程中人口管理是以服务为主，才能做到人口的合理、有序流动。但这些年公安系统的工作重点主要放在防范分裂势力及打击辖区内犯罪行为上，以至于在一定程度上轻视和忽视了对新型城镇化过程中人口管理的服务。

（3）传统的管理模式难以适应人口从静态向动态的转变

传统的人口管理模式主要以家庭、单位为坐标的静态管理模式,即人口和户籍高度合一,户籍不能随人口流动,而在现代市场经济体制下,资源优化配置的前提条件是生产要素的流动。随着城镇化过程的不断深入,流动人口数量增加且流向不确定,使静态的人口管理模式难以适应新型城镇化发展过程中对人口管理的新要求。与此同时,流动人口在拉萨市获取一定财富后便离开,造成财富积累和消费分离、财富创造和享受分离,而新型城镇化发展中的"生态宜居",不仅仅包括自然生态环境的宜居,更包括社会生态环境的宜居,其核心是要留得住人才,使其享有享受其创造财富的权力。

(4)公共资源供给有限与公共服务需求迅速膨胀之间的矛盾突出

拉萨市在新型城镇化过程中一直在努力推进基本公共服务均等化,扩大受益面,但由于禀赋有限,公共资源的提供无法满足城镇人口越来越大的需求。土地、水、环境、基础设施、能源等公共资源短缺问题暴露无遗,流动人口的住房、子女教育、医疗保障等资源也存在一些问题。这为公共服务带来了巨大压力,对现有城市管理体制和社会发展福利体制造成很大冲击,加大了城市人口综合调控管理工作的难度。

(5)户籍制度限制,导致人口管理边界困境

在新型城镇化过程中,人口管理边界问题尤为突出。如果以户籍人口为边界,则管理范围小,不能满足外来人口管理的需求,也不符合新型城镇化建设的和谐发展要求,甚至连维持社会稳定的基本要求都难以满足。长期以来,思维定式是影响户籍改革进程的一个重要因素,不论是政府的决策层还是学术界,相当数量的人总是担心户籍制度改革会导致人口大量流向城市。实际上,人口迁移和流动是由不同区域的就业条件和迁移者的价值取向决定的,社会经济发展到一定程度,一味控制人口迁入城市,未必是明智之举。那么,如何突破现行的户籍制度限制,如何定制人口管理边界?比如人口管理边界扩大到什么范围?户籍制度如何与新的人口管理边界衔接等都是拉萨市人口管理工作中亟待解决的问题。

(6)农牧民自身要素禀赋差,实现转移就业困难

一方面,由于西藏过去教育资源贫乏,造成老一代农牧民的文化素质普遍较低、缺乏生存技能,对新事物的接受能力差、认知程度低,加之想学没地方学、想学没钱学的情况普遍,使得这部分农牧民转移就业可选择空间小,只能选择对文化

素质、技术技能要求低的工作,大大限制了其向非农牧行业的转移。另一方面,新生代农牧民虽然受教育程度较高,具备一定技术技能,但工作耐受力低、社会适应能力差,对职业、生活的高期望,以及自我认知程度高、急切渴望社会承认的心态严重等因素,制约了他们向非农牧转移就业。然而,拉萨市新型城镇化过程就是农牧民向非农牧行业转移。因此,农牧民自身要素禀赋差、实现转移就业困难是新型城镇化过程中人口管理不可忽视的问题。

6.1.3 解决拉萨市新型城镇化过程中人口管理问题的新措施

随着经济社会的发展,拉萨市的人口规模在不断扩大,如何引导人口合理分布和流动,增强城市人口管埋工作,是推进拉萨市新型城镇化进程的重要内容,也是统筹城乡、区域发展的关键环节。为此,要积极稳妥地推进新型城镇化建设,加快提升城镇人口管理工作的水平,最终实现人口数量、素质、结构的协调发展,人口与资源、环境、经济、社会的可持续发展。

(1)人口管理体制:以政府为主导,发挥非政府组织的作用

为了实现人口管理与新型城镇化的协调发展,首先就必须破除不利于新型城镇化发展的人口管理体制。任何人口管理体制,都是为解决一定的人口问题而存在的。当前的拉萨市人口管理体制必须面对“转变后”人口实际(“转变后”人口,指生育率下降到更替水平以下,并将低生育率水平之上保持一个人口再生产周期左右的人口),面对“转变后”阶段各种人口问题陆续浮出水面,除人口数量、质量外,人口结构问题突显的实际,各部门应在政府的统一领导下,做好本部门工作的基础上,实现整体效应,形成工作合力。具体来讲,在政府部门管理人口的基础上,应充分发挥非政府组织在人口管理中的作用,实行联动管理,使其通过各种方式、渠道,广泛参与到新型城镇化建设过程中人口管理的工作中来,尤其是外来人口、弱势群体、边缘群体的服务上来。其次还要对人口的流动进行合理地引导。

(2)人口管理观念:因地制宜,引入先进管理理念

首先,借鉴内地和国外的先进经验,与拉萨市各地的实际联系起来,寻找其中的结合点,找到其中有用的东西,进而运用到实际管理当中去。其次,更加注重以人为本,更加注重管理效率。服务型政府要求干部必须提升服务观念和服务意识,在打击违法犯罪的基础上,做好对新型城镇化过程中人口管理的服务工作,包

括户口迁移、农牧区城镇化后的相关社会保障工作等。一方面,不断整合人口信息资源,理顺人口管理主体,规范人口管理事物,不断优化人口管理过程;另一方面,通过出台相关政策,鼓励、引导和支持市场主体和非政府组织参与到一些人口管理的工作中,并对其规范和监管,确保其充分发挥服务职能,增强人口管理的效能。

(3)人口管理制度:完善流动人口居住证制度

一个城市的人口吸纳能力是与它的经济社会发展目标和城市功能布局密切相关的。要解决好人口管理的问题,首先要按照公平对待、服务至上、合理引导、完善管理的原则,也需要把城镇流动人口管理纳入当地经济社会发展规划,特别要结合积极稳妥推进新型城镇化建设,加快人口管理制度的改革,着力解决流动人口就业、居住、就医、子女就学等问题,提升人口服务管理的水平。2012 年下半年,拉萨市正式启动流动人口居住证制度。凡在拉萨市居住 1 年以上、符合办证条件的暂住人口均可到辖区派出所申请办理居住证。与暂住证相比,居住证有望给流动人口带来子女入学等方面的市民待遇,但服务内容仍然较少,政府应进一步完善公共服务和社会保障平台,使最低生活保障、住房保障、失业保障、医疗保健等基本公共服务覆盖全体居民。在鼓励各民族相互兼容、平等共处的同时,要充分考虑到各民族传统生产活动的延续和发展,以及不同的风俗习惯和各民族优良文化传统保持的需要,这也便于户籍的管理与服务。

(4)人口管理模式:创新人口管理模式,构建人口管理新平台

拉萨市目前对外来人口实行“暂住证”和“居住证”相结合的管理制度,按照“公平对待、合理引导、完善管理、搞好服务”的工作方针,把办理人口暂住登记、出租房屋登记、与业主签订治安责任保证书、公安机关与各宾馆、饭店、旅行社联网等有机结合起来,但这种制度和模式对于新型城镇化过程中的人口管理并不合理,因为要使农牧民实现永久的“城镇化”就不能将其作为流动人口进行管理。因此,在新型城镇化这一动态发展过程中,人口管理也应实现动态的高效管理。即淡化户籍作为唯一的权利门槛的功能,找到其他体现权利与义务对等的替代性手段,逐步稳妥地赋予相关权利。这样,既体现了改革的方向性,也控制了冲击波。

(5)建立健全农牧民再就业培训机制,实现农牧民非农牧就业

人力资源状况是指一个国家或一个地区在某个时间段内能够投入社会经济

活动的劳动人口状况。目前,拉萨市整体的人力资源建设能力普遍不足,还有很强的区域差异。因此,政府应该在转变经济增长方式的潮流中、在中央优惠扶持政策的机遇中,努力克服人力资本不协调的问题,大力培养与经济增长相协调的人力资本。特别是从农牧民自身出发,加大对从事非农牧行业的农牧民进行就业技术培训,尤其对年龄较大、文化基础较差的农牧民,通过单项、短期的实用技能培训,使其掌握一技之长,顺利实现向二、三产业的转移,成为适应新型城镇化发展的新居民。逐渐平衡单向人口流动,缩小智力鸿沟,达到人力资本可持续发展。

(6)加快数字城市建设,完善拉萨市的城市网格化管理

所谓的网格化管理,是指建立在城市发达的网络基础上的一种创新性管理,即将城市的管理辖区按照一定标准划分成单元格,在政府管理基础上实现更加明细的划分。实现人口管理主体的社会化与多元化;实现人口管理机制的主动化与常态化;实现人口管理过程的合法化与精心化,也体现了城市人口治理的思路与方向。要实现城镇的网格化管理,以实现城市人口综合管理为目标,首先要以电子化的人口数据库及其相关数据为基础,以计算机网络技术、通信技术、空间信息技术为主要技术平台,以数据动态更新、信息查询与其统计分析、事件流程管理为基本运行过程,建立起相对应的网络服务平台,实现管理主体、管理对象、管理过程、处理结果等各个环节上的数字化;其次要提升管理主体和管理客体的网络应用技术,才能实现定量定性的网格化管理。数字化人口管理系统的建立,最终将不仅仅是服务于政府管理工作,也应当为居民经济社会生活提供便利。因此,网络化管理的另一方向是加强居民终端建设,服务居民生活。

6.2 城乡一体化布局下的农网智能化建设问题

农村电网智能化是国家电网中的重要部分,是指在建设农网时,使用具备自动化和信息化与互动化特征的技术与集团化的高标准管理方式,来提高电网智能化的建设将对我国的经济发展带来改变,所以,国家电网应加大对农村电网智能化的建设,增强智能化电网使用的安全性与可靠性,提高农网智能化的设施设备

与管理水平①。

6.2.1 城乡农网智能化建设的问题

我国现在对于农村电网建设还存在许多问题,农村网架基础结构比较差、供电能力低、电网质量差、电网自动化能力弱等现象。新农村建设的实施使农村用电量迅速增长,以现在的农村电网的供电能力与供电条件已不能满足现在用电的需求②,出现几个特征:(1)电网特征。农村电网与城市电网之间的差别是,农村电网是分布广、电压负荷扩散不集中等特征,而且农村建设网点较多、电网的地形与地质条件比较复杂,使用环境较差,所以,在建设与维护电网时,有一定的难度。(2)农村用户特征。根据我国相关的调查研究发现,城乡用电人数占社会的一半,而农村用户存在用电负荷扩散、分布范围较广和发展不平衡等制约因素,使农村对于用电以及供电需求存在一些差距。(3)企业管理特征。农村电网供电企业具备多样化的管理模式与人员复杂的特征,主要的管理模式是四级,即由国家、省、市与县的管理。同时,农网企业存在生产经营水平与工作人员素质之间的差异③。

6.2.2 农网智能化建设的发展目标

农村电网智能化建设的发展目标是:利用新农村建设之后的发展优势,加强农网科技发展的需要和用电的需求,使用已有的建设条件,增强对农村供电网络的建设,提升电网智能化的建设水平,改善信息化和自动化以及互动化功能,提升对农网自动化的管理控制能力,加强电网和农村用户以及各种新型设备的互动水平,体现节能环保的发展趋势,努力建设以加强为本,智能为辅的新型农网智能化体制,有效的促进农村经济与社会发展。

城乡一体化布局下农村智能化建设,可以改善农村的供电系统,为居民的生

---

① 史常凯,梁英,孟晓丽,马力. 城乡一体化布局下的农网智能化建设分析[J]. 电力系统自动化. 2011(06):1-6.

② 唐巍,赵云军. 农村电网智能化建设的思考[J]. 电力科学与技术学报. 2010(04):31-35.

③ 王金宇. 农网智能化建设中的技术创新[J]. 农村电气化. 2012(03):9-10.

活提供更多的方便，所以，要努力打造新型农村智能网络，更好地服务于社会。

6.2.3 农网智能化建设的具体措施

优化之前的农网供电模式的规划设计，以城乡当地的实际情况为主，建设合适的电网供电方式，创新电网智能化规划与系统相结合；增强满足互动化模式与满足多能源互相补助的需要，设计多种电网优化方式，例如，区域电压等级优化方式、电网智能设置装备优化方法、电网智能布局优化方式等等；加大满足互动化的需要以及农村智能网的供电模式需求。

农网智能化装备建设：(1)寻找适合各地区农网供电智能化的建设方式，解决农网供电设备检测技术；(2)完善供电站设施设备优化检测与修理方式；(3)供电站设施的智能化管理方法，加大力度实现供电设备延长寿命的综合优化控制。研究智能控制农网配电开关的建设，加强建设非平面操作开关结构，提高开关操作性能，建设电台区、电柜与电箱加大对农网智能化的建设，研制智能管理终端系统，并组织与应用①。

农网自动化和优化使用的建设。自动化是智能化电网的体现，是适合农网特征和使用环境的方式，研究适合农网技术与经济发展规律的自动化管理模式，探究电网数据平台的运行技术、自动锁定故障区等技术，建设设备一体化与农网故障警报以及智能管理控制等方式。农网的建设应符合当地的实际情况。为农村提供多种便捷方式进行缴费，是实现城乡一体化的具体标志，可以解决农村用户缴费难等问题。强调智能化与互动化之间的互动性，增强智能化在市场中的作用，改变农村用户的消费模式，提升电网设施使用的效果，增强客户服务水平。综合考虑多种制约因素，例如，用户用电需求、经济环境等因素，建设适合不同条件的新农村智能网络建设，促进农村信息化建设，对农网进行合理科学的规划。把电力、信息与业务进行整合，增强综合节能效果，减少损失。实施农网运行模式的优化、经济调节和使用节能型电压以及分布电网运行等农网运行研究方式②。

---

① 邵亚波，黄备．智慧之光耀万家——宁波鄞州供电局农网智能化试点项目建设侧记[J]．农村电气化．2012(03)：11－13.

② 张小冰，刘刚，熊帮国．一种智能电网在线监测终端的研究与设计[J]．长江大学学报(自然科学版)．2012(05)：157－160.

农村电网是我国电网中的重要部分,促进农网智能化建设是建立统一增强智能网的关键,对于建设城乡一体化布局、服务社会主义新农村有着重要的意义。农村电网是我国经济社会发展的重要侧面,是建立新农村的基础,同时,也是建设新型农网智能化的基础。充分展现农网智能化在资源优化配置与在社会经济之中的作用,是实现各级电网互相协调的智能电网发展目的,促进我国社会经济的可持续发展战略。所以,提高农网智能化建设是十分重要的,农网智能化给农村居民带来更加快捷的生活方式,对于农网的安全性、环保性以及高效率的发展方向有一定的重要作用。

6.3 西藏新型城镇化发展战略的差异性选择

城镇化是人类社会发展的必然趋势,是西藏摆脱欠发达状态、推动现代化建设、实现西藏长治久安的现实需要。根据诺瑟姆的城镇化发展S型增长曲线理论可知,当前,西藏城镇化进入了加速发展阶段。主要表现为:城镇经济迅速发展,农牧人口剩余劳动力持续向城镇转移,城镇化水平不断提升。与此同时,城镇化加速发展的各种问题、矛盾日益突出。城镇体系不完善,缺乏相应基础配套设施;城乡差距日益显著,社会矛盾突出;城镇产业结构不合理,吸纳剩余劳动力能力有限;城镇发展重表面轻内涵的现象突出,城镇化发展质量有待提升。毋庸置疑,产生这些问题的原因是多方面的,但城镇化发展战略的选择对解决这些问题至关重要。鉴于此,我们要深刻认识和把握西藏城镇化的发展规律,对西藏城镇化发展的现状进行剖析,寻找城镇化过程中产生各种问题和矛盾的根源,选择适合西藏新型城镇化发展的战略和路径,推动西藏新型城镇化高效、包容、可持续发展,促进西藏经济社会各项事业全面发展,让人民共享新型城镇化发展带来的实惠。

6.3.1 西藏城镇化发展整体概况

西藏位于祖国西南边陲,平均海拔4千米以上,是中国五个少数民族自治区之一。土地面积为122.84万平方公里。下辖3个地级市、4个地区和72个县,总共有140个城镇,城镇密度为每万平方公里1.2个。2012年末西藏户籍人口总数为308万人,其中,城镇人口数为70万人,占总人口的22.75%;乡村人口数达238万人,占总人口的77.25%,流动人口约为26.2万。人口密度为每平方公里2.6人,人口分布极不均衡,多数人口集中在南部和东部。① 2012年末城镇居民人均居住面积36.14平方米,农牧民人均居住面积达到29.58平方米。2012年末西藏城镇建成区面积达到205平方公里,六地(市)行署(政府)所在城镇建成区总面积达到62.5平方公里。②

2014年,西藏实现全区生产总值925亿元,其中第一产业增加值为94亿元,第二产业增加值达到336亿元,第三产业增加值495亿元。人均地区生产总值30032.46元。全区城镇居民人均可支配收入达22026元,农牧民人均纯收入7471元。③

西藏的城镇发展较早,囿于自然条件、地理区位的限制,城镇化发展缓慢落后。随着西藏经济的快速发展,农牧业剩余劳动力涌向城镇,城镇建设规模、建成区面积逐渐扩大;但农牧区人均居住面积、人均纯收入等仍旧落后于城镇地区,城乡发展"二元"特征显著。改革开放以来,在中央和地方政府主导的工业化改革和农村改革政策推动下,西藏城镇化发展逐渐出现活力,政策机制成为西藏城镇化发展的助推手、加速器。在"援藏"政策的推动下,西藏城镇规模迅速扩大,基础设施建设稳步推进,城镇功能逐步完善,交通路网优化升级。与此同时,农牧区剩余劳动力开始向城镇转移,人口规模和用地规模也在考量着城镇的承载力,作为西部的空间地域重心,也呈现出与发达地区显著不同的城镇化发展道路。西藏要实现跨越式发展和长治久安,必须借力中央和地方政府的有效政策,但其内部驱动力只能来自新型城镇化。因此,加快西藏新型城镇化进程,选择适合西藏新型城镇化发展的战略和路径迫在眉睫。

---

① 资料来源:《2013年中国经济统计年鉴》,国务院发展研究中心[M]. 北京:中国经济年鉴社出版,2013.

② 资料来源:2015年西藏自治区推进新型城镇化工作会议公布数据,西藏新闻网,2015(1)(4).

③ 资料来源:2015年西藏自治区经济工作会议公布数据,西藏新闻网,2015年1月4。

6.3.2 西藏新型城镇化发展的特殊环境

城镇化是人口和各种要素在空间上的聚集现象,既受制于一定的自然地理环境和条件,又决定于一定的经济社会发展层次和水平。西藏是一个多民族集聚区;地处青藏高原,气候恶劣;区域内多为禁止开发区和限制开发区,经济发展缓慢;且城镇化发展呈现出起点低、速度慢、范围广的特征。因此,西藏的新型城镇化发展不同于其他发达地区,在新型城镇化发展中要处理好城镇化发展与西藏自身特殊环境的关系,主要表现在以下三个方面。

一是西藏是以藏族为主的多民族聚居区,长期以来,西藏各民族之间的和睦共处、融洽合作和文化、宗教上的相互认同,为西藏经济发展和社会稳定发挥了重要的作用。在新型城镇化的推进中,要在照顾民族特点、尊重民族风俗习惯的前提下进行。二是气候恶劣,生态环境系统极为脆弱,土地承载力十分有限。因此,加强环境保护,持续改善生态状况是实现经济社会可持续发展的一个重要前提和基础,也是西藏新型城镇化进程中必须加以重视的一个重要问题。三是市场发育程度低,经济社会发展缓慢。西藏自然资源丰富,但作为主体功能区划中的禁止开发区和限制开发区,加之教育资源落后和科技普及程度不高,资本和人才资源匮乏,市场化程度低,经济社会总体上处于比较缓慢的发展状态。新型城镇化推进中要注意因地制宜地利用好自然资源禀赋,在生态保护中发展资源环境可承载的特色经济、适宜产业,把生态环境保护与发展生态经济结合起来,探索发展壮大特色生态经济,推动经济社会持续发展。

6.3.3 西藏城镇化整体进程中存在的问题

(1)城镇空间分布、规模结构不合理,城镇建设缺乏特色

西藏城镇总数为 7 地市和 72 个县,平均每 3.8 万人一个建制镇,城镇服务半径大。从城镇人口等级规模看,除了拉萨市、日喀则市、昌都市的人口数可达中等城市规模,其余地区均以小城镇为主。以拉萨市为主的三个中等城市的经济实力羸弱,尚未形成区域经济中心磁力,难以辐射带动全区的经济社会发展。摊大饼式的小城镇发展模式,导致小城镇数量多、规模小、实力弱、质量差,城镇建设反复、功能重合,极大程度上造成资源的浪费。城镇经济发展水平普遍较低,城镇职

能单一,缺乏吸引与辐射能力。由于地广人稀,城镇之间地理距离较远,城镇之间经济联系弱,没有形成完整的城镇序列。在城镇化的过程中,由于自然环境约束等,导致城镇建设投资高、难度大、城镇空间容量有限;加之缺乏对地方特色民俗文化保护和对历史文化资源的系统规划,使城镇建设缺乏特色和应有的个性,城镇文化内涵无从彰显。地方政府财力有限,城镇管理水平严重滞后。

(2)城镇化水平滞后,城镇基础设施薄弱

西藏社会经济发展乏力的一个重要原因就在于城镇化进程滞后。城镇的规模小、实力弱、质量差等特点,决定了其城镇化水平远远低于国内其他省市。2014年我国平均城镇化率为54.77%,同期西藏平均城镇化率为25.75%,城镇化率较全国均值低近30个百分点,比西部地区均值低21.1个百分点。① 显而易见,西藏的城镇化水平远远低于我国平均水平,城镇化水平低,导致城镇体系对区域经济的组织和辐射能力比较弱。西藏自然环境特殊,大规模的工业生产受限,导致地方政府财力羸弱,经济社会发展只能依靠中央政府财政补贴。产业支撑薄弱,自然环境恶劣加之财力有限,导致西藏城镇基础设施落后,城镇基础设施建设缺乏合理详细的规划;基础设施建设方式落后,市政公用设施功能不齐全,城镇公益设施匮乏。基础设施建设的严重滞后,导致农牧区剩余劳动力难以流向城镇,只能滞留在农村;同时政府难以从人口规模的扩大中获得稳定的财政收入,越发压缩城镇人口的吸纳空间。

(3)资源环境约束性强,城镇化发展举步维艰

西藏土地资源丰富,总面积122万多平方公里,拥有宜农耕地680.57万亩,约占全区土地面积的0.42%,耕地集中分布在藏南河谷及河谷盆地中,东部和东南部也有少量分布。西藏土地资源的最大特点是未利用土地多,虽然可利用潜力很大,但是面临着气候以及生态环境的制约,加之由于耕作方式的落后,农牧民商业意识淡薄,在农作物的经营管理上没有改变传统的落后的耕作习惯,致使大面积耕地不能科学合理地加以利用,土地资源浪费严重。而工业化、城镇化的快速发展必然需要更多的土地资源作为基本载体,可利用的土地资源有限,导致城镇化

① 资料来源:2015年西藏自治区推进新型城镇化工作会议公布数据,西藏新闻网,2015(1)(14).

建设陷入困境,工业化发展更是纸上谈兵。目前西藏还承担着长江上游生态保护的历史重责,这种态势意味着经济社会发展对西藏的环境保护要求也越来越高,相应地对承接产业转移和产业发展的选择要求也越来越严格。但是,当前区内的产业相当一部分都是附加值低的传统产业,有一些产业的发展因为生态环境的限制不得不放弃。传统产业和环境容量制约了城镇的建设和发展。所以,在新型城镇化的发展中,西藏如何处理好城镇化发展与产业结构、资源环境三者之间的关系是摆在我们面前的现实问题。

(4)产业发展不均衡,城镇发展动力不足

长期以来,农牧业作为西藏的主导产业,受历史、资源、经济等因素影响,西藏二产发展不充分,三产发展层次低,一、二、三产业结构极度不合理。农牧业占比高,产业发展一直呈现出单一化特征,农牧业内部结构趋同化现象严重,这种趋同带来的是资源利用上的大量浪费,总体上的聚集效益下降,从而导致农牧区剩余劳动力向城镇转移的拉力和推力都明显不足,城镇化发展缺乏动力。在中央和地方政府对西藏的高度重视和大力支持下,旅游业逐渐成为西藏城镇建设的重要产业依托,成为农牧业人口实现产业转移的重要渠道。且西藏旅游业不仅具有资源丰富和劳动力廉价的相对优势,同时可以拥有国际和国内发达地区两个市场,有着更大的生产发展空间。加之,国家基础设施建设向中西部倾斜的政策实施,也为西藏旅游业的发展提供了很好的支持。但是,由于对旅游资源的开发缺乏科学合理的规划,导致旅游业发展只停留在肤浅的观光层面,旅游业的内在品质不高,对区域经济的拉动作用有限,城镇发展缺乏有力的产业支撑。

6.3.4 构建西藏新型城镇化战略格局思路

当前,西藏面临着城镇化发展速度慢、水平低等问题,城镇化质量不高严重影响着西藏经济社会的健康发展。因此,西藏应加快城镇化发展步伐,将城镇化的快速推进和质量提升有机结合,优化城镇空间布局,重视城镇特色产业培育和品质提升,适度推进农牧业人口市民化,统筹城乡发展,构建融合共享的城乡关系,走高效、包容、可持续发展的新型城镇化道路。

(1)科学合理规划城镇体系,优化西藏新型城镇化发展格局

遵循区域社会经济发展战略和市场经济客观规律,优化城镇布局,配套基础

设施,完善城镇功能,协调中小城镇发展,逐步形成水平高、经济繁荣、管理高效、环境友好、富有文化内涵和活力的现代化城镇体系。一是逐步建立以拉萨市为核心、6地市为骨干、其他中小城镇为基础的多层次城镇体系。着力培育拉萨市、日喀则市、昌都市为区域性中心城市,充分发挥中心城市的辐射带动作用。二是积极促进各地市经济社会发展,合理确定各级各类城镇数量和规模,保持各级城镇之间的合理比例以及相互协调。三是引导农牧业人口有序转移,针对西藏地广人稀的特点,适当试点地乡镇合并,鼓励人口向中心镇、县城等建制镇集中。四是有重点地选择建设一批有发展潜力,区位条件好,资源承载力较强的特色小城镇作为重点镇发展,从规划建设、产业发展、城镇管理、资金支持、项目配套、土地指标等方面予以政策支持,提高小城镇的产业支撑能力和公共服务水平,扩大集聚规模,增强人口吸纳能力。财政资金优先对特色小城镇重点建设项目进行先期投入,根据资源型、旅游型、交通型、边贸型等特点,推动小城镇向专业化、特色化方向发展。五是西藏是多民族聚居区,城镇布局不仅是个经济问题,而且生态、民族、宗教、政治、边境、地质等多种复杂因素交织,同国内其他地区相比具有特殊性。因而在城镇化过程中应当充分考虑民族特性,既要改造西藏城镇落后的面貌,又要传承优秀的民族文化,保护具有历史文化价值的建筑,建设具有民族文化特色的城镇。六是扶持偏远地区的小城镇作为"三农"服务的中心。整合已有机构、人员、服务等资源,成立"三农"服务中心,丰富服务内容,创新服务形式,为农牧区提供科技、信息、营销、农资、劳务、法律咨询、办证、流动人口管理等"一站式"服务。

(2)拓宽投融资渠道,加强城镇公共基础设施建设

目前在西藏,基础设施的建设依旧单纯依靠政府的大量投资,资金存在严重缺口。新型城镇化发展中,城镇要树立城市经营的理念,进一步改革投融资体制,拓宽投融资渠道,加强基础设施和公共设施建设,创造良好的投资环境,以经济发展推动城镇化进程。一是吸引社会资本进入城镇基础设施建设领域。除政府为城镇基础设施的建设提供广泛的资金来源以外,对于经营性质的基础设施,可采用吸引民间资本投资的做法,以弥补基础设施资金来源的不足。二是多措并举筹集资金。试点银行作为承担城镇基础设施建设和运营的单位,充分发挥银行在城镇基础设施建设方面的作用。利用项目融资手段,广泛吸纳民间投资和外资。融

资项目要重点聚焦在基础设施上,通过合理的运营和维护回收投资,创造效益。三是向民间资本转让现存具有可经营性的基础设施项目的产权和经营权,鼓励民间资本以BOT、TOT等模式或者以购买现货的形式进入基础设施建设领域。四是理顺城镇基础设施服务的价格体系,建立完善的法律保障制度等。

(3)发挥资源优势,充分考虑生态效益和空间承载能力

西藏地属祖国西南边陲,是重要的国家安全屏障,也是重要的生态安全屏障、重要的战略资源储备基地、重要的高原特色农产品基地、重要的中华民族特色文化保护地、重要的世界旅游目的地,①具有十分重要的战略地位。但是,自然环境相对恶劣,面临的自然资源、生态环境的承载力弱的问题,较其他地区尤为严峻。因而不宜进行大规模、高强度的城镇化开发和布局,否则会对生态系统造成破坏。所以,在城镇布局中应树立一个意识:生态社会效益第一位,局部经济效益第二位。除了考虑经济效益,更多地要考虑生态效益和空间承载能力。要根据资源环境承载能力和地质条件,优化城镇布局,合理确定城镇规模,完善城镇基础设施,合理确定各城镇的生态环境特色。要根据自然资源分布情况,适度因地制宜地利用好自然资源禀赋,探索发展壮大特色生态经济的路径。

(4)培育壮大城镇特色产业,夯实城镇化发展经济基础

产业是城镇持续发展的动力和基础,如果缺乏良好的产业支撑,城镇就无法聚集人气,建起来的城镇只能是"空城"。因此,在西藏要将城镇功能与产业发展有机结合,要将产业规划纳入城镇总体规划中,根据城镇特色培育壮大产业规模,夯实城镇化发展经济基础。

一是转变经济发展方式,促进产业结构优化。西藏旅游资源丰富,旅游业本质上就是绿色产业,它与中央的政策和可持续发展的理念不谋而合。西藏应将高效农业和旅游业的发展,作为调整优化产业结构的重点,全面提高旅游业的核心竞争力,构建符合西藏特点的吸纳就业能力强、经济效益高的现代产业体系。

二是各城镇之间应有合理的产业和市场分工。遵循比较优势的原则,发挥比较优势,发展特色城镇,防止产业趋同。强化中等城市和小城镇之间的分工协作,推动拉萨、日喀则市、昌都市产业升级,逐步向高端化和服务化方向发展。鼓励各

① 资料来源:习近平在庆祝西藏和平解放60周年大会上的讲话,新华网,2011(7)(19).

地区和各城镇走“专、精、特、深”的专业化道路，构筑一个优势互补、合理分工、错位竞争、互动融合的城镇产业发展格局。在城镇规划和建设中，要突出产业聚集与人口聚集的良性互动，产业发展要突出地域特色，根据各自的产业基础、区位优势、资源优势，坚持特色化发展、链条化发展，增加产业附加值。在此过程中，必须加强对农牧民的技能培训，使农牧民就近转化为产业工人，实现就业和产业、生产与生活的有机结合。

三是发挥好城镇辐射带动作用。拉萨市及 6 地市郊区应该重点发展占地少、效益高的都市型农业、开放型农业和生态农业，率先推进传统农业向现代农业的转变，建立优质农产品和加工产品的出口基地。各城镇都要注重发挥好在农村区域经济发展中的“辐射源”作用，都要注重为农牧区提供规范化、专业化、规模化和网络化的服务。

四是壮大县域经济产业支撑力。从西藏实际出发，以现有县城为基础，壮大县域经济产业支撑力，发展一批布局合理、功能完善的小城镇，加快县域经济发展。充分利用对口援藏政策，把产业发展和产业聚集放在首位，努力发展特色经济，不断增强城镇的经济实力，形成产业支撑，提高吸纳农牧业人口的能力。各地区、各县要引导工商企业合理聚集，注重吸引农牧业龙头企业和乡镇企业在地区、县区集中布局，发展农牧产品市场和农牧产品加工业，形成本地的农牧产品生产、加工、销售基地，形成具有一定辐射范围的农牧产品集聚中心和农牧业信息、技术服务中心，为农牧区和农牧民提供各种服务。以重大产业化项目为抓手，加大招商引资力度，大力发展县域旅游业和服务业。

中央十八大报告强调，“坚持走中国特色新型工业化、信息化、城镇化、农业化道路，推动信息化和工业化深度融合、工业化和城镇化良性互动、城镇化和农业现代化相互协调，促进工业化、信息化、城镇化、农业现代化同步发展”。一个城镇想得到健康持续的发展，现代产业强劲发展和增强人口集聚能力至关重要。西藏的新型城镇化客观需要的就是走一条协调各地区城镇发展的可持续道路。而这个切入点之一就是按照自治区党委、政府召开全区推进新型城镇化工作会议的指示精神，认真贯彻落实中央城镇化工作会议精神，特别是习近平总书记的重要讲话精神，调整原有的城镇发展的战略结构，只有这样，城市产业结构才能真正实现转型，经济发展的制约因素也才能突破，城镇经济增长方式转变才成为可能。

第 7 章

西藏城乡一体化发展新格局的路径设计

7.1 着力破除西藏城乡二元结构

7.1.1 改革城乡分离的户籍制度

城乡分离的户籍管理制度作为我国特定时期的历史产物，它的存在是历史的选择。不可否认，城乡分离的户籍管理制度对维持社会稳定，维护国家长治久安发挥着重要作用；但伴随着时代的进步，城乡分离的户籍管理制度严重阻碍了农村剩余劳动力的迁徙，限制了农民对职业的自由选择，导致城乡分割，形成了城乡二元结构，不利于城乡一体化发展的时代要求。长期以来，西藏和全国一样，都实行的是城乡分离的户籍管理制度，因此，西藏为破解城乡二元体制，重构城乡一体化的制度体系，就要打破城乡分割的户籍管理制度，以户籍制度改革为切入点，消弭农业户口与非农业户口的鸿沟，取消按居住地划分城乡人口的做法，探索根据农牧民工作期限长短、缴纳社会保险与否、职业稳定与否等，作为落户的条件，并依法拥有市民应享有的权利，打通西藏农牧民自由迁徙与生产要素自由流动的通道，建立起新型的符合西藏城乡一体化发展的户籍管理制度，促进城乡之间人力、物力、资金等生产要素的优化配置和有序流动。

7.1.2 提高农牧区公共服务能力

西藏独特的“非典型二元经济结构”主要表现在一产与二、三产业之间联系程度不高,农牧业的发展没有为二、三产业的发展提供资本累积,二、三产业的繁荣发展也没有惠及农牧区,导致城乡发展脱节,城乡间基本公共服务非均等化现象越来越严重。要想破除西藏城乡二元结构,就需要花大力气提高农牧区公共服务能力,赋予农牧民与城市居民同等的发展权。一是优先发展农牧区义务教育,高标准建设中小学,改善办学条件;继续加大力度实施农牧区家庭经济困难学生免费教育政策;建立健全职称、住房、工资等激励体系,稳定农牧区教师队伍;建立专项资金,加大培养培训力度,有计划、有组织开展师资轮训。坚持规模扩大与内涵发展并重,推动高中扩规提质,加快发展普通高中教育。围绕农牧区产业发展和市场需求,加快农牧区特色职业教育建设。深入实施素质教育,全面提升教育质量和办学水平,促进城乡教育一体化发展。二是加快发展农牧区医疗卫生事业。深入推进医药卫生体制改革,优化卫生人力资源配置,促进医疗资源向农牧地区倾斜,建立覆盖城乡居民的基本医疗卫生保障体系。加大农牧区公共卫生投入,改善农牧区医疗机构基础条件,大力实施农牧地区乡镇卫生院标准化建设,提升医疗服务能力。完善农牧区基本医疗保障制度,提高覆盖范围和保障水平。三是强化农牧区民生保障。完善救灾救济管理制度,加强公共气象服务能力建设;建立健全城乡医疗救助、助学、住房和法律援助等救助制度;鼓励社会资本参与建设农牧区老年活动中心、社会福利中心和乡镇敬老院建设。四是加大公共财政对农牧区公共文化事业的投入,建设好农村文化基础设施,让广大城乡居民有消费文化产品的条件和机会。合理配置基层文化资源,优化功能,构建覆盖农牧区完备的公共文化服务体系,提高农村文化设施的综合利用率。根据农民的文化需求,充分利用当地文化艺术资源,组织开展农民喜闻乐见、形式多样的文化活动,针对不同年龄群众的心理诉求,精心设计文化活动的内容,吸引农民群众的广泛参与,活跃农村文化生活。

7.1.3　千方百计促进农牧民增收

2012年西藏农牧民人均纯收入与城镇居民可支配收入绝对数差为12309元(城镇18028,农牧民5719),2013年上升到13445元(城镇20023,农牧民6578),①

---

① 《西藏统计年鉴》2014.

较之2012年农牧民的人均纯收入有所提高,但城镇居民与农牧民收入差距却在持续扩大,城乡二元结构导致的城乡收入差距势必影响城乡一体化的统筹发展。鉴于此,要千方百计促进农牧民增收,加大农牧民劳动技能培训,依托农牧区党校、职业学校等培训机构,充分利用广播电视和远程教育等现代手段,整合师资力量,系统地向农牧区劳动者传授专业技能知识。坚持因地制宜、按需施教原则,采取贫困人群"点菜"、专家"主厨"等模式,开设现代农业技术、无公害蔬菜栽培、畜牧兽医、生态种养殖等方面实用课程,突出培训的针对性和实用性。采取灵活多样的方式,组织农村党员、基层农技人员、农村致富能手,举办农民实用技术培训班;还可以从涉农部门挑选业务精通、实践操作能力强的精干技术力量,组成培训小分队开设流动课堂,深入田间地头,现场讲授、现场答疑。充分发挥农家书屋作用,开设农家书屋课堂;根据农事季节和生产需要,采取办宣传栏的形式,开展农业科技知识宣传。开展农牧民科技素质提升活动,以党员、村干部、乡土人才、农村致富能手和科技特派员为主要培训对象,着力培养一支科技带头人队伍。组织农村能人到内地龙头企业、产业基地考察学习。通过资金、技术入股、有偿服务等激励措施,鼓励科技特派员与乡土人才、农户结成利益共同体,手把手传艺、一对一帮带。以农牧区现代农业科技园建设为依托,引进人才、技术,促进农业科技推广应用。紧紧围绕农业增产,采取有效措施,调动广大农牧民的生产积极性,提高农牧民务农收入。充分利用国家专项资金等,加大对农牧区农产品种植技术、农业机械装备、农田改造、农业设施等方面的投入,增强农牧区农业长远发展的能力;强化与农业科研组织的合作,采用先进改良种子,提高抗病虫灾害能力,实现农业增产。通过良种补贴、培训补贴、大中型农机具补贴和退耕还林还草补贴等多种方式,对农牧民实行直接补贴;加强农业基础设施建设,改善农牧区农业生产条件,为农业增产、农牧民增收奠定基础。大力推进现代农牧业建设,深入贯彻落实国家针对西藏农牧民的惠民富民政策。依托农牧区特有的资源优势,高标准、高起点建设优质小麦、青稞、藏牛羊基地,积极吸引区域内外大型农业龙头企业落户农牧区,发挥好农牧企业的模范带动作用,发展农产品精深加工业,探索试点"公司+农户"的发展格局,形成农业企业和农牧民利益共同体;培育农牧业专业种养殖大户,鼓励种养殖大户联盟建立农业专业合作社,增强抵御风险的能力;加强与区域内外科研院所的合作,开发特色农副产品,延伸农业产业链条,增加农牧民收入。

7.1.4　加大对进城农牧民的社会保障力度

积极引导和鼓励农牧区剩余劳动力向城镇转移是破除西藏城乡二元结构、推动城乡经济社会一体化发展的重要抓手。要想使进城农牧民真正的“进的来、住得下、留得住”,真正过上有尊严的生活,做好进城农牧民的社会保障工作至关重要。一是完善城乡住房保障制度,农牧民进城房子是关键问题,然而过高的房价在一定程度上阻碍了农牧民进城的脚步,因此,西藏要完善城乡社会保障制度,加快公租房、廉租房等保障性住房的建设速度,加大保障性住房供给,着力解决进城农牧民住房困难的问题。根据进城农牧民的收入情况,建立覆盖不同农牧民收入群体的城镇多元化住房供应体系;加大财政对公租房、廉租房等保障性住房的资助力度,拓宽保障性住房的资金渠道;要多措并举改善农牧民住房条件,试点推广将进城农牧民纳入城镇住房保障体系。二是尊重和保障进城农牧民的权益。要建立城乡劳动者平等的就业制度,为进城农牧民搭建公共服务就业平台,启动农牧民就业技能培训项目,使农牧民劳动者和城市劳动者拥有平等的就业机会,消除就业技能歧视;积极发展农牧民就业中介组织,为农牧民就业提供信息咨询等优质服务;要畅通进城农牧民利益诉求渠道,引导建立完善进城农牧民工会组织,农牧民工会组织以反映农牧民的利益诉求为重点,切实保障农牧民的合法权益。三是加大政府对进城农牧民救助力度,积极鼓励引导社会公益组织参与到农牧民救助中来,形成政府救助为主、社会组织为辅的多元救助格局;完善对进城农牧民的社会保障制度,全面提升公共服务能力,使进城农牧民子女能够均等的享受教育资源,将公共卫生、文化体育等公共服务全面覆盖进城农牧民,解除进城农牧民的后顾之忧。

7.2 构建符合西藏特色的城乡体系

7.2.1 制定城乡互补共生的城乡发展规划

构建符合西藏特色的城乡关系,做好土地利用和城乡建设规划至关重要。“城乡一体化”不是“城乡一样化”,不是要抹杀“城乡差异”,而是在尊重“城乡有界”“和而不同”的基础上,寻求城乡稳定的边界,遵循各自发展的路径,实现城乡之间的功能互补与协调共生。① 创建西藏特色的城乡关系,一是要理清思维认知,公正地看待“城市”和“乡村”,要在传承和保护乡村文明的基础上,合理布局城乡发展空间,最大限度实现城乡资源要素共享。二是遵循城乡一体、节约土地、集约发展和先规划后建设的原则,切实搞好城乡经济社会发展总体规划编制。打破传统的城乡行政界限、地理界限,树立一盘棋意识,将中心城区、县城、重点镇和农牧乡村居民点建设作为一个整体,统一编制城乡产业发展、土地利用、人口发展、基础设施、生态环境等专项规划,用“一张蓝图、一个步调”指导城乡经济社会发展。三是针对农牧区乡村规划,以“立足乡村、面向城市”为准则,尊重农牧区文化习俗和宗教信仰,尊重农牧民的自我选择,保留农牧区乡村文化精髓,延续农牧文明,通过农牧区乡村规划,提升农牧区生产生活条件,缩小城乡间公共服务差距,实现城乡融合、共同繁荣。

7.2.2 科学合理的城镇布局

新型城镇化是推动西藏经济社会快速发展的引擎,是创造就业、转移剩余劳动力、辐射带动经济、实现城乡一体化发展的重要推手。基于西藏的现实情况,城镇规模均不大,多为小城镇,辐射带动功能不强,因此,一是要科学规划、因地制宜构建城镇体系,发挥政府把关和引导的主导作用,实行“突出重点、差异发展”的战

---

① 杨保军. 陈鹏. 转型中的城乡规划——从《国家新型城镇化规划》谈起[J]. 城市规划. 2014 年 S2 期.

略,重点发展以拉萨市为中心、六地市所在地为次中心以及少数基础好、潜力大的中心镇,重点支持一批具备较好的经济基础和一定的区位优势、特色鲜明的边境小城镇,带动周边农牧区的发展。二是创新城镇化建设筹资机制,完善县城、中心城镇基础设施,配套相应的水、电、气设备和卫生设施,发挥城镇集聚功能,推动资本、技术、信息等各项生产要素向城镇聚集,发挥生产要素的“乘数效应”,吸引农村剩余劳动力、集中乡镇企业,形成城镇经济增长极,推动城镇规模不断扩大,提高城镇化率。三是发挥好城镇的扩散效应辐射周边经济腹地,开拓农牧区经济发展空间,增加农牧民收入,引导农牧业生产经营观念升级,壮大非农牧产业,畅通城乡人流、技术流、信息流,缩小城乡差距,构建城乡一体化发展的格局。

7.2.3　大力发展县域经济

大力发展县域经济,为构建新型城乡关系,实现城乡一体化协调发展奠定物质基础。县域是西藏城市与农牧区的交接点,关联着城乡,县域工业的发展,是破解西藏城乡二元结构,实现城乡一体化发展的关键。县域工业尤其是县域内乡镇企业发展之初进入的是低门槛的劳动密集型产业,劳动密集型产业可以充分吸纳农村剩余劳动力,解决农牧区农牧民就业问题。“世界屋脊”的西藏地理位置特殊,生态环境脆弱敏感,单纯依靠自然禀赋的粗放开发和高排放高污染的工业企业发展经济是行不通的,要兼顾经济效益、资源消耗和环境污染,走新型工业化道路。以优势矿产、建材、民族手工业、藏医药等为发展方向,引导资金流、技术流、资源流、人流、物流向县域工业园区集聚,完善园区内基础设施,吸引龙头企业入驻,推动园区内企业形成产品联盟、技术联盟,形成工业园区凝聚力。要抓住西藏独特的资源优势,突出特色产业,发展几大专业市场,如旅游文化创意专业市场、资源精深加工专业市场等,共享基础设施,实现专业市场“抱团式”发展,带动县域经济发展,辐射城镇建设,提高农村剩余劳动力收入水平,实现工业化、城镇化、农业现代化深度融合。

7.2.4　深入推进新农村建设

西藏要积极推进新农村建设,以统筹城乡发展为核心,构建符合西藏特色的新型城乡关系。一是完善农牧区基础设施建设,着力抓好农牧区村级道路通畅工程,完善农村道路,连接乡村道路与重要农产品市场;清理农牧区信息死角、盲点,采取中央政府补贴一点、地方政府筹集一点、民间资本投入一点、营运商优惠一点的办法,加快建设农牧区信息服务网络;改造农牧区邮政服务设施,提升各网点的生产条件,合理布局乡镇综合性局所和村邮站。推进农牧区智能电网建设,完善农牧区能源管网;高度重视农牧区人畜饮水、农田水利、防洪减灾等基础设施建设,加快农牧区重点水源工程建设,完善城乡供水管网体系,实施集中供水工程,解决农牧区农民饮水问题。二是优化农牧区居住环境,按照农牧民的生活习惯等统一规划农牧区人居住宅,改善农牧民住宅"杂乱差"的现象;统筹布局、高标准建设农牧区污水处理厂、垃圾处理厂等环卫基础设施,加强农牧区环境监管,积极开展环境整治、植树植绿和生态家园建设,改善农牧区人居环境。三是积极推进特色农牧区建设,按照自然条件、区域发展水平相似性等特点,划定农牧区新农村发展互惠互利片区带,以差异化发展的目标,从不同层次、空间推进农牧区美丽新农村建设,在农牧民安居房改造中融入藏族特色文化内涵和价值符号,复兴藏族村落聚落。

7.2.5 促进城乡社会管理改革创新

城乡社会管理改革创新是实现城乡一体化的关键点和突破口,对破解西藏城乡二元结构,打造城乡共同发展、深度融合的新局面以及我国全面建成小康社会具有十分重要的意义。一是以行政权力下放为触角,推进乡镇机构改革。按照"精简、统一、效能"的原则,整合乡镇社会管理机构,按照"职责相似、功能相近"进行机构合并,建立城乡社会管理大部门、大机构,如:党政办公室、财务管理办公室、经济发展办公室、招商服务办公室、城镇建设管理局、社会事业和保障办公室、综治工作中心(综合执法所)、新农村建设指导中心等,减少行政资源浪费,提高办事效率,提升社会管理能力。二是加强基层民主政治建设,培育农牧区村民参与社会管理意识,发挥农牧区村民参与治理的主体作用。不断完善现行乡镇管理体制和运行机制,改革基层党组织设置方法,推行基层党组织"村企联建"、"企企联建"、"支部 + 协会"等模式,将农村党员力量团结到基层民主社会管理中来。坚持村务公开,将农牧区社会管理建设中的项目、资金收支、集体财产、资料处置等情况公开公示;加强基层干部的评议、考核和监督审计。广泛宣传普及民主意识、公民意识,积极鼓励村民参与基层社会管理;加强村民委员会自治组织建设,充分发挥村民参与基层社会管理的主体作用。三是改革基层干部选拔培养方式,培养专业素质高、业务能力强的城乡社会管理人才队伍。创新基层干部招聘方式,通过"自我推荐-群众审查-组织任命"、公开招聘等途径,为基层社会管理注入新鲜血液,激活基层社会管理工作活力。加强基层社会管理干部针对性的学习培训,把学习新形势下的城乡社会管理的最新政策、措施、观念作为基层干部学习培训的重要内容,有针对性的举办基层干部经验交流会,借鉴成功做法,切实提升基层干部业务工作能力。四是积极推进城乡社会管理信息平台建设,提升城乡社会管理的数字化、智能化水平。信息化、智能化管理是大数据时代的主旋律,西藏在城乡一体化推进中要积极主动建立城乡社会管理信息平台,组建城乡社会信息资源管理协调机构,统筹推进信息采集、录入、加密、分析等环节,合理编制各类社会管理信息目录,不断提升城乡社会管理能力和水平。

7.3 加大对西藏城乡一体化的财政支持

7.3.1 强化中央政府支出责任

西藏特殊的地理位置、生态环境、产业发展基础等决定了西藏的国防支出、边境安全、重大基础设施建设、能源开发、城镇化发展等方面的支出较之内地省市多,因此,强化中央政府的支出对西藏城乡一体化发展尤为重要。一是加大一般性转移支付力度。一般性转移支付是缩小区域差距,实现地区间基本公共服务能力均等化的有效手段。建议中央政府应加大对西藏的一般性转移支付力度,对西藏财政收支差额给予补助,满足西藏城乡一体化发展的资金需求;针对转移支付不规定具体专门的用途,由西藏地方政府统筹使用。二是完善专项转移支付制度。由于西藏特殊的外部环境,导致西藏市场经济发展缓慢,投资软、硬环境较差,致使外部社会资本不愿进入西藏教育、基础设施建设等领域,西藏政府底子薄,财政负担沉重。因此,中央政府要完善对西藏的专项转移支付制度,对关系到国家安全、社会稳定、经济发展等领域实施财政专项转移支付,重点向交通、通信、教育、农田水利等方面倾斜,取消西藏政府资金配套,加大对西藏总体财力的投入力度。三是建立特殊转移支付补助。西藏是我国藏族居民最多的集聚区,也是民族贫困地区,中央财政应在现有的"少数民族贫困地区温饱基金"和"民族补助专款"拨款额的基础上,根据中央财政预算适当增加拨款额,并根据西藏的实际情况建立"少数民族自治区城乡一体化发展基金",由中央财政每年单独拨付。四是增加对西藏的政策性转移支付。西藏城乡一体化的发展是在保持西藏传统民俗文化的基础上,实现城乡基本公共服务一体化。建议中央政府提高政策性转移支付比重,保障西藏在城乡一体化发展中对教育、卫生、语言等特殊支出的需求,解决因特殊支出需求所引起的公共服务成本高、费用大而增加的财政支出的问题。

7.3.2 健全财政转移支付制度

我国现采用因素法确定转移支付的数额,因素的选择直接关系到标准收支的确立,如果选择不合理就会导致转移支付的扭曲。基于西藏特殊的实际情况,一是要在充分考虑现行标准支出因素的基础上,对西藏特殊性的因素如国防安全、边境维稳、民族团结、地域面积、生态环境、贫困状况、人均收入、公共服务成本等综合考量,构建符合西藏实际情况的转移支付的基本计算模式,逐步提高对西藏的转移支付补助系数,弥补西藏财政收入不足。二是重新确定西藏基本公共服务支出需求和标准收入测算范围。确定西藏的转移支付额度,首先要科学测算该地区的标准支出,明确标准支出的涵盖范围和因素,即应纳入转移支付体系的基本公共服务的范围;标准收入测算方面,要本着综合收入能力与支出需求项目大体统一的原则,合理确定标准财政收入。三是优化转移支付结构,整合转移支付项目,逐步增加一般性转移支付的比重,对不符合财力均等化目标的税收返还、经常性永久性的专项补助、种类繁多的体制补助等归入一般性转移支付。规范专项转移支付项目,做到公开透明。四是清理不合理的专项转移支付项目,充分考虑西藏财政的实际承受能力,取消地方配套,同时可考虑建立西藏城乡一体化建设专项转移支付制度,对较大城市所辖郊区县及县辖建制镇增加资金投入,保证西藏城乡一体化建设的资金需求。五是完善自治区以下的转移支付制度,缓解西藏市县基层财政困难给城镇化带来的影响。对转移支付的结构进行调整,不断压缩自治区一级支出规模,集中财力向市县倾斜,健全小城镇专门的转移支付机构,将资金用于最需要的项目,合理利用资金,形成规模效应,建立城镇财税收入的稳定机制。

7.3.3 扩大地方财政收入来源

资金问题是影响西藏城乡一体化发展的关键因素,克服西藏城乡一体化进程中资金短缺的问题势在必行。一是根据国家现行的税收政策和西藏的实际情况,探索开征或完善资源税、生态环境保护税等税目,抢抓国家税制改革的机遇,培育壮大西藏地方支柱税源,扩大西藏地方财政收入来源。二是发挥好财政资金的引导和带动作用,吸引西藏区域内外闲散社会资本进入。合理利用好投资抵免、延期纳税等税收优惠政策和财政补贴、贷款贴息、信用担保等财政政策,撬动区域内外社会资本进入西藏高山畜牧养殖业、旅游业、藏医藏药等产业领域,增强西藏经济发展的"自我造血"能力,增加西藏地方政府财政收入。三是加快培育发展西藏地方特色支柱产业,充分利用好西藏特有的资源禀赋,优先发展能源产业,做大做强高山生态养殖业和绿色食品业,加快推进藏医药业标准化、产业化、规模化,提档升级西藏传统旅游服务业,丰富旅游资源文化内涵,推动西藏特色经济持续健康发展,增强地方政府税收收入。四是进一步增大西藏政府的融资力度。中央政府根据标准收支确定财政转移支付的数额,然而中央的"输血经济"始终不能从根本上解决西藏经济持续健康发展与社会长治久安,因此西藏地方政府要在中央财政转移支付的基础上,根据地方经济社会发展的需要,以发行政府债券、公债等方式进行合理融资,从而扩大西藏地方政府的财政收入,增强地方政府投资城乡基础设施和掌控经济发展的能力。五是优化财政支出结构,确保西藏基础教育、城乡基础设施、公共医疗卫生、住房保障、公共就业等方面的资金支持,同时吸引民间资本参与社会投资,逐步建立多渠道城乡一体化建设投资体系,提高西藏基本公共服务水平。

7.3.4 强化财政管理和监督

做好财政管理是缓解西藏城乡一体化发展中资金短缺,杜绝城乡一体化发展资金挪作他用,提高财政资金使用效益的有效途径。一是要做好西藏地方政府财政管理的立法工作,遵守国家相关财经规律,规范使用各类援藏资金。西藏政府应在我国现行财政法基础上,探索谋划出台适合西藏实际情况的《财政管理法》《财政监督法》,完善《财政监督条例》,坚决杜绝城乡一体化发展资金挪作他用,增加城乡一体化发展资金的使用效益。二是将援藏资金纳入财政管理体系。援藏资金作为中国式的横向转移支付,旨在加强西藏区域内外的联系与合作,推动东中西部以及西藏区域内城乡统筹发展;但囿于援藏资金的分散,导致援藏资金未能最大限度地发挥作用。因此,西藏政府要对援藏资金进行统一的清查、核算、登记,并纳入财政部门进行统一管理、使用,形成援藏资金与西藏地方财政的资金合力。根据西藏地方发展的需要,将援藏资金重点投向城乡基础设施建设、教育等关系农牧民民生改善的项目,达到援藏资金扶贫援藏的最终目的。三是结合国家财政改革进程,做好西藏地方政府的财政管理制度改革。西藏地方政府应继续完善国库集中收付、政府采购、部门预算、收支两条线、乡财县管等财政制度改革,提高预算编制的科学化、精细化水平,推进预算决算的公开透明,对财政资金的收入支出严格把关,逐步缓解县乡财政困难、化解地方债务危机,为西藏城乡一体化发展提供制度支持。四是积极推动财政管理信息化进程,配套完善与财政管理信息化相关的硬件设施,加大财政、税务、银行、统计等部门从业人员的培训,提高财政管理信息化处理能力;抢抓"金财工程"建设契机,建立覆盖各级财政、税务、银行、统计等部门的信息网络系统,实现财政管理的信息共享。五是完善财政监督,利用好覆盖各级财政、税务、银行、统计等部门的信息网络系统,明确各级财政监督部门的职责,做好第三方监督,鼓励社会中介组织监督城乡一体化发展中各项资金的使用情况,提高财政管理效能。

7.4　大力落实好"三集中"战略

7.4.1　推动工业向产业发展区集中

西藏要紧紧围绕"三集中"战略,坚持走适度工业化道路,积极推动工业向产业发展区集中,以工业化带动城镇和第三产业发展,创造转移农牧业区剩余劳动力的条件,稳步推进西藏城乡一体化发展。一是坚持集约高效、生态友好、绿色包容的原则,积极稳妥推进西藏产业发展区建设,壮大西藏工业产业发展平台。整合区域内现有的各自为政的产业发展区,建设西藏产业发展集群区。摆脱过度依靠西藏政府投入的窘境,鼓励各类社会投资主体以投资、联营、入股、控股、独资、收购等方式参与产业发展区基础设施、环保设备等投资建设。高起点、超前规划建设产业发展区内防污减排区域、高新技术区域等,高标准、高质量完成产业发展区道路、供电、供水、燃气、供热、排水、排污、邮电、有线电视和土地平整的"九通一平"工程,为工业企业入驻产业发展区提供硬件支撑。切实推进产业发展区软环境建设,树立"亲商、富商、安商"的服务理念,开展"一站式"开办服务、"帮办式"建设服务、"保姆式"运行服务,切实转变工作作风,优化服务,解决工业企业在运行中的土地、融资、企业生产经营的各种资质性文件存在的问题,为工业企业松绑,排忧解难。

二是建设完善产业发展区基础设施,吸引西藏区域内分散的中小企业、乡镇企业等非公企业落户产业发展区,共享产业发展区基础设施和公用设施,促进中小企业连片发展,形成具有一定规模和分工协作的产业基地,充分发挥好产业发展区的集聚效益和规模效应。依托西藏独特的清洁能源、高原生物等自然资源,加大招商引资力度,通过给予税收等相关政策优惠,吸引区域内外企业入驻产业园区。把握好西藏生态环境的红线,严格准入,适当提高入园企业的门槛,积极引进能耗低、污染小的生态工业企业。大力推行清洁生产,对入园的规模小、污染重的中小企业、乡镇企业进行专项整治,实现环境保护与绿色经济协调发展。

三是大力发展好园区支柱产业,突出西藏经济特色。精心筛选培育产业园区特色项目,立足西藏特有的高山畜牧种养殖资源,依托农牧区农畜产品生产基地和西藏区域内大型农贸市场,积极推动园区内农畜产品精深加工企业发展。运用好互联网思维,加大园区内特色精深加工产品的宣传力度,做优做精药材、牛羊肉、皮毛等农畜产品,提高西藏特色精深加工业知名度。积极引导扶持园区内企业,合理有序发展西藏特色旅游资源、文化和民族手工业,打造园区支柱产业。

7.4.2　积极推动农牧民向城镇集中

积极推动农牧民向城镇集中,为城镇聚集人气、创造商机,是实现西藏城乡一体化的必由路径,是实现土地规模经营的基础。一是加强小城镇基础设施建设,科学编制城镇发展总体规划及市政道路、园林绿化、供水排水、供热供气、邮政通信服务网点和环卫设施、防灾减灾等专项规划。合理确定小城镇开发边界,规范新城新区发展,调整优化建设用地结构,提高建成区人口密度,增强城镇对人口和经济活动的吸纳支撑能力。二是加快小城镇居住小区建设。搞好小城镇居住小区建设是改善人民群众生活环境的重要途径,建制镇规划建设多个居住小区,使镇驻地全部住宅都集中到小区。对于小城镇建成区内的"城中村",在小城镇总体规划指导下,搞好改造,规划建设高水平的居住小区。小城镇建成区内的村庄和城镇近郊的村庄,原则上不再审批宅基地,一律到居住小区购房居住。要加大政策扶持力度,保证进城农牧民能够购买得起廉价商品房。既要建立和完善进城农牧民用农村宅基地或经过批准的农村建房用地指标按一定比例置换城镇统一建设的商品住房机制,又要积极兴建一批专供进城农牧民安居的廉价商品房,并制定农牧民购买廉价商品房的条件、标准、贷款办法及应履行的责任和义务等具体规定。三是加快城镇产业发展,大力发展劳动密集型的商贸经济,吸纳进城农牧民。加快传统服务业改造升级,运用好互联网思维,培育壮大现代服务业;依托西藏特有的旅游文化资源,大力发展旅游产业,发挥好旅游产业的龙头带动作用,培育新的消费增长点,为进城农牧民提供就业机会。四是积极推动农牧区剩余劳动力向城镇集中,在小城镇就业,鼓励农牧民进入劳动密集型企业。针对西藏区域内生态环境脆弱、自然灾害频发以及生存条件恶劣等不适宜农牧民居住生活的区域,积极稳妥开展移民搬迁,精心规划好移民搬迁安置房,放宽城镇入户条件,促进移民搬迁人口、进城务工农牧民市民化进程。

7.4.3 土地向规模经营集中

积极推进土地向规模经营集中是"三集中"战略的重要组成部分,是推动现代农业发展,促进农牧民增收和新农村建设,进而推动农业现代化,实现城乡一体化发展的重要途径。一是按照依法、自愿、有偿和"明确所有权、租赁承包权、搞活经营权"的原则,因地制宜对农牧地区土地资源进行整合,对土地经营权进行转包、转让、互换、租赁、入股,规范土地流转机制,积极稳妥地推进土地向规模经营集中,有重点地规划建设一批示范基地、农业生态园和休闲观光园,促使规模生产基地和规模生产大户做大做强。二是提高农村土地利用效益。开展农村土地承包经营权流转，建立农地股份专业合作社，实行农业规模经营。大力推进农业生产的园区化、科技化、规模化建设。组织开展土地复垦整理专项行动，综合运用土地整治、城乡建设用地增减挂钩等政策手段，发挥政策组合优势，合理安排土地整治任务和时序，不断优化农村生产、生活、生态空间。三是推进现代农牧业发展，在经济较发达、农牧业自然条件优越的农牧地区，加速土地等资源要素流转，以特色农牧业、特色藏药种植为主导，采取龙头企业带动型（公司 + 农户，公司 + 基地 + 农户）、中介组织带动型（专业协会 + 农户，合作社 + 农户）、市场带动型（专业市场 + 农户）等农业产业化模式，率先推进农业现代化进程，如建立高海拔特殊气候现代农业、高海拔中药材专业种植现代农业等。加大科技转化成果力度，农业科技成果与专业种养殖大户基地相结合，增加单位土地产出量，提高科技进步对农业贡献率，进一步实现土地规模效益。

第 8 章

研究主要结论与展望

8.1 研究结论

一个国家和地区的发展需要集中城市和农村的力量,城市集中了绝大部分的技术、交通、人才、市场等资源,是经济发展的重要力量。而农村作为另一个存在主体,具有独特的发展优势和弊端,影响着整个地区和国家的发展步伐。2015 年中央一号文件明确提出继续围绕城乡发展一体化,①其根本目的在于打破传统城乡二元经济结构,推进社会主义新农村建设,加快转变农业发展方式,以城乡经济社会的互动实现工业反哺农业、城市带动农村的发展模式能从整体上优化区域空间结构。② 西藏是一个幅员辽阔而人口密度小的欠发达地区,是我国西部地区最有发展潜力的区域之一,在拉萨市和其他地市所在地中心发展成交通、旅游、资源、商品交易等多功能的中心城镇网络,在部分农村地区依托农户专业合作组织等规模化的产业发展形式促进当地特色农业经济,总体上已经进入以中心相对发达城镇拉动欠发达农村、以现代工业发展形式带动传统农业发展的新阶段,正努力打破束缚西藏地区经济社会发展的城乡二元结构,以形成城乡协调共进式发展的新格局。

---

① 中共中央、国务院. 关于加大改革创新力度加快农业现代化建设的若干意见[Z]. 2015 - 2 - 1.

② 黄国胜. 西咸大都市地区城乡一体化发展研究[D]. 西北大学,2010.

本研究从西藏城乡一体化问题提出的选题背景出发，回顾了国内外与城乡一体化有关的理论和文献，通过对西藏城乡一体化水平现状进行量化测度，并选取具有相对代表性的拉萨市、山南地区、日喀则市进行深入的案例研究，找出阻碍西藏城乡一体化发展进程中存在的主要问题并进行分析，为形成西藏城乡一体化发展新格局提出政策建议。本研究成果和结论如下：

(1)通过研究西藏城乡一体化问题，从理论上丰富了城乡一体化的个案研究，同时为当地和其他欠发达地区解构城乡二元经济社会体制提供了借鉴和参考。在理论基础和文献回顾部分，集中讨论了与城乡一体化有关的增长极理论、核心边缘理论、二元结构理论、城乡一体化理论和“三集中”理论，即乡镇工业向工业园区集中、农业向规模经营和生态园集中、农民向城镇和农村新型社区集中，为后续的研究提供相应的理论支持。

(2)西藏城乡一体化在新的时代背景下呈现出快速的发展态势。然而当地城镇化率大幅度低于全国平均水平，反映出西藏的城镇化发展水平低而缓；通过计算西藏的人均GDP和三大产业的比重这两个经济指标，一定程度上得出西藏的经济实力较弱，内生推动力不足；另外，城乡居民人均可支配收入的差距进一步拉大说明西藏仍然存在明显的城乡二元结构。

为了进一步具体测度西藏发展城乡一体化水平，本研究基于全面性、可行性和可比性的原则运用了主成分分析法，从城乡空间、经济、社会和环境四个结构层面建立了科学的指标体系。分析结果表明西藏近十年的城乡一体化发展态势良好，城乡空间、经济、社会和环境方面对西藏城乡一体化建设有一定的推动效果；但城乡居民服务保障等社会一体化方面的建设相对滞后，阻碍了西藏城乡一体化的发展进程。同时，西藏在城乡产业结构和生态环境建设方面突显出二元结构特征，有悖于追求城乡经济、社会、生态等多个方面的一体化目标。因此，在以后的城乡发展一体化过程中可以大力发展交通、邮电事业以促进城乡空间一体化，合理调整经济布局以推动城乡经济一体化，大力发展社会保障事业投入以提高城乡社会一体化，加强生态环境保护与建设以发展城乡环境一体化。

(3)为了更具体地展现出西藏各地的城乡一体化发展情况，本文选取西藏拉萨市、山南地区和日喀则市三个具有代表性的地域进行深入的研究。拉萨市作为西藏的首府城市，在城乡发展一体化中作为联动建设城乡的中坚力量，推进周边区域城市协同发展,在城市空间、经济、社会、生态环境等多方面无缝对接,促进了当地城乡一体化水平的极大提高。公共交通的不断完善使城乡生产要素流动更加频繁;通过整合当地优势资源而大力发展起来的现代农业、旅游业加快了城镇化建设,通过对城乡经济方面的数据进行主成分分析法的水平测度,结果表明拉萨城乡经济一体化对城乡一体化整体具有正向的促进作用,印证了拉萨市在近几年的城乡经济一体化发展中成绩突出;在医疗、教育和社会保障等方面取得的成就突显了城乡社会一体化的发展水平;当地也更加关注生态环境保护,努力构建国家绿色生态屏障。然而拉萨市由于自身经济实力不强,辐射带动周边地区的作用有限,在以后的城乡一体化发展中可能出现一系列问题——重经济轻政治与文化而产生发展失衡;和其他地区之间的资源配置不均导致过度汲取发展机遇;城镇化进程中失地农民的就业及社会保障问题,以及因地区发展而增加的人才引进需求和管理体制不全。城乡一体化应该是在城乡互动发展中体现以人为本,以民生建设为核心要求。特别是拉萨市作为西藏的首府城市,是全区的政治、经济、文化及交通中心,需要形成符合当地发展形势的城乡一体化体制,从而保证城乡发展是可持续的、有序的,这样才能把发展福利最大限度地释放到农村。因此,今后拉萨市应集中于正确诠释首府城市职能,实现稳中求发展,完善失地农民保障机制,继续推动农业现代化,加强生态环境保护以可持续发展的理念推进城乡一体化建设。

山南地区地处边疆要塞,整体发展水平滞后于拉萨市等地区,正是由于特殊的地理位置和历史基础,在西藏城乡一体化过程中展现出独特的发展方式。基于山南地区的整个概况,从城乡一体化的背景出发,探讨了城乡空间、经济、社会和生态一体化发展的现状,并建立科学的指标体系、对城乡经济一体化水平进行了主成分分析法的定量评价,综合发展过程中表现出来的问题和今后的发展方向预测山南地区在今后的城乡发展过程中面临的一些问题,具体表现在:城乡一体化过程相对漫长,产业结构难以进一步优化,财政资金投入结构“反常态”,矿产、自然资源和文化的危机四个方面。鉴于山南地区的特殊地理位置和发展使命,需要继续坚持城乡发展一体化的道路,加快经济发展方式转变以推动产业联动发展,加强城乡基础设施建设,平衡地区内特别是边境地区的城乡建设,引进专业技术人才以提交高附加值技术产业的发展水平,构建完整的生态环境和民族文化资源保护体系等,对审视山南地区过去的城乡发展一体化进程、推动山南地区今后的城乡发展一体化水平都是有重要意义的。

通过城乡差异化在发展水平、固定资产投入、居民收入和城乡消费四个层面的比较分析,可以看出过去的日喀则市城乡一体化发展取得了一系列的成就,城乡经济在总量上呈现出明显的增长趋势,城乡固定资产投入、城乡居民收入和居民消费也不断增多。但总量的增长并没有掩盖日喀则市城乡经济发展水平的差异不断增大的事实,特别是城乡居民收入和居民消费。为了定量测度日喀则市的城乡一体化发展水平,本研究根据可获得的数据采用因子分析法定量测度了 2006 –2013 年日喀则市的城乡经济发展一体化水平,从结果得知日喀则市城乡一体化水平呈整体向上的趋势,城市化的水平正不断提高。然而,在城乡发展一体化进程中也暴露出一些问题,无论是领导干部还是普通民众都有不知道甚至曲解城乡发展一体化的情况,即在思想上没有和具体行动形成一致。农业作为当地发展的重点产业,在特色发展和保障农业供给方面有所欠缺,而城镇化建设也缺乏相应的支柱型产业,导致日喀则市的经济基础相对薄弱,更多地依靠政府投入的"哺乳式"发展,弱化了当地市场的活力。县域经济和农村经济的投入差距加剧了城乡公共服务的失衡,而撤地建市后的日喀则市又需要高效率的宏观规划,从而为当地建设创造良好的环境。因此,在后续的城乡发展一体化进程中,在深入调查当地情况之后,适当借鉴其他地区成功的范例,科学规划合适的城乡一体化发展规划。具体而言,可以进一步从舆论宣传、领导干部培训和农民技术教育等多方面出发,转变人们对城镇化建设的观念。继续推动当地特色农牧业的发展,最大限度地保障农业供给。构建融资平台,拓宽融资渠道缓解城镇化建设中融资难的问题。社会公共事业,包括教育、医疗、社会保障体系等与每个人息息相关,关乎地区和国家的稳定,日喀则市仍需进一步提升城乡社会公共服务水平。

通过这三个案例的研究发现,各功能主体在发展过程中虽然存在不同的问题,但重点都是突破城乡二元发展结构,这为解决整个西藏城乡一体化建设中出现的问题提供了思路。

(4)西藏自和平解放以来取得了翻天覆地的变化,但是仍然存在一些问题阻碍西藏城乡一体化的进一步发展。第一,西藏存在非典型的二元发展结构,即低生产效率和低产出的农业发展占据主导地位,同时第二、三产业孤立发展,工业化和现代化发展程度低下,传统体制的束缚制约了西藏进一步统筹城乡发展的步伐。第二,西藏的城镇化水平低、速度慢导致出现中心城镇化的辐射作用不够明显、城镇吸纳力和带动力不足等。从整个地区的产业发展看,呈现出农业发展滞后、工业发展缓慢、第三产业的发展缺乏后劲的严重态势。第三,从城乡教育、卫生、社会保障等公共服务及公共资源的投入上反映出政府财政投入仍有不足。第四,由于地域限制、农牧渔林产业结构分布不合理、农牧民文化素质低导致西藏农牧业发展水平仍比较低下,对促进农牧区的经济增长作用不显著,进而阻碍了西藏的城乡一体化进程。

(5)西藏的城乡一体化是一个任务重、耗时久的工程,需要协调各方的因素从整体上做出规划,从而努力构建出西藏城乡空间、经济、社会、环境等全方位的协调可持续发展新局面。需要从改革户籍制度、提高农牧区公共服务能力、促进农牧民增收和加大对进城农牧民的社会保障力度破除西藏的城乡二元结构。重建城乡互补共生的发展规划,真正实现城镇合理布局、新农村建设、社会管理效率进一步提高的崭新局面。强化从中央到地方的财政支持责任,并实施有效的管理和监督,提高城乡一体化的财政使用效率。一系列的城乡建设都必须紧紧围绕"三集中"战略,推动工业向产业发展区集中、农牧民向城镇集中、土地向规模经营集中,从而确保西藏的城乡一体化能够健康、协调和可持续地向前发展,振兴整个地区的空间、经济、社会和生态环境全方位发展。

总之,城乡一体化是建设社会主义新农村、实现统筹城乡发展的必由之路,涉及空间、经济、社会、环境等各个方面,需要打破传统的发展方式,形成全新的城乡协同发展态势。通过本项目的研究结论可以发现,西藏仍处于城乡一体化的初级阶段,在城乡一体化发展过程中仍存在一些问题,还需要从实际出发,兼顾不同层次目标,从根本上分离传统体制下的城乡二元结构。

8.2 研究展望

走统筹城乡、协调城乡经济社会发展之路的城乡一体化理论是在实践过程中探索出来的,是一个发展中的理论。同时西藏自改革开放以来无论是在经济还是社会建设方面都发生了翻天覆地的变化，并且这种变化还在持续进行着。目前的情况是呈现出这样的一体化发展水平，然而随着时间的推移，西藏的城乡一体化建设势必会呈现出不同的面貌，因此本研究具有一定的时效性。另外，由于笔者的能力和本文的篇幅有限，本项目的研究在某些方面需要适当扩充和深入，在以后的研究中，可从以下几个方面充实本研究：

（1）健全西藏城乡一体化整体水平测度的指标体系。城乡一体化发展是一个非常复杂的过程，涉及城乡建设的方方面面。然而如何全面的测度城乡一体化发展水平尚没有形成统一的标准和规范。本研究选取的是普遍采用的空间、经济、社会、生态环境四个指标，在测度相关领域的发展水平上具有一定的科学性。然而城乡一体化并不局限于这四个方面，还应该包括政策法律、文化、技术等其他方面，共同影响城乡一体化的发展水平。因此，健全测度整体发展水平的指标体系，更加准确的测度城乡一体化发展水平是今后研究的重点。

（2）丰富对案例的量化研究。本研究选取的是西藏境内的拉萨市、山南地区和日喀则市为城乡一体化发展的案例，结合各地区的发展现状，试图以主成分分析法从空间、经济、社会和生态环境四个方面测度各自的城乡一体化发展水平，从而指出存在和面临问题及解决对策。然而数据的不可获得性限制了本项目案例研究的角度，在对拉萨市、山南地区和日喀则市的案例研究中仅从经济维度评价了城乡一体化的发展水平，从而不能准确测度各地区的城乡发展一体化的整体水平。事实上，仅从经济维度评价城乡一体化的发展水平是不太合理的，因为城乡一体化强调系统的重要性，而这个系统里不单只有经济这一维度，同时存在空间、社会、和生态环境等其他维度的作用，因此，作为独立的主体功能区，拉萨市、山南地区和日喀则市都会形成独特的城乡一体化发展模式，同样可以按照本项目的研究思路对各地区进行类似的研究，从空间、经济、社会、环境甚至更多可行的维度量化城乡一体化发展水平的各项指标，从水平方向上比较各地域之间的发展程度，为整个西藏的城乡一体化建设提供有力的依据。

（3）全面深入地看待西藏城乡一体化建设过程中出现的问题。城乡一体化是动态发展的，在不同时期会出现不同的问题，当前西藏处于城乡一体化发展的初级阶段，主要问题是难以打破传统体制性障碍，具体表现在农牧区的发展形式单一、效率低下，城乡居民的公共服务、社会保障水平不一致等。然而，随着城乡一体化进程的不断推进,会暴露出新的问题阻碍西藏城乡一体化的进一步发展,针对新的问题必然需要相应的解决措施。所以,本项目所指出的只是当前西藏城乡一体化发展阶段已呈现出来的问题,还需要密切关注西藏的一体化进程,从新的阶段和视角挖掘出可能会出现的一些问题,防患于未然,为更好地实现西藏城乡一体化发展提供参考。

(4)进一步优化西藏城乡一体化建设的对策建议。西藏从地理位置上可以分为拉萨市、昌都市、日喀则市、林芝市、山南地区、那曲地区和阿里地区 7 个部分,不同区域由于经济基础、历史文化、自然资源、交通条件等多方面的差异,在当前的经济社会发展水平中明显不一致,因而在各个地区呈现出地域性的城乡一体化发展特点,试图通过借鉴其他成功的或共通的城乡一体化发展模式缺乏一定的操作性。因此,在后续的研究过程中,着重关注单个主体功能区的发展,结合当地条件和发展阶段提出有针对性的发展建议,从而完善和丰富本项目的研究。

参考文献

（一）**中文**

马克思．资本论(第3卷)[M]．北京:人民出版社,1995.

列宁．列宁全集(第3卷)[M]．北京:人民出版社,1984.

中共中央宣传部．习近平总书记系列重要讲话读本[M]．北京:学习出版社,人民出版社,2014.

[英]埃比尼泽·霍华德．明日的田园城市[M]．金经元,译．北京:商务印书馆,2011.

[美]刘易斯·芒福德．城市发展史——起源、演变和前景[M]．宋俊岭,倪文彦,译．北京:中国建筑工业出版社,2005.

蔡昉．刘易斯转折点——中国经济发展新阶段[M]．北京:社会科学文献出版社,2011.

李冰．二元经济结构理论与中国城乡一体化发展研究[M]．中国经济出版社,2013.

朱晋伟．苏南城乡一体化之路—胡埭镇的变迁和创新[M]．北京:中国社会科学出版社,2008.

马庆斌．城乡一体化——中国生产力再一次大解放[M]．社会科学文献出版社,2011.

徐同文．城乡一体化体制对策研究[M]．人民出版社,2011.

韩立红．哈尔滨都市圈内城乡一体化问题研究[M]．中国农业出版社,2013.

成都传媒集团深度报道课题组．城乡一体化:成都的科学发展之路[M]．成都时代出版社,2007.

群觉,沈开运,车明怀,等著．中国西藏现代化发展道路研究[M]．西藏人民出版社,1996.

[美]舒尔茨．改造传统农业[M]．梁小民,译．北京:商务印书馆,2010.

世界银行．2009年世界发展报告:重塑世界经济地理[M]．北京:清华大学出版社,2009.

陈秀山,张可云. 区域经济理论[M]. 北京:商务出版社,2010.

陈宣庆,张可云. 统筹区域发展的战略问题与政策研究[M]. 成都:四川人民出版社,2010.

高德步. 世界经济通史(上卷)[M]. 北京:高等教育出版社,2005.

韩俊. 县域城乡发展一体化的诸城实践[M]. 北京:人民出版社,2009.

吕玉印. 城市发展的经济学分析[M]. 上海:上海三联出版社,2000.

费孝通. 小城镇,大问题[M]. 江苏省小城镇研究论文选(第1集). 南京:江苏人民出版社,1984.

顾朝林,等. 经济全球化与中国城市发展——跨世纪中国城市发展战略研究[M]. 北京:商务印书馆,2000.

周一星. 城市地理学[M]. 北京:商务印书馆,1995.

白永秀,周江燕,吴振磊,吴丰华,等著. 中国省域城乡发展一体化水平评价报告2013[M]. 北京:中国经济出版社,2013.

中国社会科学院新型城市化课题组. 中国新型城市化道路[M]. 北京:社会科学文献出版社,2007.

张曙光. 中国问题的经济学[M]. 北京:中信出版社,2014.

刘同德. 青藏高原区域可持续发展研究[M]. 北京:中国经济出版社,2010.

申兵. 西部地区发展实证研究[M]. 北京:中国市场出版社,2012.

新玉言. 国外城镇化比较研究与经验启示[M]. 北京:国家行政学院出版社,2013.

中国城市和小城镇改革发展中心课题组. 中国城镇化战略选择政策研究[M]. 北京:人民出版社,2013.

新玉言. 新型城镇模式分析与实践路径[M]. 北京:国家行政学院出版社,2013.

新玉言. 新型城镇化格局规划与资源配置[M]. 北京:国家行政学院出版社,2013.

王志章. 知识城市[M]. 北京:中国城市出版社,2008.

赵俊超. 城镇化改革的突破口[M]. 北京:中国人民大学出版社,2015.

周其仁. 城乡中国[M]. 北京:国家行政学院出版社,2013.

蒋大国. 城乡一体化发展的新探索——湖北省经验的总结与思考[M]. 北京:中国社会科学出版社,2014.

王志章. 知识城市与城市发展研究[M]. 北京:人民出版社,2014.

叶连松,靳新彬,叶秀庭,等著. 再论新型城镇化——着力提高城镇化质量[M]. 北京:中国经济出版社,2014.

李硕．民间资本白皮书——关于西部大开发的战略思考[M]．哈尔滨:黑龙江科学技术出版社,2011.

杨西平,张志恒．西藏农牧业特色产业发展:事实与战略[M]．福建:厦门大学出版社,2013.

黄坤明．城乡一体化路径演进研究:民本自发与政府自觉[M]．北京:科学出版社,2009.

沈满洪．生态经济学[M]．北京:中国环境出版社,2008.

孙加秀．统筹城乡经济社会一体化发展研究[M]．成都:电子科技大学出版社,2008.

张文彤,董伟．SPSS 统计分析高级教程[M]．北京:高等教育出版社,2011.

魏后凯．西北地区开发的总体战略[G]．王洛林．未来 50 年中国西部大开发战略．北京:北京出版社,2002.

吕迪,黄赞．中国城乡统筹发展实践模式研究[G]．转型与重构——2011 中国城市规划年会论文集．2011.

李邦铭．马克思恩格斯城乡关系思想及其当代价值[D]．中南大学,2012.

宋葛龙．中国统筹城乡发展改革路径研究[D]．辽宁大学,2012.

汤卫东．西部地区城乡一体化路径、模式及对策研究[D]．西南大学,2011.

完世伟．区域城乡一体化测度与评价研究——以河南省为例[D]．天津大学,2006.

丛聪．县域城乡一体化发展策略研究[D]．山东师范大学,2013.

王洁．城乡一体化生态安全格局构建方法与技术[D]．南京师范大学,2012.

宋雨洁．安徽省城乡一体化水平评价与发展路径研究[D]．安徽大学,2013.

肖荷芳．快速城市化地区小城镇发展推进城乡一体化的机制与过程研究[D]．浙江师范大学,2012.

邵峰．浙江省城乡一体化研究[D]．浙江大学,2013.

李克强．关于调整经济结构促进持续发展的几个问题[J]．求实,2010(11).

任苒．城乡经济社会发展一体化与城乡医疗保险一体化内涵解析[J]．中国卫生经济,2011(11).

宋志军．北京城郊农业区城乡一体化的演变和评价[J]．经济地理,2013.

胡洁．扎实推动西藏新型城镇化发展[J]．新西藏,2015(3).

詹水芳．新形势下上海城乡一体化的内涵[J]．经济师,2010(4).

王渊,白永秀,王宇．城乡经济社会一体化内涵与外延的再认识[J]．福建论坛(人文社会科学版),2013(1).

李刚．城乡一体化内涵及动力机制[J]．渤海大学学报(哲学社会科学版),2013(2).

李栋,何英磊．城镇化与城乡一体化[J]．技术经济与管理研究,2014(6).

李长江．新农村运动:城乡一体化[J]．农村经济,2005(5).

陈雯．"城乡一体化"内涵的讨论[J]．现代经济探讨,2003(5).

惠献波．统筹城乡要素配置的对策研究[J]．价格月刊,2007(5).

张泓,柳秋红,肖怡然．基于要素流动的城乡一体化协调发展新思路[J]．经济体制改革,2007(6).

张传勇．资源要素流动配置与城乡一体化发展——基于我国省际面板数据的实证分析[J]．财经论丛,2011(6).

周艳波,翟印礼,董鸿鹏．统筹城乡要素配置与转移的对策研究[J]．农村经济,2006(1).

周艳波,翟印礼,董鸿鹏．辽宁省工业化进程中统筹城乡要素配置与转移的现状分析[J]．农业经济,2006(6).

苏华,陈伟华,陈文俊．要素生产率和要素配置作用下的中国城乡收入差距[J]．经济地理,2012(4).

周学馨,谢来位,陈霄,费友海,熊瑛,刘娟．重庆市统筹城乡要素配置的做法及启示[J].探索.2012(4).

孔令丞,谢家平,刘宇龙．加强产业集聚效应 推动工业园区生态化[J]．科学学与科学技术管理,2005(2).

白军强,刘芳云．产业集群与区域经济一体化互动发展探讨——以珠三角为例[J]．中国城市经济,2011(7).

赵四东,杨永春,李伟伟,冷炳荣,钟源．新型三集中:河谷盆地型城市城乡统筹战略——以兰州市为例[J]．规划师,2011(1).

朱晋伟,詹正华．论农村的集约型发展战略——苏南农村实施工业、农业、农村居民三集中战略的机理分析[J]．改革与战略,2008(9).

邹兵．从"均衡发展"转向"重点建设"——对上海市郊区"三集中"战略的再认识[J]．城市规划汇刊,2000(3).

王蔚,张生丛,魏春雨,张玉桃．湖南省城乡一体化评价指标体系及量化分析[J]．湖南大学学报(自然科学版),2011(4).

焦必方,林娣,彭婧妮．城乡一体化评价体系的全新构建及其应用——长三角地区城乡一体化评价[J]．复旦学报(社会科学版),2011(4).

董晓峰,尹亚,刘理臣,刘琼琪.欠发达地区城乡一体化发展评价研究——以甘肃省为例[J].城市发展研究,2011(8).

完世伟.城乡一体化评价指标体系的构建及应用——以河南省为例[J].经济经纬,2008(4).

苏春江.河南省城乡一体化评价指标体系研究[J].农业经济问题,2009(7).

李志杰.我国城乡一体化评价体系设计及实证分析——基于时间序列数据和截面数据的综合考察[J].经济与管理研究,2009(12).

赵锋.广西城乡一体化评价指标体系的设计及实证研究[J].广西社会科学,2010(1).

张庆文,叶丹,韩洁,张凤.城乡一体化综合评价与聚类分析——以北京市为例[J].农村经济,2010(12).

黄晗,李娟,肖志雄.城乡一体化评价指标体系的构建与应用——以武汉城市圈为例[J].湖北农业科学,2014(6).

宋志军,朱战强.北京城郊农业区城乡一体化的演变和评价[J].经济地理,2013(1).

刘红梅,张忠杰,王克强.中国城乡一体化影响因素分析——基于省级面板数据的引力模型[J].中国农村经济,2012(8).

我国国民经济和社会发展十二五规划纲要.[DB/OL].http://news.sina.com.cn/c/2011-03-17/055622129864.shtml.

西藏自治区"十二五"时期国民经济和社会发展规划纲要.[DB/OL].http://unn.people.com.cn/GB/106982/13895054.html.

西藏自治区城乡规划条例.[DB/OL].http://www.law-lib.com/law/law_view.asp?id=412311.

西藏自治区土地利用总体规划(1997—2010).[DB/OL].http://wenku.baidu.com/view/8e5a651bff00bed5b9f31d87.html.

《国家新型城镇化规划(2014—2020)》(全文).[DB/OL].http://news.163.com/14/0317/08/9NHBGA5O00014JB6.html.

王军.我国集中连片特困地区城镇化道路的选择[J].中国党政干部论坛,2013(8):27-28.

张立群,陈宇宙.以新型城镇化推进减贫研究:一个文献综述[J].社科纵横,2015(10).

马学广."单位制"城市空间的社会生产研究[J].经济地理,2010(09).

魏开,许学强.城市空间生产批判—新马克思主义空间研究范式述评[J].城市问题,

2009(04).

陆扬.社会空间的生产—列斐伏尔《空间的生产》[J].甘肃社会学,2008(05).

张佳.大卫·哈维的空间正义思想探析[J].北京大学学报,2015(01).

张京祥.基于区域空间生产视角的区域合作治理——以江阴经济开发区靖江园区为例[J].人文地理,2011(01).

庄友刚.何为空间生产?—关于空间生产问题的历史唯物主义分析[J].南京社会科学,2012(05).

郭文.文化遗产旅游地的空间生产与认同研究——以无锡惠山古镇为例[J].地理科学,2015(06).

江郭涛.山东半岛城乡一体化发展模式研究[D].山东:中国海洋大学,2011.

袁崇法.城乡一体化:城镇化的应有之义[J].人民论坛,2011(26).

石忆邵,杭太元.我国城乡一体化研究的近期进展与展望[J].同济大学学报(社会科学版),2013(6).

2014年国民经济和社会发展统(文)[EB/OL].http://www.ce.cn/xwzx/gnsz/gdxw/201502/26/t20150226_4653371.shtml,2016-3-3.

罗宝送.陕西省区域发展与空间结构研究[D].西安:陕西师范大学,2007.

童中贤.我国连片特困地区发展战略进路研究—基于武陵山地区城市增长极构建的视角[J].城市发展研究,2012(12).

国家民族事务委员会.打赢武陵山片区脱贫攻坚“五大战役”[N].经济日报,2016-1-28(15).

王美霞,李民,周国华,王永明.武陵山片区县域经济空间格局演化与优化对策[J].经济地理,2015(11).

吴爱芝,李国平,孙铁山,张冰雪.北京世界城市区域的空间范围划分研究[J].城市发展研究,2012(11).

(二)英文

Adams, J. S., et al. (2003). “*Urbanization of the Minnesota Countryside: Population Change and Low-Density Development Near Minnesota's Regional Centers*, 1970-2000.” Minnesota Department of Transportation, St. Paul, Minnesota.

Adams, J. S. and VanDrasek, B. J. (2006). “*Urbanization of Minnesota's Countryside*, 2000-2025: *Evolving Geographies and Transportation Impacts.*” Minnesota Department of Transportation, St. Paul, Minnesota.

Adeyemi, A. (1997). "*Urban Agriculture: An Abbreviated List of References and Resource Guide.*" USDA, ARS, Washington, DC.

Ahearn, M. and Banker, D. (1988). "Urban farming has financial advantages." *Rural Development Perspectives*, 119 – 121.

Airola, T. M. and Parker, R. A. (1983). "Population redistribution within the rural – urban fringe: a typology of small towns and rural municipalities in the state of New Jersey." *Environment and Planning A*, 15(11), 457 – 74.

Allen, A. (2003). "Environmental planning and management of the peri – urban interface: perspectives on an emerging field." *Environment and Urbanization*, 15(1), 134 – 148.

Allen, A. and Davila, J. (2005). "*Mind the gap! Bridging the rural – urban divide.*" id21 insights, Development Planning Unit, University College London.

Anas, A. R., et al. (1998). "Urban spatial structure." *Journal of Economic Literature*, 36, 1426 – 64.

Anzorena, J., et al. (1998). "Reducing urban poverty, some lessons from experience." *Environment and Urbanization*, 10(1), 167 – 186.

Archer, R. W. (1973). "Land Speculation and Scattered Development: Failures in the Urban – Fringe Market." *Urban Studies*(10), 367 – 372.

Atkinson, R. D. (2004). "*Reversing rural america's economic decline: the case for a national balanced growth strategy.*" Progressive Policy Institute, Washington, D. C.

Audirac, I. (1999). "Unsettled views about the fringe: rural – urban or urban – rural frontiers." *Contested Countryside: The Rural Urban Fringe in North America*, O. J. Furuseth and M. B. Lapping, ed., Ashgate Publishing Company, Brookfield, VT.

Audirac, I., et al. "*Consumer Preference and the Compact Development Debate.*" National Planning Conference of the American Planning Association, Atlanta, Ga.

Audirac, I. and Zifou, M. (1989). "Urban Development Issues: What is Controversial in Urban Sprawl? An Annotated Bibliography of Often – Overlooked Sources." *Council of Planning Librarians Bibliography*, 247.

Bah, M., et al. (2003). "Changing rural – urban linkages in Mali, Nigeria and Tanzania." *Environment and Urbanization*, 15(1), 13 – 24.

Bahl, R. W. (1968). "A Land Speculation Model: The Role of the Property Tax as a Constraint to Urban Sprawl. " *Journal of Regional Science*, 8(2), 199 - 208.

Bellomo, S. J., et al. (1970). "*Factors, Trends, and Guidelines Related to Trip Length.*" 89, National Cooperative Highway Research Program, Washington, D. C.

Berg, M. and Medrich, E. A. (1980). "Children in Four Neighborhoods: The Physical Environment and Its Effect on Play and Play Patterns. " *Environment and Behavior*, 12(3), 3200348.

Berry, D. and Plaut, T. (1978). "Retaining agricultural activities under urban pressures: a review of land use conflicts and policies. " *Policy Sciences*, 9, 153 - 178.

Binkley, C., et al. (1975). *Interceptor Sewers and Urban Sprawl*, Lexington Books, Lexington, Mass.

Birley, M. H. and Lock., K. (1998). "Health and peri - urban natural resource production. " *Environment and Urbanization*, 10(1), 89 - 106.

Blanc, B., et al. (1998). "Women venders' work histories in Port - au - Prince: What lessons can be learned for research and action?" *Environment and Urbanization*, 10(1), 187 - 200.

Blank, S. C. (1998). *The End of Agriculture in the American Portfolio*, Quorum Books, Westport, CT.

Boal, F. W. and Johnson, D. B. (1968). "Nondescript Streets. " *Traffic Quarterly*, 22 (3), 329 - 344.

Bookout, L. W. (1992). "Neotraditional Town Planning: The Test of the Marketplace. " *Urban Land*, 51(6), 12 - 17.

Bourne, L. S. and Simmons, J. (2003). "New fault lines? Recent trends in the Canadian urban system and their implications for planning and public policy. " *Canadian Journal of Urban Research*, 12, 22 - 47.

Boyce, R. R. (1963). "Myth versus Reality in Urban Planning. " *Land Economics*, 39(3), 241 - 251.

Bradshaw, T. K. (1993). "In the shadow of urban growth: bifurcation in rural California communities. " *Forgotten Places: Uneven Development in Rural America*, T. A. Lyson and W. W. Falk, ed., University of Kansas Press, Lawrence, KS.

Bradshaw, T. K. and Muller, B. (1998). "Impacts of rapid urban growth on farmland conversion: application of new regional land use policy models and Geographical Information Systems. " *Rural Sociology*, 63(1), 1 - 25.

Breslaw, J. A. (1990). "Density and Urban Sprawl: Comment. " *Land Economics*, 66(4),

464 – 468.

Brooks, N. L. (1985). "*Minifarms: Farm Business or Rural Residence?*" U. S. Dept. of Agriculture, ERS.

Brueckner, J. K. and Fansler, D. A. (1983). "The Economics of Urban Sprawl: Theory and Evidence on the Spatial Size of Cities." *Review of Economics and Statistics*, 65 (3), 479 – 482.

Bryant, C. R. and Johnston, T. R. R. (1992). *Agriculture in the City's Countryside*, University of Toronto Press, Toronto.

Bull – kamanga, L., et al. (2003). "From everyday hazards to disasters: the accumulation of risk in urban areas." *Environment and Urbanization*, 10(1), 193 – 204.

Burgess, P. and Bier, T. (1997). "*Public policy and 'rural sprawl': lessons from Northeast Ohio.*" The Urban Center, The Maxine Goodman Levin College of Urban Affairs, Cleveland State University.

Burns, L. D. and Golob, T. F. (1976). "The Role of Accessibility in Basic Transportation Choice Behavior." *Transportation*, 5, 175 – 198.

Caffyn, A. and Dahlstr? m, M. (2005). "Urban – rural interdependencies: joining up policy in practice." *Regional Studies*, 39, 283 – 296.

Caldwell, W. J. (1998). "Land – use planning, the environment, and siting intensive livestock facilities in the 21st century." *Journal of Soil and Water Conservation*, 53(2), 102 – 106.

Cameron, M. (1991). "*Transportation Efficiency: Tackling Southern California's Air Pollution and Congestion.*" Environmental Defense Fund, Oakland, Cal.

Carp, F. M. (1980). "Environmental Effects Upon the Mobility of Older People." *Environment and Behavior*, 12(2), 139 – 156.

Cervero, R. (1989). "Jobs – Housing Balancing and Regional Mobility." *Journal of the American Planning Association*, 55(2), 136 – 150.

Cervero, R. (1991a). "Congestion Relief: The Land Use Alternative." *Journal of Planning Education and Research*, 10, 119 – 129.

Cervero, R. (1991b). "Land Uses and Travel at Suburban Activity Centers." *Transportation Quarterly*, 45(4), 479 – 491.

Chant, S. (1998). "Households, gender and rural – urban migration: reflections on linkages and considerations for policy." *Environment and Urbanization*, 10(1), 5 – 22.

Che, D. (2003). "The New Economy and the Forest: Rural Development in the Post – Industrial Spaces of the Rural Alleghenies." *Social Science Quarterly*, 84(4), 963 – 978.

Chowdhury, S., et al. (2005). "*Market Institutions: Enhancing the Value of Urban – Rural Links.*" IFPRI, Washington, D. C.

Clawson, M. (1971). *Suburban Land Conversion in the United States: An Economic and Governmental Process*, The Johns Hopkins Press, Baltimore, Md.

Howard County Planning Commission. (1967). "*Howard County* 1985." Howard County, Md.

Real Estate Research Corporation. (1974). "*The Costs of Sprawl, Detailed Cost Analysis.*" U. S. Government Printing Office, Washington, D. C.

Correll, M. R., et al. (1978). "The Effects of Greenbelts on Residential Property Values: Some Findings on the Political Economy of Open Space." *Land Economics*, 54, 207 – 217.

Coughlin, R. E., et al. (1977). "*Saving the Garden: Preservation of farmland and other environmentally valuable land.*" Regional Science Research Institute, Philadelphia, PA.

Crossen, P. (1995). "*The Use and Management of Rural Space.*" Changing American Countryside: rural people and places, E. N. Castle, ed., University of Kansas Press, Lawrence, KS.

Dabson, B. (2007). "*Rural – Urban Interdependence: Why Metropolitan and Rural Areas Need Each Other.*" Brookings Institute, Washington, D. C.

Dahiya, B. (2003). "Hard struggle and soft gains: environmental management, civil society and governance in Pammal, South India." *Environment and Urbanization*, 15(1), 91 – 100.

Dalvi, M. Q. and Martin, K. M. (1976). "The Measurement of Accessibility: Some Preliminary Results." *Transportation*, 5, 17 – 42.

Daniels, T. (1999). *When City and Country Collide: Managing Growth in the Metropolitan Fringe*, Island Press, Washington, DC.

Daniels, T. and Bowers, D. (1997). *Holding Our Ground: Protecting America's Farms and Farmland*, Island Press, Washington, DC.

Daniels, T. L. (1986). "Hobby farming in America: rural development or threat to commercial agriculture?" *Journal of Rural Studies*, 2(1), 31 – 40.

Daniels, T. L. and Lapping, M. B. (1996). "The two rural Americas need more, not less planning." *Journal of the American Planning Association*, 62(3), 285 – 288.

Daniels, T. L. and Nelson, A. C. (1986). "Is Oregon's farmland preservation program working?" *Journal of the American Planning Association*, 52(1), 22 – 32.

Darling, A. H. (1973). "Measuring Benefits Generated by Urban Water Parks." *Land Economics*, 49, 22 – 34.

Davis, J. S., et al. (1994). "The new 'burbs: the exurbs and their implications for planning policy." *Journal of the American Planning Association*, 60(Winter), 45 – 59.

Dayarante, R. and Samarawickrama, R. (2003). "Empowering communities in the peri – urban areas of Colombo." *Environment and Urbanization*, 15(1), 101 – 110.

Dercon, S. and Hoddinott, J. (2005). "*Livelihoods, Growth and Links to Market Towns in* 15 *Ethiopian Villages.*" IFPRI, Washington, D. C.

Didato, B. (1990). "The Paths Less Traveled – A Wrapup on the Nation's Greenways." *Planning*, 56, 6 – 10.

Ding, C. and Bingham., R. (2000). "Beyond edge cities: job decentralization and sprawl." *Urban Affairs Review*, 35(6), 827 – 855.

Doherty, J. C. (1984a). "The countrified city." *American Demographics*, 2(4), 7 – 8.

Doherty, J. C. (1984b). *Growth Management in Countrified Cities*, Vert Milon Press, Alexandria, VA.

Downing, P. B. and Gustely, R. D. (1977). "*The Public Service Costs of Alternative Development Patterns: A Review of the Evidence.*" Local Service Pricing Policies and Their Effect on Urban Spatial Structure, P. B. Downing, ed., University of British Columbia Press, Vancouver, B. C.

Downs, A. (1992). "*Stuck in Traffic – Coping with Peak – Hour Traffic Congestion.*" The Brookings Institution, Washington, D. C.

Dunphy, R. T. and Fisher, K. M. "*Transportation, Congestion, and Density: New Insights.*" 73rd Annual Meeting, Transportation Research Board, Washington, D. C.

Eaton, D. and Hilhorst, T. (2003). "Opportunities for managing solid waste flows in the periurban interface of Bamako and Ouagadougou." *Environment and Urbanization*, 15(1), 53 – 64.

ECOTECH. (2003). "*Urban – Rural Interdependence in the West Midlands: A Study for Advantage West Midlands and the West Midlands Rural Accord Group.*" Birmingham, United Kingdom.

El – Batran, M. and Arandel, C. (1998). "A shelter of their own: informal settlement expansion in greater Cairo and government responses." *Environment and Urbanization*, 10(1), 217

-232.

Esseks, J. , et al. (1998). "*Fiscal Costs and Public Safety Risks of Low - Density Residential Development on Farmland: Findings from Three Diverse Locations on the Urban Fringe of the Chicago Metropolitan Area.*" American Farmland Trust Center for Agriculture in the Environment, DeKalb, Illinois.

Ewing, R. (1991). "*Developing Successful New Communities.*" Urban Land Institute, Washington, D. C.

Ewing, R. (1994a). "Characteristics, causes, and effects of sprawl: a literature review." *Environmental and Urban Issues*, 21, 1 - 15.

Ewing, R. "*Getting Around a Traditional City, a Suburban PUD, and Everything In - Between.*" 73rd Annual Meeting, Transportation Research Board, Washington, D. C.

Fall, A. S. (1998). "Migrants' long - distance relationships and social networks in Dakar." *Environment and Urbanization*, 10(1), 135 - 146.

Fan, S. , et al. (2005). "*Rural and Urban Dynamics and Poverty: Evidence from China and India.*" IFPRI, Washington, D. C.

Fausold, C. and Lilieholm, R. (1999). "The economic value of open space: a review and synthesis." *Environmental Management*, 23(3), 307 - 20.

Fischel, W. (1982a). "The urbanization of agricultural land." *Land Economics*, 58(2), 236 - 259.

Fischel, W. A. (1982b). "The Urbanization of Agricultural Land: A Review of the National Agricultural Lands Study." *Land Economics*, 58(2), 236 - 259.

Fischel, W. A. (1991). "Good for the Town, Bad for the Nation? A Comment." *Journal of the American Planning Association*, 3, 341 - 344.

Fishman, R. (2000). "*The Death and Life of American Regional Planning.*" Reflections on Regionalism, B. Katz, ed. , Brookings Institution Press, Washington D. C, 107 - 123.

Fliegel, F. C. and Sofranko, A. J. (1984). "Nonmetropolitan population increase, the attractiveness of rural living and race." *Rural Sociology*, 49(summer), 293 - 308.

Flinn, W. L. and Johnson, D. E. (1974). "Agrarianism among Wisconsin farmers." *Rural Sociology*, 39(2), 187 - 204.

Frank, J. E. (1989). "*The Costs of Alternative Development Patterns: A Review of the Literature.*" Urban Land Institute, Washington, D. C.

Frank, L. "*The Impacts of Mixed Use and Density on the Utilization of Three Modes of Travel: The Single Occupant Vehicle, Transit, and Walking.*" 73rd Annual Meeting, Transportation Research Board, Washington, D. C.

Freudenburg, W. R. (1986). "*Assessing the Social Impacts of Rural Resource Developments: An overview.*" Differential Impacts of Rural Resource Development, P. D. Elkind – Savatsky, ed., Westview Press, Boulder, CO.

Fulton, J. A., et al. (1997). "Recent changes in metropolitan – nonmetropolitan migration streams." *Rural Sociology*, 62(3), 363 – 384.

Fulton, W., et al. (2001). "*Who Sprawls Most? How Growth Patterns Differ Across the U. S.*" The Brookings Institute.

Furuseth, O. J. and Pierce, J. T. (1982). *Agricultural Land in an Urban Society*, Association of American Geographers, Chicago.

Gallent, N., et al. (2005). "Planning on the edge: England's rural – urban fringe and the spatial – planning agenda." *Environment and Planning B: Planning and Design*, 33, 457 – 476.

Gardner, B. D. (1977). "The Economics of Agricultural Land Preservation." *American Journal of Agricultural Economics*, 59, 1026 – 1036.

Garreau, J. (1991). *Edge City: Life on the New Frontier*, Doubleday, New York.

Garrett, J. (2005). "*Beyond Urban Rural: Keeping up with Changing Realities.*" International Food Policy Research Institute, Washington.

Garrett, J. and Chowdhury, S. (2004). "*Urban – Rural Links and transformation in Bangladesh: A Review of the Issues.*" CARE, Dhaka.

Garrison, W. L., et al. (1959). "*Studies of Highway Development and Geographic Change.*" University of Washington Press, Seattle, Wash.

Gilbert, G. and Dajani, J. S. (1974). "Energy, Urban Form and Transportation Policy." *Transportation Research*, 8, 267 – 276.

Giuliano, G. (1989). "*Literature Synthesis: Transportation and Urban Form.*" Federal Highway Administration.

Gordon, P., et al. (1989). "The Influence of Metropolitan Spatial Structure on Commuting Time." *Journal of Urban Economics*, 26, 138 – 151.

Gordon, P. and Richardson, H. (1996). "Beyond polycentricity: the dispersed metropolis, Los Angeles 1970 – 90." *Journal of the American Planning Association*, 62(3), 289 – 95.

Gordon, P. and Richardson, H. W. (1991). "The Commuting Paradox – Evidence from the Top Twenty." *Journal of the American Planning Association*, 57(4), 416 –420.

Gordon, P. and Richardson, H. (2000). "*Critiquing sprawl's critics.*" Policy Analysis, The Cato Institute.

Gordon, P. and Wong, H. L. (1985). "The Costs of Urban Sprawl – Some New Evidence." *Environment and Planning A*, 17(5), 661 –666.

Gramling, R. and Freudenburg, W. R. (1992). "Opportunity – threat, development and adaptation: toward a comprehensive framework for social impact assessment." *Rural Sociology*, 57 (2), 216 –234.

Guest, A. M. and Cluett, C. (1976). "Analysis of Mass Transit Ridership Using 1970 Census Data." *Traffic Quarterly*, 30(1), 143 –161.

Gugler, J. (2002). "The Son of the Hawk does not Remain Abroad: The Urban – Rural Connection in Africa." *African Studies Association Review*, 45, 21 –41.

Gunton, T. (2003). "Natural Resources and Regional Development: An Assessment of Dependency and Comparative Advantage Paradigms." *Economic Geography*, 79(1), 67 –94.

Haines, V. (1986). "Energy and Urban Form: A Human Ecological Critique." *Urban Affairs Quarterly*, 21(3), 337 –353.

Halkatti, M., et al. (2003). "Participatory action planning in the peri – urban interface: the twin city experience, Habli – Dharwad, India." *Environment and Urbanization*, 15 (1), 149 –158.

Hammer, T. R., et al. (1974). "The Effect of a Large Urban Park on Real Estate Value." *Journal of the American Institute of Planners*, 40, 274 –277.

Hansen, W. G. (1959). "How Accessibility Shapes Land Use." *Journal of the American Institute of Planners*, 25, 73 –76.

Hanson, M. E. (1992a). "Automobile Subsidies and Land Use: Estimates and Policy Responses." *Journal of the American Planning Association*, 58(1), 60 –71.

Hanson, M. E. (1992b). "*Results of a Literature Survey and Summary of Findings: The Nature and Magnitude of Social Costs of Urban Roadway Use.*" U. S. Department of Transportation, Washington, D. C.

Hanson, S. and Schwab, M. (1987). "Accessibility and Intraurban Travel." *Environment and Planning A*, 19, 753 –748.

Harris, T. R., et al. (1996). "*Rural – Urban Interdependence and Natural Resource Policy.*" Western Rural Development Center, Oregon State University, Corvallis, OR.

Hart, J. F. (1995). "Rural' and 'farm' no longer mean the same." *The Changing American Countryside*, E. N. Castle, ed., University of Kansas Press, Lawrence, KS.

Harvey, G., et al. (1991). "*Toward Improved Regional Transportation Modeling Practice.*" National Association of Regional Councils, Washington, D. C.

Harvey, R. O. and Clark, W. A. V. (1965). "The Nature and Economics of Urban Sprawl." *Land Economics*, 41(1), 1 – 9.

Heaton, T. B. (1980). "Metropolitan influence on United States farmland use and capital intensivity." *Rural Sociology*, 45(3), 501 – 508.

Heimlich, R. (1989a). "*Land use transition in urbanizing areas: research and information needs.*" The Farm Foundation in cooperation with Economic Research Service, USDA, Washington DC.

Heimlich, R. E. (1989b). "Metropolitan agriculture: farming in the city's shadow." *Journal of the American Planning Association*, 55(4), 457 – 466.

Heimlich, R. E. and Anderson, W. D. (2001). "*Development at the Urban Fringe and Beyond: Impacts on Agriculture and Rural Land.*" USDA.

Heimlich, R. E. and Barnard, C. H. (1992). "Agricultural adaptation to urbanization: farm types in Northeast metropolitan areas." Northeastern Journal of Agricultural and *Resource Economics*, 21(1), 50 – 60.

Heimlich, R. E. and Brooks, D. H. (1989). "Metropolitan Growth and Agriculture: Farming in the City's Shadow." USDA, Washington, D. C.

Hekkila, E. J. and Peiser, R. B. (1992). "Urban Spawl, Density, and Accessibility." *Papers in Regional Science*, 71(2), 127 – 138.

Hendon, W. S. (1971). "The Park as a Determinant of Property Values." *American Journal of Economics and Sociology*, 30, 289 – 296.

Herbers, J. (1986). *New American Heartland*, Times Books, New York.

Hibbard, M. (1999). "Organic Regionalism, Corporate Liberalism, and Federal Land Management: The Creation of Pacific Northwest Timber Towns." *Journal of Planning Education and Research*, 19(2).

Hibbard, M. (2006). "Tribal Sovereignty, the White Problem, and Reservation Planning."

Journal of Planning History, 5(2), 87 – 105.

Hibbard, M., et al. (2008 (forthcoming)). "The Split Personality of Planning: Indigenous Peoples and Planning for Land Use and Resource Management." *Journal of Planning Literature.*

Hibbard, M. and Elias, J. (1993). "The Failure of Sustained Yield Forestry and the Decline of the Flannel Shirt Frontier." *Forgotten Places: Uneven Development in Rural America*, Thomas A. Lawson and William W. Falk, ed., University Press of Kansas, Lawrence, KS.

Hines, F. K. and Rhoades, D. A. (1994). "*Farm Structural Changes in Metropolitan and Nonmetropolitan Counties*, 1978 – 87." Agriculture and rural Economy Division, Economic Research Services, USDA, Washington, D. C.

Hugo, G. J. (1982). "Circular Migration in Indonesia." *Population and Development Review*, 8, 59 – 83.

Ilbery, B. W. (1985). "Agriculture in the Rural – Urban Fringe." *Agricultural Geography: A Social and Economic Analysis*, Oxford University Press, New York.

Impresa. (1999). "*Understanding the Two Oregons: Myths, Realities and Confronting Change.*" Portland Metropolitan Chamber of Commerce, Portland, OR.

Ingram, D. R. (1971). "The Concept of Accessibility: A Search for an Operational Form." *Regional Studies*, 5(2), 101 – 107.

Isreal, G. D. and Wilkinson, K. P. (1987). "Persistence and change in a growing community: A Case Study of Seabrook, New Hampshire." *Journal of the Community Development Society*, 18(1), 64 – 77.

Isserman, A. (2001). "Competitive Advantages of Rural America in the Next Century." *International Regional Science Review*, 24(1), 38 – 58.

Isserman, A. M. (2005). "In the national interest: defining rural and urban correctly in research and public policy." *International Regional Science Review*, 28, 465 – 499.

Izazola, H., et al. (1998). "Environmental perceptions, social class and demographic change in Mexico City: a comparative approach." *Environment and Urbanization*, 10(1), 107 – 118.

Jaiyebo, O. (2003). "Women and household sustenance: changing livelihoods and survival strategies in the peri – urban areas of Ibadan." *Environment and Urbanization*, 15(1), 110 – 120.

James, R. E. and James, B. H. (1997). "*The Changing Agricultural Community in Geauga County, Ohio* 1990 – 1997." Ohio State University Extension, Geauga County Office.

Jellinek, L. (2003). "Collapsing under the weight of success: an NGO in Jakarta." *Environment and Urbanization*, 15(1), 171-180.

Jenkins, P. (2003). "In search of the urban - rural frontier in postwar Mozambique and Angola." *Environment and Urbanization*, 15(1), 121-134.

Johnson, K. M. and Beale, C. L. (1994). "The recent revival of widespread population growth in nonmetropolitan areas of the United States." *Rural Sociology*, 59(4), 655-67.

Johnston, T. R. R. and Bryant, C. R. (1987). "Agricultural Adaptation: The Prospects for Sustaining Agriculture Near Cities." *Sustaining Agriculture Near Cities*, W. Lockeretz, ed., Soil and Water Conservation Society, Ankeny, IA.

Kamete, A. Y. (1998). "Interlocking livelihoods: farm and small town in Zimbabwe." *Environment and Urbanization*, 10(1), 23-34.

Kelly, P. F. (1998). "The politics of urbanrural relations: land use conversion in the Philippines." *Environment and Urbanization*, 10(1), 35-54.

Koenig, J. (1989). "Should We Halt Urban Sprawl?" *Florida Trend*, 31(12), 28-31.

Koenig, J. G. (1980). "Indicators of Urban Accessibility: Theory and Application." *Transportation*, 9, 145-172.

Krannich, R. S. and Greider, T. R. (1990). "Rapid Growth Effects on Rural Community Relations." *American Rural Communities*, A. E. Luloff and L. E. Swanson, ed., Westview Press, Bolder, CO.

Krüger, F. (1998). "Taking advantage of rural assets as a coping strategy for the urban poor: the case of ruralurban interrelations in Botswana." *Environment and Urbanization*, 10(1), 147-166.

Kulash, W. "*Traditional Neighborhood Development - Will the Traffic Work?*" Eleventh Annual Pedestrian Conference, Bellevue, Wash.

Lacadana, M. and Cariloa, C. (2003). "Globalization and metropolitan expansion: residential strategies and livelihoods in Caracas and its periphery." *Environment and Urbanization*, 15(1), 65-74.

Lamb, R. (1993). "The extent and form of exurban sprawl." *Growth and Change*, 14(1), 40-7.

Lapping, M. B. and Fitzsimmons, J. F. (1982). "Beyond the land issue: farm viability strategies." *GeoJournal*, 6, 519-24.

Lapping, M. B. , et al. (1983). "Right to Farm Laws." *Journal of Soil and Water Conservation*, 38, 465 - 467.

Lapping, M. B. and Pfeffer, M. J. (1997). "City and Country: Forging New Connections through Agriculture." Visions of American Agriculture, W. Lockeretz, ed. , Iowa State University Press, Ames, IA.

Larsen, P. (1992). "Open Space That Sells." *Land Development*, 5, 22 - 25.

Leake, G. R. and Huzayyin, A. S. (1980). "The Impact of Accessibility on Trip Production and Trip Attraction Models." *Engineering and Traffic Control*, 21(10), 469 - 471.

Lee, D. B. J. (1979). "Land Use Planning as a Response to Market Failure." The Land Use Policy Debate in the United States, J. I. d. Neufville, ed. , Plenum Press, New York.

Lessinger, J. (1962). "The Case for Scatterization." *Journal of the American Institute of Planners*, 28(3), 159 - 169.

Levinson, H. S. and Wynn, F. H. (1963). "Effects of Density on Urban Transportation Requirements." *Highway Research Record* No. 2, 38 - 64.

Lewis, P. (1995). "The Urban Invasion of Rural America: The Emergence of the Galactic City." *The Changing American Countryside: Rural People and Places*, E. N. Castle, ed. , Kansas State University, Lawrence, KS.

Libby, L. and Stewart, P. (1999). "The Economics of Farmland Conservation." *Under the Blade: The Conversion of Agricultural Landscapes*, R. K. Olsonand Thomas A. Lyson ed. , Westview Press, Boulder, CO.

Lichter, D. T. , et al. (1985). "Racial differences in nonmetropolitan population deconcentration." *Social Forces*, 60(December), 487 - 98.

Lin, G. C. S. (2001). "Evolving spatial form of urban - rural interaction in the Pearl River Delta, China." *The Professional Geographer*, 53(1), 56 - 70.

Lockeretz, W. (1986a). "Trends in farming near cities." *Journal of Soil and Water Conservation*, 41(4), 252 - 256.

Lockeretz, W. (1987a). *Sustaining Agriculture Near Cities*, Soil and Water Conservation Society of America, Ankeny, IA.

Lockeretz, W. (1987b). "Urban influences on the amount and structure of agriculture in the Northeastern United States." *Landscape and Urban Planning.*

Lockeretz, W. , et al. (1987). "Farmers views of the prospects for agriculture in a metropolitan area." *Agricultural Systems*, 23, 43 – 61.

Lockeretz, W. H. (1986b). "Urban consumers' attitudes towards locally grown produce." *American Journal of Alternative Agriculture*, 1, 83 – 88.

Lopez, R. A., et al. (1988). "The effects of suburbanization on agriculture." *American Journal of Agricultural Economics*, 70(2), 346 – 358.

Lowry, I. S. (1988). "*Planning for Urban Sprawl.*" 220, Transportation Research Board Special Report.

Lyson, T. A. (2004). *Civic Agriculture: Reconnecting Farm, Food, and Community*, Tufts University Press, Medford, MA.

MacKenzie, J. J. "*The Going Rate: What It Really Costs to Drive.*" 73rd Annual Meeting, Transportation Research Board, Washington, D. C.

McKee, D. L. and Smith, G. H. (1972). "Environmental Diseconomies in Suburban Expansion." *American Journal of Economics and Sociology*, 31(2), 181 – 188.

McLeod, P. B. (1984). "The Demand for Local Amenity: An Hedonic Price Analysis." *Environment and Planning A*, 16, 389 – 400.

Mehta, S. J. and Nerurkar, A. N. (2006). "Value – proposition of e – governance services: Bridging rural – urban digital divide in developing countries." *International Journal of Education and Development using Information and Communication Technology*, 2, 33 – 44.

Merkel, C. (2003). "Youth participation in El Alto, Bolivia." *Environment and Urbanization*, 15(1), 205 – 214.

Millas, A. J. (1980). "Planning for the Elderly within the Context of a Neighborhood." *Ekistics*, 283, 264 – 273.

Miller, K. K. (2006). "*Urban/Rural Areas and CBSAs.*" Rural Policy Research Institute, Columbia, MO.

Mills, D. E. (1981). "Growth, Speculation, and Sprawl in a Monocentric City." *Journal of Urban Economics*, 10, 201 – 226.

Mitlin, D. (2003). "A fund to secure land for shelter: supporting strategies of the organized poor." *Environment and Urbanization*, 15(1), 181.

Morrill, R. (1992). "Population redistribution within metropolitan regions in the 1980's – core, satellite and exurban growth." *Growth and Change*, 23(3), 277 – 92.

Morris, J. M., et al. (1979). "Accessibility Indicators for Transport Planning." *Transpor-*

tation Research, 13(A), 91 – 109.

Moss, W. G. (1977). "Large Lot Zoning, Property Taxes, and Metropolitan Area." *Journal of Urban Economics*, 4(4), 408 – 427.

Muth, R. F. (1961). "Economic change and rural – urban land conversions." *Econometrica*, 29, 1 – 23.

Nelson, A. and Peterman, D. (2000). "Does growth management matter? The effect of growth management on economic performance." *Journal of Planning Education and Research*, 19 (3), 277 – 85.

Nelson, A. C. (1992a). "Characterizing exurbia." *Journal of Planning Literature*, 6(4), 350 – 368.

Nelson, A. C. (1992c). "Preserving prime farmland in the face of urbanization: lessons from Oregon." *Journal of the American Planning Association*, 58(4), 467 – 488.

Nelson, P. B. (2001). "Rural Restructuring in the American West." *Journal of Rural Studies*, 17(4), 395 – 407.

Neuman, M. (1991). "Utopia, Dystopia, and Diaspora." *Journal of the American Planning Association*, 57(3), 344 – 347.

(三)网站

http://www.people.com.cn/

http://www.xinhuanet.com/

http://www.gmw.cn/

http://www.cctv.com/

http://www.163.com/

http://www.cnki.net/

http://scholar.google.com.cn

http://opendata.baidu.com/xueshu/

http://www.fao.org/home/zh/

http://www.oecd.org/

http://www.worldbank.org.cn/

http://www.adb.org/

http://www.imf.org/external/chinese/

http://www. cpad. gov. cn/

http://www. qianjiang. gov. cn/

http://www. youyang. gov. cn/ttxw/27302. htm

http://www. xxz. gov. cn/

http://www. enshi. gov. cn/

附　件

西藏城乡发展一体化主成分分析过程

本文所采用的数据均来自历年《西藏统计年鉴》和《中国卫生统计年鉴》《中国城市统计年鉴》《中国农村统计年鉴》国家统计局以及 CNKI 中国经济社会发展统计数据库。各项基础指标值均在相关统计数据基础上依据计算公式整理所得，将经过正向化和无量纲化处理后（如表 1）代入 SPSS 中，采用主成分分析法处理与权重计算方法后，得到城乡发展一体化指数各方面指数的统计特征与基础指标的权重以及方面指数在城乡发展一体化指数中的权重。

表 1　数据无量纲化后结果

年份	城市化水平	旅客周转量	平均每万人公共汽车拥有量	人均邮政电信费用支出	城乡电话用户数比	人均GDP	非农产业与农业产值比	二元对比系数
2004	-1.48	-1.67	0.34	-1.27	1.96	-1.23	-1.31	0.49
2005	-1.15	-1.23	-0.32	-1.08	1.18	-1.07	-1.17	1.71
2006	-0.87	-0.78	0.20	-0.75	-0.13	-0.84	-0.81	0.17
2007	-0.50	-0.17	-0.30	-0.16	-0.37	-0.57	-0.46	0.55
2008	-0.11	0.25	-1.25	0.46	-0.53	-0.28	-0.27	0.47
2009	0.30	0.20	-0.94	1.20	0.51	-0.04	0.00	-0.77
2010	0.66	0.48	-0.86	1.87	0.11	0.30	0.33	-1.70
2011	0.70	0.56	0.05	-0.59	-0.43	0.76	0.83	-1.20
2012	0.74	0.63	0.94	-0.04	-0.84	1.23	1.23	0.54
2013	1.70	1.74	2.14	0.35	-1.46	1.75	1.63	-0.28

续表

年份	二元反差系数	非农业从业人员与农业从业人员比	农村从业人员非农比例	城乡居民人均收入比	城乡居民人均工资收入比	城乡居民人均消费比	农业机械化水平	在校学生人均教育经费投入
2004	-1.16	-1.31	-1.40	-1.62	-1.59	-1.97	-1.57	-1.11
2005	-0.63	-0.99	-0.81	-1.22	-1.32	-1.42	-0.97	-0.91
2006	-0.82	-0.81	-0.80	0.09	1.18	1.41	0.20	-1.05
2007	-0.33	-0.39	-0.63	-0.46	-0.51	0.74	1.42	-0.60
2008	-0.12	-0.17	-0.25	-0.36	-0.45	0.05	-0.40	-0.37
2009	-0.36	-0.14	-0.15	-0.20	0.35	0.08	-0.61	0.00
2010	-0.40	0.01	0.24	0.19	1.15	0.30	-0.36	0.23
2011	0.35	0.61	0.89	0.86	-0.23	0.04	0.16	0.80
2012	1.67	1.45	1.16	1.22	0.29	0.08	0.53	1.27
2013	1.80	1.73	1.75	1.50	1.13	0.69	1.61	1.74
年份	城乡人均医疗保健支出比	城乡人均居住消费比	城乡居民家庭文教娱乐支出比	废水排放量	生活垃圾清运量	建成区绿化覆盖率	—	—
2004	-1.68	-0.91	-0.82	-0.67	-0.35	-1.88	—	—
2005	-0.77	-1.32	-1.22	-0.71	-0.32	-1.76	—	—
2006	1.78	1.64	1.60	2.08	-0.52	-0.09	—	—
2007	0.40	1.16	0.97	0.75	-0.55	0.33	—	—
2008	0.09	0.39	0.97	0.62	-0.38	0.33	—	—
2009	0.84	0.62	0.62	0.56	-0.38	0.50	—	—
2010	0.43	0.27	0.12	0.05	-0.41	0.28	—	—
2011	-0.23	-0.05	-0.44	-0.78	2.78	0.94	—	—
2012	0.26	-0.65	-0.55	-0.82	0.15	0.60	—	—
2013	-1.11	-1.15	-1.23	-1.08	-0.01	0.74	—	—

此处以西藏城乡经济一体化为例,主成分分析的运算过程如下:

(1)将经过无量纲化处理后的经济指标数据代入 SPSS,经过主成分分析运算后,提取变量之间的相关系数矩阵,如表 2 所示。由表可看出,前两个变量的特征根大于 1,因此将前两个成分提取为主成分,其累计方差贡献率为 86.633%,大于 85% 的规定,前两个成分已能够描述西藏城乡经济一体化的发展水平。

表 2 相关系数矩阵

解释的总方差						
成分	初始特征值			提取平方和载入		
	合计	方差的%	累积%	合计	方差的%	累积%
1	7.226	72.264	72.264	7.226	72.264	72.264
2	1.437	14.369	86.633	1.437	14.369	86.633
3	.988	9.878	96.511			
4	.247	2.474	98.985			
5	.062	.621	99.606			
6	.025	.253	99.859			
7	.014	.135	99.994			
8	.001	.006	100.000			
9	1.604 E-05	.000	100.000			
10	1.449 E-16	1.449 E-15	100.000			

(2)计算成分系数矩阵

成分系数矩阵的是由成分矩阵除以主成分特征值的平方根得到的。在表 2 中,两个主成分的特征值分别为 7.226 和 1.437,因此其平方根为 2.689 和 1.199。根据 SPSS 主成分分析的结果,成分矩阵如表 3 所示。

表 3　成分矩阵

指标	成分	
	1	2
人均 GDP	.965	.207
非农产业与农业产值比	.973	.165
二元对比系数	-.486	.511
二元反差系数	.893	.423
非农业从业人员与农业从业人员比	.961	.269
农村从业人员非农比例	.959	.229
城乡居民人均收入比	.983	-.030
城乡居民人均工资收入比	.729	-.597
城乡居民人均消费比	.634	-.657
农业机械化水平	.756	-.114

由成分矩阵中主成分 1、2 的值分别除以 2.689 和 1.199，得到成分系数矩阵，如表 4 所示。

表 4　成分系数矩阵

人均 GDP	0.359051194	0.172279	农村从业人员非农比例	0.356712811	0.191252
非农产业与农业产值比	0.361927159	0.137368	城乡居民人均收入比	0.365683206	-0.02488
二元对比系数	-0.18090799	0.4262	城乡居民人均工资收入比	0.271237939	-0.49788
二元反差系数	0.332240617	0.353029	城乡居民人均消费比	0.235917579	-0.54821
非农业从业人员与农业从业人员比	0.357455474	0.22463	农业机械化水平	0.281086582	-0.09536

(3)计算基础指标权重

由成分系数矩阵中的值分别乘以特征值的比重,得到综合得分模型中的系数,归一化处理后得到每个系数的权重,即西藏城乡经济一体化每个基础指标的权重,如表5所示。权重为正表示该指标对城乡经济一体化起正向的促进作用,权重为负表示该指标对城乡经济一体化起反向的阻碍作用。

表5 西藏城乡经济一体化基础指标权重

基础指标	系数权重	基础指标	系数权重
人均 GDP	0.140082	农村从业人员非农比例	0.140593
非农产业与农业产值比	0.138634	城乡居民人均收入比	0.128481
二元对比系数	-0.03425	城乡居民人均工资收入比	0.061345
二元反差系数	0.143334	城乡居民人均消费比	0.045201
非农业从业人员与农业从业人员比	0.143221	农业机械化水平	0.09336

(4)计算基础指标得分

用2004-2013年西藏经济一体化基础指标的数据乘以权重得到各基础指标的得分,如表6。按年份进行加总后得到经济一体化的总得分,如表7所示。

表6 2004-2013年西藏城乡经济一体化基础指标得分

年份	人均 GDP	非农产业与农业产值比	二元对比系数	二元反差系数	非农业从业人员与农业从业人员比
2004	-0.17201	-0.18169	-0.01681	-0.16661	-0.18718
2005	-0.15036	-0.16239	-0.05868	-0.08998	-0.14112
2006	-0.1182	-0.11221	-0.00566	-0.11782	-0.11651
2007	-0.07966	-0.06444	-0.01893	-0.04727	-0.05518
2008	-0.03927	-0.03685	-0.0161	-0.01743	-0.02404
2009	-0.00513	0.000375	0.026241	-0.05216	-0.02005
2010	0.041827	0.045084	0.058089	-0.05702	0.001674

续表

年份	人均 GDP	非农产业与农业产值比	二元对比系数	二元反差系数	非农业从业人员与农业从业人员比
2011	0. 10582	0. 115712	0. 04102	0. 050457	0. 086929
2012	0. 172156	0. 17086	－0. 01862	0. 239171	0. 208175
2013	0. 244827	0. 225551	0. 009456	0. 258658	0. 247311
年份	农村从业人员非农比例	城乡居民人均收入比	城乡居民人均工资收入比	城乡居民人均消费比	农业机械化水平
2004	－0. 19736	－0. 20786	－0. 09775	－0. 08884	－0. 146658476
2005	－0. 11323	－0. 15644	－0. 08072	－0. 0643	－0. 090578397
2006	－0. 11298	0. 011554	0. 072488	0. 063529	0. 018597197
2007	－0. 0879	－0. 059	－0. 03112	0. 03356	0. 132115519
2008	－0. 035	－0. 04625	－0. 02789	0. 002291	－0. 037196205
2009	－0. 02166	－0. 02587	0. 0217	0. 003675	－0. 056721587
2010	0. 033557	0. 024262	0. 070546	0. 013786	－0. 033801609
2011	0. 125642	0. 109991	－0. 01434	0. 001647	0. 014621665
2012	0. 163178	0. 156592	0. 017519	0. 003403	0. 049567549
2013	0. 245761	0. 193022	0. 069561	0. 031245	0. 150054343

表 7　2004－2013 年西藏城乡经济一体化指数测度结果

年份	经济一体化得分	年份	经济一体化得分
2004	－1. 46277	2009	－0. 1296
2005	－1. 10779	2010	0. 198005
2006	－0. 41722	2011	0. 637496
2007	－0. 27782	2012	1. 162005
2008	－0. 27774	2013	1. 675447

（5）根据上述计算过程，可依次对城乡空间一体化、城乡社会一体化和城乡环

境一体化进行计算,可得到各方面指数的主成分提取情况(如表8)、基础指标的权重(如表9)和各方面指数得分(如表10)。

表8 各级指标的统计特征

维度	成分	方差贡献率%	累计方差贡献率%
城乡空间一体化	1	65.332	65.332
	2	26.436	91.768
城乡经济一体化	1	72.264	72.264
	2	14.369	86.633
城乡社会一体化	1	73.084	73.084
	2	22.581	95.665
城乡环境一体化	1	50.270	50.270
	2	37.217	87.487

表9 基础指标在方面指标中的权重

方面指数	基础指标	基础指标权重
城乡空间一体化	城市化水平	0.46185
	旅客周转量	0.47612
	平均每万人公共汽车拥有量	-0.09521
	人均邮政电信费用支出	0.52540
	城乡电话用户数比	-0.36816

续表

方面指数	基础指标	基础指标权重
城乡经济一体化	人均 GDP	0. 140082
	非农产业与农业产值比	0. 138634
	二元对比系数	-0. 03425
	二元反差系数	0. 143334
	非农业从业人员与农业从业人员比	0. 143221
	农村从业人员非农比例	0. 140593
	城乡居民人均收入比	0. 128481
	城乡居民人均工资收入比	0. 061345
	城乡居民人均消费比	0. 045201
	农业机械化水平	0. 09336
城乡社会一体化	在校学生人均教育经费投入	0. 01138
	城乡人均医疗保健支出比	0. 34513
	城乡人均居住消费比	0. 32794
	城乡居民家庭文教娱乐支出比	0. 31554
城乡环境一体化	废水排放量	-0. 14637
	生活垃圾清运量	0. 55953
	建成区绿化覆盖率	0. 58684

表 10 2004-2013 年西藏城乡发展一体化方面指数测度结果

年份	空间一体化	经济一体化	社会一体化	环境一体化
2004	-2. 90266	-1. 46277	-1. 15110	-1. 20453
2005	-2. 08591	-1. 10779	-1. 09356	-1. 10813
2006	-1. 13679	-0. 41722	1. 64564	-0. 64785
2007	-0. 23382	-0. 27782	0. 81702	-0. 22071
2008	0. 62755	-0. 27774	0. 46366	-0. 10904
2009	0. 76900	-0. 12960	0. 68513	-0. 00497
2010	1. 55778	0. 19800	0. 27683	-0. 07147
2011	0. 43248	0. 63750	-0. 22751	2. 21974

续表

年份	空间一体化	经济一体化	社会一体化	环境一体化
2012	0. 84029	1. 16200	-0. 28526	0. 55757
2013	2. 13207	1. 67545	-1. 13085	0. 58939

从表8中可以看到,城乡空间一体化指标、城乡经济一体化指标、城乡社会一体化指标和城乡环境一体化指标都提取了两个主成分,并且所有方面指标的累计方差贡献率都达到了85%以上,说明处理结果的可信度很高。

(6)将城乡空间、经济、社会与环境得分的数据(表10)再次代入到SPSS中,进行主成分分析,依照上述方法进行计算,可得到西藏城乡发展一体化的方面指标权重(表11)和城乡发展一体化的得分(表12)。

表11 各方面指标在城乡发展一体化指数中的权重

方面指数	方面指数权重
城乡空间一体化	0. 2974763
城乡经济一体化	0. 2600435
城乡社会一体化	0. 2016389
城乡环境一体化	0. 2408413

表12 2004-2013年西藏城乡发展一体化指数测度结果

年份	城乡发展一体化	年份	城乡发展一体化
2004	-1. 76606	2009	0. 33201
2005	-1. 39597	2010	0. 55350
2006	-0. 27087	2011	0. 78316
2007	-0. 03022	2012	0. 62890
2008	0. 18169	2013	0. 98385

后　记

《西藏城乡发展一体化:探索与思考》是在全面深入学习贯彻习近平总书记“四个全面”战略布局背景下,从西藏的基本情况出发,真实记录了西藏在城乡一体化建设过程中取得的初步成果。对西藏城乡一体化发展程度进行测度,并通过三个案例进行实证研究,实证研究发现各功能主体在发展过程中虽然存在不同的问题,但重点都是突破城乡二元发展结构。指出西藏存在非典型的二元发展结构,这为解决整个西藏城乡一体化建设中出现的问题提供了思路。并以实证研究为少数民族欠发达地区城乡一体化发展提供借鉴;从理论上丰富了城乡一体化的个案研究,同时为西藏和其他欠发达地区解构城乡二元经济社会体制提供借鉴和参考。

两年多来,在调研访谈中我先后多次到过西藏5个地市和近30个县城,也到过四川和重庆等省市偏远的农村,在调研和交流学习的过程中,让我看到了西藏和相邻省市在城乡一体化方面存在巨大的差距,也让我倍感在西藏破除城乡二元结构和城乡一体化还有很长的路要走。但是,理论和实践都清楚地证明,城乡二元背离发展的方式会激化城乡经济社会矛盾,要实现地区发展,打破区域界线,需要走统筹城乡、协调城乡经济社会发展之路,必须坚持不懈地推进城乡一体化。这已经被西藏自改革开放以来无论是在经济还是社会建设方面都发生了翻天覆地的变化所证实,并且这种变化还在持续进行着。

完成这样一项系统的研究工作对我个人而言并不是件容易的事情,在此过程中吸收了诸多学者精彩的论述和重要的思想,还得到了不同部门组织和领导们的帮助和支持。对此,我心存感激!非常感谢学校和学院的领导央珍副校长、杨斌院长,他们给予了我充足的科研时间,使得我有充裕的时间从事本课题的研究工作。非常感谢财经学院的旺宗副书记对我无私的帮助。非常感谢在西南大学访学期间对我帮助的刘天元、杨雨蓉、秦瑶、桂梅、贾煜、何苏靖、李帅领等同学。特别感谢西南大学王志章教授,在研究中对我极大的指导和鼓励。特别感谢我的父母和女儿默默地爱与付出。还要感谢西藏大学经济与管理学院郝建力同学对本书所做的校对工作。

本书所记录的仅仅是2004年至2014年西藏十年间推进城乡一体化的实际历程,由于涉及的学科多,研究难度较高,加之本人才疏学浅,水平有限,希望所有关心西藏建设与发展的读者能提出宝贵的意见,不吝指教,在此深表谢意。